古代歷史文化研究輯刊

二一編

王明蓀 主編

第 45 冊

漢中石門摩崖石刻群書法文化研究（下）

陳 思 著

國家圖書館出版品預行編目資料

漢中石門摩崖石刻群書法文化研究（下）／陳思 著 — 初版 —
新北市：花木蘭文化事業有限公司，2019〔民 108〕
目 8+180 面；19×26 公分
（古代歷史文化研究輯刊 二一編：第 45 冊）
ISBN 978-986-485-763-0（精裝）
1. 石刻 2. 文化研究 3. 漢代
618   108001559

ISBN-978-986-485-763-0

9 789864 857630

古代歷史文化研究輯刊
二一編　第四五冊　　　　　　ISBN：978-986-485-763-0

漢中石門摩崖石刻群書法文化研究（下）

作　者　陳思
主　編　王明蓀
總編輯　杜潔祥
副總編輯　楊嘉樂
編　輯　許郁翎、王筑　美術編輯　陳逸婷
出　版　花木蘭文化事業有限公司
發行人　高小娟
聯絡地址　235 新北市中和區中安街七二號十三樓
　　　　　電話：02-2923-1455／傳真：02-2923-1452
網　址　http://www.huamulan.tw 信箱 hml810518@gmail.com
印　刷　普羅文化出版廣告事業
初　版　2019 年 3 月
全書字數　410724 字
定　價　二一編 49 冊（精裝）台幣 122,000 元

漢中石門摩崖石刻群書法文化研究（下）

陳思　著

目

次

圖表目錄

注：圖 126、表 27，共 153 個，由筆者繪製（原石、拓片、景物除外）

圖：

表格

第六章　石門摩崖群的當代價值與文化審美新探

本章主題：「當代反觀」。前五章已再現石門摩崖石刻群落整體概念原貌、殘存現狀以及歷史發展脈絡，並將其各維度本體價值（文學、史學、書法、刊刻）逐一進行挖掘。本章即回歸當代視角，以當今文化史、藝術史眼光對其進行重新審視。即將石門摩崖群與同類「群落」、古今「媒介」、中外文化間，跨時代、跨領域、多方位的考量，得出其在文化史中的特殊地位，闡發其在當代語境下持續延伸的審美價值與精神意義。

本章分為三節，第一節首次構建「摩崖石刻群」綜合評價體系，將石門摩崖石刻群與國內其他著名石刻群共同置入其中，對其文化藝術價值定位；第二節摩崖群為古老文化傳播之媒介。將其與傳統碑刻媒介、當今新媒介作比較，呈現相通及相異之處，以及其在現今新媒體環境下獨具的不可替代性；第三節以廢墟文化角度觀照之，闡發其作為古老「廢墟」的存在意義：其在中西方廢墟文化對比中的獨特美感、傳承千年凝聚的象徵精神以及故地傾沒之文化損失，「石門」傳承千載不滅，卻在建壩一夕傾覆，今人可以在精神上重建這一文化和審美的鏈條，對遠古時代仰望、追憶與認同，在新時代予以新的闡釋，讓「石門」精神在延續中得以永存，也是本章所欲討論的問題。

第一節　摩崖群評價體系與石門摩崖之定位

一、摩崖石刻群評價體系之構建

摩崖石刻群是中國傳統文化中重要的文化現象。回顧前五章對石門摩崖群進行：概念復原、歷史追蹤，以及文史書刻價值之研究，我們可以得出，石門區域摩崖，依託山脈棧道，歷經兩千年發展而成，為一種典型特殊的文化現象，具有多重價值。所謂文化現象，即指人類文化發展過程中呈現出來的、帶有典型、標誌作用的某種思想觀念及其物化形式的綜合，由人類共同心理需要、思想觀念而生成。縱觀整個中國石刻文化發展史，即可發現，與石門摩崖群相類似的依託山體刻石，並逐漸發展聚集成群的文化現象並非孤立。我國幅員遼闊，名山大川眾多，歷代文化精英向來有崇拜名山之情結、山水留題之傳統，「五嶽尋山不辭遠，一生好入名山遊」，或記功、或題詠，就山石而刻，以傳不朽，故每有山水勝景，則多生摩崖，逐漸聚集成群。因此國內摩崖群頗多，諸如山東、陝西、河南、湖南、湖北、四川、雲南、福建等。重要的如：泰山摩崖群、武夷山摩崖群、齊雲山摩崖群、浯溪摩崖群，七星巖摩崖群等。廣義上鑿洞窟而刻的龍門、麥積山等也可算此例。總之凡名山大川，多有摩崖群，其有著共同特徵——依託山體刻石，歷時聚集成群。然而對於這一文化現象，石刻書法文化史對其評判，大多僅孤立評價某一方摩崖，幾乎沒有結合環境作為「群落」進行綜合考量，又由於歷來無完整的評價體系，使得摩崖群作為一種綜合文化現象，評價體系有所混亂，出現多重價值評價混同的現象。因此筆者試圖以書法文化史之系統為觀照，提出一個有關摩崖石刻群文化考察的體系，經過縱橫比較，以觀石門摩崖群在其中的地位。筆者認為，對於一個地區的摩崖石刻群，應從兩大方面考察。第一是整體群落方面。第二是本體價值方面。群落整體環境考察主要包括三點，其一，摩崖群所依託之「境」的特殊性氛圍。作為「境中之刻」，即摩崖群所依託山體，在中國地理中的地位以及歷史上所起的作用；其二為「群體結構」考察，即發展成型的群落整體的歷史跨度、規模廣度、數量多少、集群方式、發展鏈條完整性；其三為其發展背景的文化動因及思想高度。即文化來源、文化承載厚度、石刻發展的氛圍和動因以及石刻之間相互關聯性（區別人為集中的石刻群體）。而在第二大方面，對其本體價值研究，摩崖作為石刻文字資料，則必然兼具文史書刻，主要考察「摩崖石刻」本身在各領域價值。就

「摩崖石刻」本身而言，分為「可讀文本」和「可觀文本」兩大類，作為可讀的文史資料文本，其在文學（保存文體、文學史、思想情感抒情）、史學（參證糾正史書重大事件）方面價值。作為可觀的書刻文本，則從石刻藝術角度，探討其「載體」刊刻材料之獨特性、技藝實現難度及呈現精湛度，再從書法史角度進行考量，其在書法史發展鏈條中的地位與作用，代表的書法審美觀念之高度。在這個綜合評價體系中，各因素是相互影響的。本章主要將石門摩崖群與其他摩崖群進行縱橫向比較，得出其在國內同類摩崖中的定位。著重於第一點有關環境的比較，至於第二點即文、史、書、刻分別在各自領域的價值，三、四、五章已作具體比較，在此不復贅述。

二、石門摩崖群與其他摩崖群之比較

（一）摩崖群整體環境、發展結構及內在精神考察

1、摩崖群之「境」

摩崖作為「境中之刻」，其群體所處地區之大環境，決定了摩崖群整體的氣質和底色，即摩崖群所依託山體環境的審美趨向，以及所經歷的歷史事件的大環境氛圍，都會影響人類刻石活動的屬性。石門摩崖群所依託之「境」之特殊性有二：一是具有強大人工力量參與的自然環境，二是宏大而動盪的歷史環境。

（1）人工宏偉建築與自然險絕山水共造之境

就自然環境而言，石門地區以「險」為特質。由於其依託之場所——蜀道主動脈——褒斜道，自古以難著稱，「蜀道之難，難於上青天」，其周邊山川之險自不必言，其景色絕異於山東泰山的巍峨雄壯、高大安詳，有容乃大之氣象；也迥異於南方武夷等清山秀水，幽谷靜林，流淌著閒淡雅韻之風情；其以另一向度的險絕之美為特徵，秦嶺、大巴山重巒疊嶂、奇關險隘，高山絕谷、石門所在之處兩山對峙，怪石嶙峋、褒河之激流、驚濤雪浪穿行而過，山河之險、路途之艱形成極為獨特的自然環境。比此境更為特殊的在於，石門摩崖群是國內摩崖群中，唯一以自然山水和人工建築相結合為大環境。古人為征服秦蜀之間艱澀險絕環境，人工開山通道，在山體上建起橋閣，形成數條蜿蜒盤踞於懸崖峭壁之上的宏大工程——棧道，而石門摩崖所在「褒斜棧道」即是此地區棧道之主動脈，其在同類型棧道中以年代之古老、規模之宏大、使用之頻繁，位列「蜀道之冠」。石門摩崖群最主要薈萃地——「石門」

正處於褒斜道中心，爲克服險阻「雞頭關」，東漢年間朝廷發徒隸數萬人，人工開鑿世界上第一條穿山隧道。相比起來，無論是泰山還是浯溪摩崖群，都只是對山崖表面稍加磨礪，未動用如此浩大人力對山體進行工程改造。而其又與人工開鑿山體而成的龍門石窟、麥積山石窟有區別，石門棧道工程本身並不是爲了刻石造像而開，而純然作爲往來通行，實用交通工程。以宏大交通工程和險絕山川構成了石門摩崖群所在整體環境。這種交織著山河之險，人力之強的環境，體現著人類力量對自然險阻的強大征服與和諧共處。這在國內其他摩崖群中是罕見的。人類面對險絕山河的同時，自然也對人工偉業記功的屬性有所感懷，使得石門摩崖所處的自然環境具有了與人類歷史相關聯的特質。

（2）整體所處歷史環境，戰場遺跡「恒成爭地」

比起險境更加特殊的是其所處歷史環境。相對來說其他地區摩崖，作爲山脈，在歷史中整體偏向「深隱」「靜穆」的環境氛圍，無論是泰山作爲具有政治神聖性的五嶽之首，博大安詳；還是皇家開鑿的龍門石窟的莊嚴肅穆；還是浯溪、武夷等山水摩崖的優游閒適。其山體均爲安樂祥和之所在。眾所周知，本體摩崖選址於山，所依賴正是山體之沉穩安逸。唯獨石門摩崖群，擁有自然險境與人工偉業交織的特質，在歷史環境中又極具「激蕩」的動感。其位於漢中蜀道交通要道中心、車水馬龍熱鬧不凡，更是歷代兵家必爭之地，長處戰亂漩渦中心，所涉戰亂之重大、持續時間之長久、跨度年代之寬廣，無出其上者。其戰亂年代跨越先秦自南宋：先秦時代秦、蜀、巴三國之爭，秦末的楚漢戰爭、東漢時先零羌寇亂，三國的蜀魏之爭，西晉成漢割據，南北朝的北魏梁朝之爭，乃至南宋與金國對峙（所列戰爭在第二章已詳細論及）。總之，石門褒斜道，爲古代戰爭咽喉門戶之「道」，「恒成爭地」，紀念摩崖也在「道」的一次次燒斷與重修中誕生。其充斥著王朝的更迭，在割據與一統、對峙與毀滅，亂與治、興與亡之間大起大落。這種直面「激烈衝突」，歷經「動盪劇變」的歷史環境中誕生的摩崖。與一般摩崖群所處的名山「沉靜安穩」的特質截然相反。如果說泰山爲代表的摩崖群，以威嚴、靜穆、安詳而流傳千古，體現一種「沉靜中的定力」。那麼石門摩崖石刻群，歷經千年的「激蕩」而不衰，體現出一種「劇變中的定力」。

石門隧道終隨著南宋戰亂結束和棧道改道而成爲人跡罕至的廢墟。然其沉默的背後，卻以石刻文字和建築遺跡，凝固著往昔時代的非常之功和興衰

勝敗的輪迴循環，飽含沉澱滄桑的力度。同時石門千年屹立，屢次淬礪戰火洗禮，卻不滅反生，且代代綿延。極富奇變強悍和超脫色彩。成爲今人聯結古代的永恆的因素，突顯生生不息強大的生命力。

　　總之，石門摩崖群所依託之「境」，以險絕山水與人工偉業交融爲區域環境、以「恒成爭地」的宏大而動盪的歷史爲時代背景。在人力與自然的強力對抗之中，趨於和諧與平衡；在歷史戰爭激烈對抗之中，趨於循環而永恆。其所依託之靜與動之「境」，從根本處潛移默化影響著此地區石刻之氣質。

2、摩崖群落結構

　　主要考查的是摩崖群的數目以及形成的時間，在歷史上的時代跨度，各摩崖之間相互關係和發展方式、組織結構等特點。石門石刻以時代縱深、結構鏈條完整性以及獨特的結群方式而聞名。

（1）摩崖群數量、時間跨度和持續開放性

　　就摩崖群的總體數目而言，石門摩崖在國內摩崖群中並非最多，約一百六十餘方，比起最多的泰山八百餘，武夷山四五百方，數目處於中游，但其歷史之悠久、時代跨度之大極爲罕見。在國內各大摩崖群中，石門摩崖群的啓始時間爲最早之一，即東漢時期《大開通》，爲公元 66 年。在此之前雖早有摩崖出現，但均單一孤立未能發展成群。其餘摩崖群如龍門、雲峰山、四山摩崖、藥王山摩崖群均始於北朝，沔溪摩崖群始於唐代，而鼓山、武夷山摩崖群始於宋代，均不及石門摩崖群歷史之久遠。而從時代跨越度和發展持續性來看，石門摩崖群發展具有時代縱深性，從東漢起始一直到民國，橫跨多個時代，雖有高低潮之分，但未曾停息，總體呈現波浪式向前發展，且在淪爲水庫淹沒前仍然呈持續發展的態勢。比起集中發展於某個時代，或在幾個時段集中發展後就截止，成爲封閉式的摩崖群，石門摩崖顯得具有開放性與可持續發展。這種持續開放性只有泰山等爲數不多的摩崖群能與之比擬。四山、雲峰山摩崖群的發展期均集中於北朝，其後時代並未持續。龍門石窟從北朝發展到宋代即止步。因此石門摩崖群可稱是我國目前發現起始時間最早、跨度最大、具有持續開放性的摩崖群之一。

（2）摩崖群發展結構與組織方式

　　具體觀石門摩崖發展橫跨多個時代，並非由強漸弱，或持續匀速增長，而是呈現出三個高潮二個低谷的波段式發展（見第二章），漢魏、宋代、清（民），三個高潮時代，根據每個時代政治戰爭局勢、文化思潮爲動力推動發

展，由此形成波段起伏的發展鏈條，具有高潮迭起的生命力。而這三個高潮具體演進方式與其他地區分期集中發展的摩崖群又有不同。

從群落演進結構方式來看，大規模的摩崖群，或是依山體之景隨機散佈，或是一個個相對獨立的小區域集群聯結而形成集合體，多以小區域逐點演進方式逐步擴展。不同時代不同小區域發展，即起始一個時代集中於一個區域發展，下一個時代換一個區域增長，由各點連成線繼而成片，終形成大範圍的群落。比如，龍門石窟開鑿在龍門山上包括多個小地區，原初時代北魏摩崖造像集中於古陽洞，而唐代則轉化區域，集中在東山、奉先寺區域，刻滿之後再換一個洞。泰山也是散落各處，各區域的集合整體連成一大片摩崖群。

石門摩崖群演進方式也為逐點遞進，隨著棧道褒水延展，形成「石門——玉盆——山河堰」三點一面的大區域。然其「石門隧道」中心區卻有著獨特的「中心輻射式發展」，三個時代不斷疊加，即石門隧道區域是漢魏摩崖的主要場所，而在後世宋代、清代的每一次發展高潮，仍然都以石門為最大發展中心進行不斷的疊加。新地域開闢的同時，中心區域依然保持強勁發展勢頭，圍繞圓心（石門中心）逐漸展開。這其中，石門中心區的漢魏時代「母碑群」起到關鍵作用，「母碑」指一個摩崖群中最初始生成也是最重要的摩崖，後代據此延伸發展。比如浯溪摩崖群以元結寫的首方《大唐中興頌》作為中心母碑，逐漸形成周邊區域摩崖，而石門地區形成的母碑中心則更具有強大的向心力，其為漢魏時代所有的經典摩崖《大開通》《石門頌》《楊淮表紀》《石門銘》等構成的母碑群體，由這個群體作為之後時代的仰望的中心，南宋和清代由於宦遊盛行和金石學興盛，文武官員自發尋幽探古，對前代的「母碑群」不斷進行懷古與感慨、觀摩與闡釋、保護和研究。因此探古題詩、觀碑題名、文字考釋等摩崖群圍繞其旁。由此建構起三個時代摩崖群緊密關聯，環環相扣的發展結構模式，也形成石門隧道小區域內極為完整的時代發展鏈條。這種「母碑群」極具向心力，其藝術經典性與主題明確性，吸引著後代與之關聯並滋生新摩崖群體系。是國內摩崖群發展中極為少見的現象。

除石門隧道內漢魏之後題刻與「母碑群」形成關聯性發展外，其他如玉盆、山河堰、驛站等摩崖石刻群也因母碑群「中心輻射效應」而生發。

石門摩崖群有著悠久歷史和極長的年代跨度，獨特的「母碑群關聯式」「中心輻射式」的發展模式，以漢魏摩崖為中心形成三個發展高潮時代，其摩崖群發展結構具有內在關聯的承繼性和完整持續發展的鏈條。

3、摩崖群的人文精神內源動力

每一個地區摩崖群因文化內源的不同，呈現出整體精神各異的傾向，或以原始山石崇拜、或以政治神聖性需求、或以佛、道等宗教信仰，或以文人山水情懷，這些精神又多有相互摻雜，且均與歷史背景下人們的政治經濟文化活動相關聯，由此成為摩崖群誕生之初的動機與思想導向。石門摩崖群具有植根於中國傳統文化的史學之厚度和金石學學術氛圍。

（1）史傳為紐帶與精神皈依

最早的摩崖刻石起源於岩畫，是原始山石崇拜的精神反應。而龍門石窟、藥王山、麥積山之摩崖誕生於北朝佛教盛行時期，帶有濃重的宗教文化色彩，以宣傳佛教經典和祈福為精神紐帶。悟溪、武夷等摩崖群則是文人山水情懷為內源。而泰山摩崖群精神則較為複雜，為政治、儒、佛、道、山水諸種精神的綜合。秦代《泰山刻石》為歷代帝王封禪，帶有濃厚的政治色彩，孔廟又是儒家思想的聖地，其後宗教文化滲入，經石峪摩崖刻經則是北朝佛教精神的皈依。官員名僧人的墓碑塔銘、墓室畫像石，以多元文化多層思想體系雜糅疊加。而石門摩崖群漢魏核心母碑以文字述史記功頌德，區域環境又是兼具交通要道和多場重大戰爭發生地，帶有更多述史懷古抒情的元素。石門地區整體精神內核不在於宗教皈依、也不僅在山水情懷，而在對來源於蜀道交通史與戰爭史的追溯、對先哲遺存古碑石刻文字的興趣。宦遊山水抒發之感慨的「題詠」觸點，也多繫於對往昔功業、宏大戰爭、英雄人物的追思。具有植根於中國古代歷史精神的純粹性。比起純山水情懷衍生的摩崖，多了歷史的厚度；亦比滲入宗教文化的摩崖，多了廣泛的現實性。

（2）文字神聖性

石門摩崖群中，文字是絕對主流，其在國內摩崖中，實屬十分罕見。其幾無一處圖畫造像，甚至少有紋飾，正因其以「史」為最主要核心精神，而非佛、道等宗教祈福，故僅靠古老而樸素的文字記述得以流傳，體現出文字的神聖性。

前期漢魏時代交通記功碑，以文字述史記事，記載工程道路之通塞、變遷、修治和戰爭經過、也抒發懷想「古烈」之情懷。宋人、清人宦遊石門地區，對人文景觀石門隧道歷史遺跡「古碑」之興趣明顯大過純山水風景。更以對古代文字的興趣，衍生出對其金石學術研究，而對研究成果的固定，依然以石刻文字來傳寫。從而形成以文字為感召力的廣泛影響性。石門並非皇

家禁苑，也非神秘洞窟。其文字內容具有紀史頌德的公示性，故上至達官貴人下至商賈愚氓皆可觀之，引發廣泛的參與度，上層參與者包括東漢良吏、南宋抗金儒將及幕僚文人，清代金石學家群體，或有功於此，或有感於事，或以研究成果直接參與文字記載，進行以石門爲場所，石刻文字爲載體，歷史事實爲主題，穿梭古今時空，人文交匯的文字敘事與交流。由此石門隧道昇華爲古文字經典之所，紀念英雄神聖之所，由此迴蕩的便是古代文字經典的光環，是耳熟能詳的古代戰爭人物的傳說。其不僅是宋清官員對古代英雄的尊崇，也不僅是上層文化精英對經典古石刻的膜拜，更具有廣泛的群眾基礎。

總之，石門摩崖群的文化精神皈依與傳承，不在於宣揚宗教佛道、祈求神鬼，也不基於純山水情懷，而在於對「往昔時代」歷史的精神皈依。以純粹文字記事述史的方式，是內源於中國士人良吏記功風氣、文人宦遊風氣、金石學術研究風氣的綜合產物，無論是建功立業青史留名、或是行吟山水懷古留題、還是觀古碑金石考證，無不體現著與造像祈福、刻經等宗教情調相異的色彩，有著古今交融，植根於中國本土傳統文化純粹性、歷史的宏大厚度和濃鬱的學術氛圍。

（二）本體價值方面

摩崖石刻本體具有多方面的價值，關於石門摩崖群在文史書刻方面價值，曾在第三、四、五章節中與其他摩崖群進行詳細的對比與分述。此處不再贅述，只作簡單比較。

1、作爲可讀文本的文學和史學價值

文學方面，主要意義其一在於文體方面，相比摩崖大字、少字的精簡榜書，石門摩崖中多長篇，且文體極爲多樣，從古時代的漢奏、漢頌、銘、表、賦等文體，到後來的題記、詩文、遊記、榜書無一不包。尤其是有著對古老文體，即漢代「頌」這一文體的鮮活保存，更是絕無僅有。譬如《石門頌》摩崖巨篇，含頌體的完整的結構，並將記功述德內容定格於石刻文字上，這對於文學史上保存甚少且多不完整的「頌」文體的研究有著重要的價值。此外，相比於其他地區摩崖多局限於各自小地域風景詠歎，其文本系列是對文學史上重要母題——蜀道文學的拓展。作者也異於一般蜀道行旅，是來自蜀道的直接開拓者或戰爭親歷者，具有獨特的雄健與豪邁精神，及直面生死的古今時空共鳴之感概。

　　史學方面，石門摩崖群所記載的史料，以時間之久遠，歷史地位之重大，在中國古代歷史中佔有重要的地位。摩崖內容多記載著歷史，但其他摩崖群記載的大多屬於正史之外的局域事件，少與史書記載相連。類似的交通摩崖如周邊的《西狹頌》《郙閣頌》僅作爲局部地區交通工程，所記載的人與事，均未列入正史。而石門摩崖群所記載之工程與歷史事件，卻與正史重大事件緊密關聯，又以石刻資料獨有的眞實、公共的屬性，可與史書相參照甚至彌補匡正史書中的訛誤。工程建築史上，石門摩崖群記述的主要兩項工程，蜀道褒斜道工程和南宋山河堰工程，其《大開通》《石門頌》《石門銘》《山河堰落成記》，直接對應著史書《史記·河渠書》《後漢書》《魏書帝王本紀》《宋史》。石刻文字與史書相互參證，可形成一脈相承的工程和相關歷史事件的發展鏈條。而石門摩崖所記載的還有關於漢高祖楚漢戰爭、東漢先零羌「元二之災」、三國魏蜀戰爭、北魏南梁戰爭、南宋宋金對峙前線等等的一手戰爭史料實體文，其參與人物多見於正史，如北魏羊祉、宋金對峙中重要官員、前線名將：安丙、吳璘、晏袤等。此對於史書的記載、對於歷史人物的評價、具體活動的考察，均有匡正彌補之功效。

2、作為可觀資料的書刻藝術層面

（1）刊刻方面

　　石門摩崖群具有物質載體的獨特性與技藝實踐的開創性、及實施的難度與刊刻的精度和諧統一。也爲摩崖刻字提供重要技術與藝術的經驗。石門摩崖群在刊刻方面的主要成就，在於開創了一套獨有的針對「石英岩」超硬材質的摩崖刊刻方法。其他區域的摩崖群多爲花崗岩、砂岩、石灰岩，其石質較易於奏刀。而石門摩崖群爲以石英岩作爲主要石質的崖體。其刻者面對極端堅硬難刻的石質，以獨特的單刀爲主、複刀精修的方法，開創了粗糲崖面的精刻模式，使精湛技藝與諸粗糲山石得以有機統一，創造了在摩崖石刻中保留著書寫之「筆意」的先河。同時在應對崖面諸種天然石質難題中總結了一套刊刻排版方法爲後人提供經驗，尤其是漢魏摩崖如《大開通》《石門頌》《石門銘》其恢弘巨製，石質之硬，字數之多，刊刻之精美，堪稱摩崖之精品。在保存刻石方面亦有著實用與科學性相結合的方法，使得石門摩崖歷經千年保存得相對完好，對於如今石刻史考察，研究石刻鼎盛時代到沒落時代的演變過程提供實物。

（2）書法層面

書法發展史角度看，石門摩崖群的時間跨度、精度和基數廣度均有亮點，字體方面，隸、楷、行草、篆，諸體皆備，尤其以隸書發展鏈條最爲完整。對比其他地區摩崖，由於起始時間多在北朝之後，漢隸這方面的保存大多未及石門摩崖群來得完整，且多集中於幾個時代，未能形成字體的完整發展鏈條。而從石門摩崖群隸書發展中，可窺得隸變過渡的古隸，成熟漢隸、曹魏晉隸楷交雜狀態、宋代程式化的隸書、清代復興隸書的完整體系。反映著隸書興盛時代、沒落時代、復興時代的不同面目。極具書法史座標價值。

書法藝術角度評判，漢魏石門石刻經典度高，在摩崖群中，乃至整個書法史中均屬頂尖行列。如書法成就最高在漢隸、魏楷，漢魏石門均出現了最經典作品。對成熟漢隸、經典魏楷風格的開創，無論是在當時還是整體書法史上，均具有重大意義與廣泛影響力。《石門頌》爲首的石門漢隸，是成熟漢隸中瀟灑縱逸一脈風格的開創源頭。《石門銘》爲首的石門魏楷，與龍門石窟的《龍門二十品》、雲峰山摩崖群中的《鄭文公碑》等相比較，被清代碑學家列爲神品而備受推崇。而這些「漢隸」和「魏書」交相輝映，形成強強聯合的經典摩崖書法群體。石門摩崖母碑群《大開通》《石門頌》《石門銘》均代表著當時最經典字體在山野公共區域展示的最高水平。分別爲古隸、漢隸、魏碑最輝煌時代一派書法風格美感的極致。

其整體形成區域獨特的書風，傳達出帶有共性的審美取向。成熟「典雅」與山林「野逸」交織互融的精神風貌，暗合廟堂歸隱山林之「逸民」氣質。其形式之美傳達出「減負」脫胎換骨，以及萬法歸「一」的審美傾向；體現了雜糅眾美、隨心妙用規則的莫測神力；其飛動、寬舒、自由、超絕世外「天人合一」的美學觀念，展現出共通的、并貼合高邁哲學的書法美學理想，具有創新性和穿透時代的普遍意義。

綜上，無論從區域環境還是本體價值的哪一方面來說，石門摩崖群均在國內摩崖群中處於當之無愧的頂尖地位，極具典型性和經典性。

第二節　石門摩崖群傳播媒介的特色

從文化傳播的角度來看，石門摩崖群起到存儲、傳播信息的媒介作用，是有關歷史記憶的「存儲器」。摩崖屬於碑刻的一類，具備著傳統碑刻傳播之

特性，而石門摩崖群傳播方式比起一般的碑刻又有著某種特殊性。其媒介的開放性、受眾度甚至與當今新媒體的傳播理念有著相通的特質。本節就從文化傳播的角度，探尋石門摩崖群這一媒介在古代文化環境中所起到的特殊傳播意義，其與碑刻有何異同，以及這一古老文化媒介在當今新媒體興盛的環境下，永不過時的魅力所在。

一、摩崖群媒介傳播方式相比傳統碑刻媒介之特殊性

（一）摩崖媒介放大傳統碑刻媒介之優勢

文化的承繼與延續，需要通過媒介進行存儲與傳播。其傳播路徑由傳播者、媒介、受眾三者共同建構而成（圖 6.1）。首先由信息的「傳播者」以某種目的，將所欲傳達之思想、訊息進行篩選、編輯，固定在一定的媒介中，完成信息存貯。存有信息的媒介，便成了「傳播媒介」即可直接面向接收者的物質實體。「傳播媒介」儲存著文化記憶的特定符號，具有時間延續性和信息可識別性。而「受眾」則從「傳播媒介」中提取信息，並進行重構與再傳播，完成文化信息在不同時空的共享再現。這個對於文化信息儲蓄、接收、重構的過程，形成共同文化記憶的延續。以石門摩崖爲例，「傳播者」是修路官吏等，其欲將修道路功德昭示天下，以隧道山石爲「媒介」，將文字刻於崖石上完成「存儲」，而「受眾」則是往來行人，駐足凝視，通過閱讀石刻獲取信息，完成功業之傳揚。

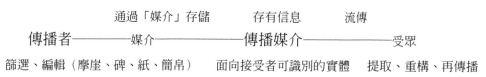

媒介文化傳播過程↓

通過「媒介」存儲　　　　存有信息　　　流傳

傳播者─────媒介─────────傳播媒介─────────受眾

篩選、編輯（摩崖、碑、紙、簡帛）　　面向接受者可識別的實體　提取、重構、再傳播

圖6.1　媒介文化傳播過程

由此過程可以看出，在這個文化傳播鏈條中，處於中心的媒介起著紐帶作用，其優劣決定著信息能否長久、有效、廣泛的傳播。縱觀中國古代文化史的幾大傳播媒介，如碑刻、簡帛、紙本等，碑刻媒介具有無可取代的優勢，這一古老文獻載體在傳統文化傳播中廣泛應用，滿足流傳後世、公示大眾之需要。摩崖石刻爲古老的傳播媒介之一，因其刻於崖壁，具備著一般碑刻傳播的特性，比起一般的碑刻又有著某種特殊優越性。

其一是保眞性與持久度屬性，摩崖與碑同屬於石刻，相較於容易朽壞的竹帛、紙張等載體，石質材料獨以堅硬耐久更具有時空超越性，這是其他媒介所難及的。同時其刻痕難於磨滅，比起紙質載體如手抄本、印刷書籍等在傳播過程中易被複製篡改、加工潤色，石質能夠更眞實地保留著文獻原生之貌。錢大昕云「蓋以竹帛之文，久而易壞；手鈔板刻，展轉失眞。獨金石銘勒，出於千百載以前，猶見古人眞面目，其文其事，信而有徵，故可寶也。」〔註1〕這一點從摩崖《石門頌》鮮活地保存漢代頌體文學即可證之。摩崖與碑擁有相同的石質屬性，而二者相異之處在於，碑，離於山體，無所依託，倘若保護不力或淪爲建築材料，或爲它用；摩崖由於依託龐大的山體，比起碑刻更加不易撼動、毀壞，保存亦相對持久，清代葉昌熾《語石》言摩崖之保存優勢：「山巓水涯，人跡不到、且壁立千仞，非如斷碑之可礱爲柱礎、斫爲階甃、故其傳較碑碣爲壽。」〔註2〕摩崖得益於堅硬的山石媒介，以堅固的山體爲依託，比石碑留存更具持久性。

其二是廣泛公示性，從空間上來講，碑具有書籍材料不可比擬的公示垂範性，而摩崖山體之「開放」展示的公開性比碑刻更勝一籌，由於碑刻公開與否、存放方式可以選擇：或立於路旁、或秘藏私府、或樹於禁苑、可埋於地底，還可以搬動轉移。而摩崖所依之山脈，無法私藏，也難於轉移。無論是紀事還是抒情，刻之便是公開發表，受眾亦非部分階層，可以是有意仰望者，亦可以是隨意的過路人，均可觀之議之。比起「山巓水涯，人跡不到」的其他山體，石門處於褒斜道交通樞紐，往來行人川流不息，受眾人數多，自然傳播範圍亦廣。其教化大眾，宣揚功業公示作用較碑更強。

其三是信息傳播同時兼具審美性，石刻文字本身含有書法美感，而摩崖在翰墨之外兼具山川之勝，如石門摩崖獨具與山水勝景、人工宏偉建築（穿山隧道與懸崖棧道）相融共構的美感。這一點前已論述，在此不再贅述。

古石門摩崖媒介以碑刻的傳播性能爲基礎，在傳播的廣泛性、審美體驗及信息長存等方面顯露優勢，可謂古代傳播載體中認知信息與審美體驗完美結合之典範。

〔註1〕 錢大昕著，陳文和主編，嘉定錢大昕全集・潛研堂文集卷二十五關中金石記序〔M〕，江蘇：江蘇古籍出版社，1997.396。
〔註2〕 葉昌熾撰，柯昌泗評，語石 語石異同評〔M〕，北京：中華書局，1994.358。

（三）摩崖群「媒介」開放性與「受眾」身份可轉換

古石門摩崖媒介在傳播中，「傳播者」和「受眾」二者的身份與碑刻有所差別。其以媒介的開放性，打破了傳播者和受眾身份轉換的鴻溝。

文化傳播鏈條中，受眾對信息的提取、接收與重構是十分重要的一個環節。受眾面對碑刻傳播，從中提取、接收信息，完成個性化重構，通常有三個途徑：一為觀碑，即直接到達現場，面對碑刻進行觀摩；二為拓片，將碑刻複製槌拓在紙上進行流動傳播。拓片對碑面的複製，能較準確地反映碑刻原貌，雖比直觀略顯失真，但比起碑刻實體不易移動，拓片流傳更廣，觀者更多；三為轉向紙質傳播，此多為學者、藝術家等具備一定知識能力的文化精英群體，觀碑、識拓之後進行文字抄錄，或進行研究評論，撰寫書籍，以紙質媒體的方式將個人理解、感想、考釋等信息再次傳播，充當對古碑刻的「意見領袖」，其研究和鑒賞之論點，將影響著普羅大眾的理解和接受，由此形成二次傳播，這是信息得以延續的關鍵。前兩種以體驗為宗旨，為接收性，多為普通受眾，將所觀所感內化為個人經驗，傳播過程終止於此。而第三種為拓展性，影響更為廣泛和深徹。

但無論是這三種中的哪一種，接受者（受眾）皆被排斥分隔於原始碑刻媒介之外。由於碑刻媒介尺寸大小定格，一方碑刻在排布、刊刻完成之後，其本身文字信息就此固定封閉，受眾可以觀之、可以拓之、可在其外以紙質撰著，鑒之、賞之、評之，但卻不可隨意佔用這塊碑質媒介的餘下空間，增添任何內容，只能被動接收。換言之，受眾二次傳播之拓展，不能介入碑刻媒介本體「傳播者」系統，進行信息編碼，只能轉入紙質媒介，以書籍文字續傳。

總之，在「碑刻」文化訊息傳播過程中，受眾只能作為「接受者」「解釋者」，卻不能轉化為「傳播者」參與原碑刻餘下空間的編碼、儲存。即受眾不能與「傳播者」在同一媒介平臺上交流互動。故「受眾」和「傳播者」之間的身份鴻溝是無法逾越的。

石門摩崖群與一般碑刻媒介之區別正在此，其「媒介」之開放性，使得「傳播者」與「受眾」之身份轉換成為可能。

無論是石門隧道兩邊的崖壁，還是隧道之外廣闊的山體，顯然比起塊狀刻碑，擁有更寬闊的空間，更具有開放性。一般來說，古代山體擁有自然公共的屬性，摩崖僅選其中一塊面刻字，餘下大範圍崖面仍可供他人書刻，由

此則突破了單一碑面的有限封閉的空間。寬廣開放的山體崖面，爲文化精英、「意見領袖」對於古摩崖石刻文辭的注釋及觀感、賞析等研究成果，除轉向「紙質」媒介作二次傳播外，提供了另外一種可能性——可以直接在古摩崖刻石旁邊，以與前代人同樣刻石的方式發表。綜觀石門摩崖群中，從第二方漢末《石門頌》就開始對東漢初第一方《鄐君開通褒斜道》摩崖石刻的回顧；北魏《石門銘》及《小記》中針對石門歷代「乍開乍閉」〔註3〕之概括，與五百年前的《石門頌》所記載開石門年代巧合之對比，正是觀閱前期各代古摩崖石刻之後的感慨。宋代、清代人觀摩崖獲取古人信息之時，更將題名、金石文字考釋、懷古抒情等原本只能在書齋中記錄、以紙質書籍專著面世的內容，昭然刻於古摩崖石刻之旁。比如，宋代晏袤，在石門隧道南崖間，西晉所刻《潘宗伯、韓仲元造橋閣題記》及《重刻李苞通閣道題記》等摩崖之下數丈處，將自己爲此兩摩崖所作釋文與賞析刻上；稍東，又刻上《山河堰落成記》記述南宋時本人帶領官民修堰的歷史；再南半里，在東漢《大開通》摩崖之下，又刻入《大開通》釋文。

於是在這個摩崖媒介傳播過程中，後代觀摩崖之「受眾」，獲得了與前代「傳播者」同等權力，即對山崖媒介使用地位和話語權，「受眾」由單純信息接收者，轉化爲新一輪文化信息的「傳播者」。形成從「受眾」向「傳播者」的身份轉換機制。同時也完成了摩崖群落本體信息的增殖——這些承載後來觀者研究言論的新刻石群體，躋身融入古摩崖石刻群體，一併成爲再後世「受眾」所面對的文化訊息。再後世的「受眾」面對之，依然可以平等權力自由加入這種刻石行動中，發表評論闡釋交流的話語。如此循環上升，新信息源源不斷地注入舊摩崖媒介之中，故而存儲的信息基數無限放大，使之具有無限增殖再生的可能性。就以古石門隧道爲例，其摩崖石刻從漢魏不到十品，到宋代按層次環繞漢魏精品激增，再到清代見縫插針，甚至以碑的形式倚靠於地，整個隧道內兩崖壁幾乎刻滿，石刻多達三十餘品，還向石門隧道之外山崖間不斷延伸。這個過程中，對於後續受眾持續接納、將反饋信息在此摩崖上持續疊加，使得石門摩崖媒介上存儲的信息不斷增殖，而其集結並非人爲、也並非無關聯，而是以自發踊躍的交流態勢自由集結，增值形成實體「網絡」，終使石門石刻藝術歷史文化得以最大化最有效的傳承和延續、發揚與光大。

〔註3〕 郭榮章，石門石刻大全〔M〕，西安：三秦出版社，2001.30。

　　總之，石門摩崖群文化傳播形式打破了嚴肅、莊嚴的單一碑版媒介之封閉性，具有開放、跳躍、鮮活之因素。其媒介的開放性，受眾參與度，踊躍主動的交流意識，是一般碑刻媒介所不具備的，石門摩崖爲石刻媒介中極具包容性和生命力的特殊形式。這種「受眾」主動參與、對媒介平等使用、獲取與傳播者對等的交流權力，使得媒介顯示出信息量無限增殖特徵，甚至具有跨越時代的先進性，與當今新媒體之精神內核有著某種共通之處。（圖6.2）

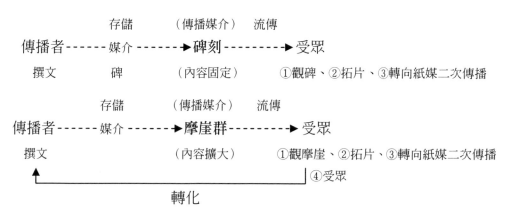

圖6.2　碑刻媒介與摩崖群媒介傳播文化流程之差異

二、摩崖群傳播方式與當代新興媒體之共通與相異

（一）石門摩崖群與新媒體交互式傳播理念相通

　　以當代新媒體眼光觀照，石門摩崖群傳播交流理念具有跨越時代的先進性。此前已比較了古老媒介摩崖與碑刻異同及優勢，接著討論一下新媒體與傳統媒體之區別，以期通過縱橫比較，揭示石門摩崖群的傳播理念能穿越時代與新媒體相通。

　　傳統媒介如收音機、電視機、報紙等，其主要傳播方式，以專業媒體機構爲主導，「傳播者」嚮用戶「單向傳播」，用戶只能被動接受。新媒體相較於傳統媒體主要有兩個新指標：首先在於媒介技術維度，「數字化、互聯網、移動通信」等技術推動下的媒介擴容拓展；其次是傳播維度，轉嚮用戶可自行創造內容參與交流互動。換言之，新媒體核心理念區別於傳統媒體歸納爲兩點：一是，以技術進步形成媒介平臺的開放共享；二是，「受眾」擁有話語「自主權」，「傳播者」和「接受者」融爲平等的交流者，大家可以進行相互個性化交流，從而形成廣泛的影響效應和無限增殖的生命力。而這其中，網

絡、數字化等技術革新只是手段，理念上的革新才是新媒體之核心。相比起來，石門摩崖群和新媒體在技術手段、載體形式方面固然迥異，但理念與之卻有相通之處，可從如下（圖 6.3）各媒介傳播方式縱橫比較中見之。「石門摩崖群」區別於「碑刻」在於，媒介的開放度、與受眾參與地位，前者在這兩點有所突破；正對應著「新媒體」區別於「傳統媒體」核心理念的更新——媒介平臺的開放共享、受眾可自由參與。

「石門摩崖群」-------------------------------- 「碑刻」

媒介（山崖）開放 共享　　　　　　　　　媒介（碑面）封閉 專用

「受眾」有話語權（可參與）　　　　　　　「受眾」不可參與

傳播理念相通

「新媒體」------------------------------ 「傳統媒體」

媒體（網絡微博、論壇等）平臺開放 共享　　媒體（廣播、電視等）平臺封閉 單向輸出

「受眾」有話語權（可參與）　　　　　　　「受眾」被動接收（不可參與）

圖 6.3 「石門摩崖群」與「新媒體」傳播核心理念相通

從這個意義上看，石門摩崖群傳播理念跨越傳統媒體如廣播、電視等專業媒體機構為主導的單向傳播，其精神內核更貼近新媒體，擁有更新理念：資源公享、留存「傳播者」與「受眾」互動空間、「受眾」享有交互自主權，擁有諸如微博、論壇 BBS 等平等交流平臺。縱觀新媒體傳播形式，筆者認為，石門摩崖群傳播發展興盛與網絡「論壇平臺」中「熱帖」發展方式最具共通之處，倘若把石門摩崖群發展時間軸無限拉長，摩崖石刻載體上的文字平行移植到網絡中，完全可以把石門摩崖群發展看作一個類似於以「褒斜道石門隧道工程」為主題的「論壇熱帖」，（某人）發帖傳播，（受眾）陸續跟帖，最後成型。即：東漢刻石記功時代風氣下，鄐君於東漢永平九年首先「發帖」《鄐君開通褒斜道》，記錄營建褒斜道石門開鑿過程；其後，在崖面上一個接一個的「新刻石」增加，正如網絡論壇之中跟帖「蓋樓」。新刻石緊緊圍繞褒斜道石門主題：道路營建、歷史事件、歌功頌德……展開相當有質量的「跟帖留言」。率先跟帖的是東漢建和二年，漢中太守王升，其文題《故司隸校尉楗為

楊君頌》（石門頌），以大篇幅華美頌文，回顧鄐君開通褒斜道、記述褒斜道建成後的歷史事件和先人楊孟文開道功績；繼而「跟帖」的爲東漢永壽元年《李君通閣道題記》，記述李君修道造福於民之事；緊隨其後的東漢熹平二年《楊淮表記》，記的是黃門侍郎卞玉緬懷開道功臣楊孟文並對其後人楊淮等作補充讚美；之後「跟帖」不斷，如三國蕩寇將軍李苞、晉代潘宗伯、韓仲元，乃至北魏王遠、賈三德在褒斜道最大規模修整後，回顧總結褒斜道石門五百年，在戰亂中曲折修建的歷史，發出《石門銘》巨製銘文。到此，有關「褒斜道工程」主題討論告一段落。而隋唐石門「帖子」漸沉（石門人跡罕至），宋代金石之風盛行，宦遊文人對古刻興趣頗高，對石門摩崖群予以極大的關注，沉默數百年帖子熱度又起，重獲極高的「點擊率」，遊人觀古摩崖同時可以自由發表意見。簡短題名則類似於「觀貼留名」，其中尤以宋代漢中南鄭縣令晏袤多次觀碑，以「古摩崖歷史文字的考釋」爲主題，撰稿長篇「回帖」，將「工程記功」主題引向「金石學」範疇，晏袤將前代（漢魏）石刻作爲研究主「課題」，頗似論壇中「良性歪樓」轉移拓寬主題，增添學術的厚度。南宋熱潮過後，元明帖子再度下沉，至清代碑學風潮，金石學家對漢魏經典摩崖瘋迷，歷經千辛萬苦入石門訪碑，出現金石學、訪碑遊記、懷古釋古等「新帖」，由此，「石門石刻」熱度重起，再度被頂上「熱帖」，至民國訪碑留名熱度不絕。歷代還不乏類似「轉帖」的重刻，總之，觀石門摩崖群發展要素與軌跡，均與當代新媒體網絡論壇上熱帖的發展進程、參與者心理極爲相似。雖然載體有別，但精神內核是一致的，即就一個中心主題，眾人參與自由發表言論，蜀道工程、頌德功臣、歷史事件、金石學研究、訪碑遊記、懷古抒情……內容豐富多彩，堪比無數的「用戶」相互間進行個性化交流的網絡新媒體。

　　由此，石門摩崖群傳播理念共通於新媒體顯而易見：

　　其一是摩崖山石之媒介開放性，類同於網絡媒介的「無限」擴容性特質，新媒體信息豐富網絡化。通過息信交互、流動，形成信息基數的增殖。石門摩崖石刻傳播主體來自各時代，有著不同時代文化思潮兼收並蓄的優勢。這相對於單線傳播來說覆蓋面更廣、觸角更多，且既有經典，也有廣泛的基數，層次多樣，將異時空的文字信息組織在一起形成網狀。大凡摩崖群或多或少都有這種理念，而石門摩崖群具有更爲鮮明的自發的關聯性。對於摩崖山石媒介的平等使用與個性化佔有，與前代（傳播者）的相互交流，提及、研究、解釋更主動積極，留於後代（接收者）的意識也更強烈，因此形成鮮明的古

今交流，前後代互動的現象，是其他摩崖群少有的。

其二是參與者的開放性，貼近新媒體的參與普泛化精神，平等交流使得話語權授予更多受眾參與傳播，通過張揚自我精神，彰顯個體價值，觀石門摩崖者可各抒己見，使「自我聲音」的表達成為一種趨勢。「先人」與「今人」乃至「後人」的聲音，在一個石門摩崖「公共平臺」上一同、長久的呈現，交流、賞識、共鳴，更使得每一個親身參與者及觀摩者，無形之中產生極強的歸屬感。對於石刻自覺維護與傳播意識成為共同的心聲。宋清對古碑多次刻石注釋、操心後代人難解文字；還多次重刻，恐古刻被磨蝕，後人無法視之。對古碑的觀與傳的參與度之高，極具新媒體參與的普泛化性質。

綜上，石門摩崖群媒介的開放共享、平等交互、參與普泛等特性與新媒體理念是共通的。

（二）石門摩崖群媒介較之新媒體獨有特色，具有新媒體不可替代性

其一從傳播特徵來看，二者「交流」的節奏與傳播週期不同。石門摩崖以「長久交互」之緩慢互動縱深流傳，區別於新媒體「即時交互」之信息瞬間擴散橫向鋪開，如（圖 6.4）

傳播媒介	傳播者與受眾關係	節奏	主傳播方向	交互期
石門摩崖群	平等	極緩慢	縱深流傳	長久
新媒體（網絡微博、論壇）	平等	瞬間爆炸	橫向鋪開	即時

圖 6.4　石門摩崖群與新媒體傳播特徵比較

石門摩崖群與新媒體均有信息交互性，但這種交互性的側重點卻不同。新媒體之交互性以傳播、反饋迅速，短時間參與者數量劇增的「時效性」，即新媒體以「效率」為顯著特徵。信息從發出到接收、反饋，極迅速、高效。一條微博發表僅數分鐘內，回覆數千條，瀏覽量可達到數百萬的情況也不少見。論壇「熱帖」與「回帖」之間也不過相隔數秒，數日便有量的激增。反觀石門摩崖群之交互，節奏極為緩慢，不以短期人數取勝，而以「長效性」歷史縱深跨越度顯優。交流軌跡時間軸無限縱深，往往從石刻信息發出到回應、相互共鳴往往相隔數十年、數百年，甚至上千年。魏《石門銘》小記對漢《石門頌》發出「本西壁文後漢永平中開石門」〔註4〕是對五百年前留下的

〔註4〕 郭榮章，石門石刻大全〔M〕，西安：三秦出版社，2001.28。

信息發出共鳴的「回帖」，而其向後世發出的「後世君子異世同聞」〔註5〕感召的「帖子」，接話回應的是民國的張萬傑，其「帖」述到「……門銘之書眞卓犖，對此令人感慨多。可恨岩曲已殘缺，久後遊者更婼憪。因此重繕原文意，得便延陵人揣摩」〔註6〕，表達了其對先人功業的敬仰，對經典古刻的傾慕。南宋晏袤針對東漢《大開通》摩崖的考釋，也使千年之前石刻信息得到久違的解釋。無限悠長的時間軸和來自異世知己的共鳴，使得其「交互有著穿梭歷史的持續定力和穿透性。

盛衰週期而言，新媒體話題起落週期較短，往往隨著時勢熱度而起，隨著狂熱而風潮，然而世人關注點一過，即歸沈寂，再難以復起。而石門摩崖群盛衰週期極為漫長，其三起二落，比人壽與王朝之壽都要持久，故而上一摩崖石刻信息刊出能等到時移世異再度際會，各時代文化思潮聚積、摩擦碰撞升溫。譬如漢魏褒斜道工程時代完結之後，其能熬過漫長的隋唐五代的沈寂，迎來宋代金石學熱潮首輪復興，更從宋代金石學熱潮後，渡過元明的蕭條期，至清代金石學與碑學風潮，再度復興。而這種跨越時代的文化思潮同時呈現，相互交織、碰撞，格外具有火花，而其之間的巧合與同感，自然令人振奮。如同北魏石門工程施工者賈三德偶識：《石門銘》開通年號恰巧與五百年前《石門頌》記載開通年號一樣，同屬「永平年」，難免生出如宿命輪迴般的感慨。

新媒體文化傳播以即時性，橫向引爆實時交流的「熱度」；石門摩崖群文化傳播以超長持續性，具有縱深跨越古今時空、異世共鳴之「深度」，呼喚與回應的對話時段可跨越千年，其交互具有時空凝固恒久的定力。

其二是「開放」之「度」獨特，相對於新媒體的多樣化、平民化等普泛化趨向，石門摩崖群「開放」自帶限度之門檻，二者參與階層不一，即摩崖精英型意見領袖與新媒體平民化全民參與。

新媒體參與者身份無限開放，將話語權擴展至「草根」群體，網絡之隱匿性、可編輯性，也賦予網民「隨心所欲」的空間。話語權得到伸張的同時，則難免水平良莠不齊。有來自各領域專業學問之探索，亦不乏隨心所欲氾濫信息，甚至為追求點擊率不負責任、虛假言辭甚囂塵上，倘若是文化信息，其眞實性、經典性則大大降低。

〔註5〕 郭榮章，石門石刻大全〔M〕，西安：三秦出版社，2001.28。
〔註6〕 郭榮章，石門石刻大全〔M〕，西安：三秦出版社，2001.32。

石門摩崖參與者身份雖然相對於單一碑刻呈現開放傾向，但在參與度方面，並未「普泛化」到如新媒體的「全民狂歡」程度，說是對觀者無限開放，未明文規定身份，亦未明確界定內容，但摩崖群有石刻自帶的約定俗成之規，無形之中設了參與身份的「門檻」，與刻寫內容的「框架」。

石門摩崖刻石者身份，從東漢初年的官方「奏疏」，至東漢末年放開到良吏記功，再到南宋清代文官、學者個人感慨，身份基本為文化精英。視察工程之官員、或有一定水準研究著述的金石學家，才有底氣於古刻旁，發表言論充當「意見領袖」。故而縱觀石門石刻漢、宋、清三個發展高潮時代參與群體：不論是東漢良吏，還是南宋文官、清代金石學者等，無一不是身份地位居於上層的文化精英。同時，石刻載體實現的技術難度，也為其保持經典性設置門檻。新媒體操作門檻極低，如微博等新媒體平臺，用戶只需申請註冊，即可用服務商提供的網絡空間和模版等工具，經簡單操作便可發佈文字、音樂、圖片、視頻等信息。而石門摩崖群，需在堅硬石英岩質地的山石上鐫刻存儲與發表言論，顯然並不像網絡打字操作那麼便捷。而使用這種崖石媒介不但需要一定學識水準，還需要掌握相當的書法水平和刊刻技術，其下刀不易、移位更難、刻痕一旦寫定便難以更改，更遏制隨心所欲發表言論。

因此，因山石媒介其參與度艱難，開放度自然有限，主題亦約定俗成，相比新媒體的無限開放，石門摩崖群之參與主力，皆是各時代頂尖文化精英群體，避免了信息摻雜氾濫，魚龍混雜藏污納垢，保證群文化信息「質量」之精純。

其三是摩崖具有神聖敬畏的「距離」美感，新媒體普及平凡缺乏神聖的「距離」感。（圖 6.5）

就山石媒介而言，帶有天然的距離感與權威感，富有「神聖」的屬性，極具「唯美」的特質。石門摩崖群帶有神聖與唯美的獨特性是新媒體所不具備的。

新媒體數字化信息，使得信息與物質載體可分離複製，雖來源渠道不同，內容乃千篇一律，導致信息審美的疲勞，隨之而來則是經典性、權威性的喪失。即便是照片等兼具美感的信息，新媒體可無限複製、無限貼近的「零距離」，無疑消解了其所承載信息的神聖性。

新媒體信息傳播迅疾便捷，無論何時何地何人，只要具備相應設施，均可隨心所欲得到無數與原品完全同等的複製品。這種太過於輕易的獲取，也

就意味著信息的氾濫，導致「受眾」對信息的輕視，更遑論神聖感。

「摩崖石刻文本」富含美感，其為文本、書法和山石三位一體，一經形成，便成了兼具思想與藝術信息的石刻傳媒，閱讀其「文辭文本」攝入信息的同時給人以「書法之美」「山川之美」等多重美的享受（圖 6.5）。而這種美感具有相當的珍稀感和距離感。

摩崖群美感與環境不可分割，其遠居於人群生活區域之外的山體，獨一無二不可複製、更不能為私人獨自擁有，人必須入境才可體驗之。摩崖群文字與山石結合，更加放大這種公共權威的神聖性，石刻在傳達信息的同時，本身即預設著一種與後世共同瞻仰的效力，其以山石崇拜、人工偉業、古代戰爭場域疊合造境，與紙媒、電媒的瞬息即逝相比，存有不可搖撼、天人合一的持久力度。高大巍峨的山體給人視覺、精神上以震撼之感，形成一種強大的威懾力，只可仰視，無法等閒視之。同樣的一段歷史內容，在手機裏瀏覽信息、書齋中閱讀書籍，與親臨高山深谷、萬仞高崖、古戰場遺址，現場瞻仰石壁史書，其視覺連同身心的體驗是完全不一樣的。在環境場域當中，所見的古老的摩崖山石，存著最原始的文字信息、原滋原味的刀刻痕跡，這才是與古人聯繫的確切證明。觀閱者必須服從來自處於此境的古人發號施令的引導，如《石門銘》所在的空間位置為石門洞東壁，其所記載的文字影響著閱讀者對其文中環境意義的理解。文中開篇代詞「此門」明確指向石刻原址，不容置疑的否決了文本被其他境域、媒介取代的可能性——觀者只有在此石門隧道獨一無二之境域裏，才能體會文中「此門」所指示的含義。若看刻在其他地方，或以手寫、打印等方式傳播的《石門銘》，均無法體驗。因此，人們在置身宏大山體間，跟隨先人石刻文字指引展開的歷史考察中，在艱難進入石門朝聖般的體驗中，會油然生出敬畏、依附、服從和嚮往之心。

哪怕是時至今日，石門摩崖因建壩瀕於淹沒而被分離出山體，移入漢中博物館陳列，依舊無法改變人們對於摩崖石刻不可替代的入境體驗。尤其是石門諸摩崖由於前文所述，比普通碑刻更為艱難的拓片再現。無論何等發達的高科技影像、無論何等高超的椎拓精品，均不能復現原生態摩崖實體獨一無二的美感。無數研究者面對複製品和現場真跡截然不同的體驗，更加強了這種觀念，一輩子揣摩拓片，不及一次現場親臨目睹真容的震撼。因此在當今高科技條件下，石門原摩崖依然保持其神秘傲岸屬性，「只可就見，不可屈

致」，觀者欲領悟其美感，只能進入其所放置的博物館，入境觀覽。這是新媒體不可比擬的距離感、權威感，具有「神聖」屬性與「唯美」特質。

	保眞性與持久度	審美豐富度	受眾感受
新媒體		文辭信息	可複製 易得 缺乏神聖感
石門摩崖群	保眞長存	文辭信息＋書法之美＋山川之美 刊刻之美	獨一 距離感 神聖感

圖 6.5　石門摩崖群相對新媒體的獨特審美優勢

總體而言，石門摩崖群作爲文化傳播媒介，兼具石刻媒介保眞長存、經典神聖之特質，又與新媒體理念有著共通的精神內核。既有超越傳統、跨越時代的交互流動性，又有新媒體不可替代的穿透時間的深厚定力。其作爲古老而又鮮活、開放而又神聖的媒介，將認知信息、眾人互動、審美體驗三者完美地融合，在古今文化傳播中起到特殊的作用，具有獨特的生命力。

第三節　廢墟審美與石門精神的當代重構

頭幾章已述，漢中「石門」廢墟，以古蜀道主動脈褒斜道之樞紐「石門」爲中心，其爲人工修築的穿山隧道，更是石刻藝術的薈萃場所，還是多場歷史事件的發生地。漢魏石門初開，是以實用交通功能爲主；北宋之後，實用功能逐漸喪失，景觀意義逐漸明顯；到清代，演變成純歷史文化景觀，擁有獨特的象徵意義。歷代文人借其寄託對「往昔遺跡」歷史與藝術的懷思，惜在二十世紀六十年代建壩時被淹於褒水不可復見。

若以當今眼光反觀，「石門」廢墟集古建築、石刻藝術及深厚的歷史底蘊於一體，爲一座古老的文化廢墟。沉沒之因，正是當年文化「廢墟」爲建壩「實用」讓位。然而若以「廢墟」審美視角審視，古舊「廢墟」相比新興「實用」之物，自有另一維度指向精神的價值和美感。此處「廢墟」概念，指本身具有一定歷史文化信息、文物價值的古建築遺存，並非單純無時間概念的破敗荒涼之所。其物質實體具有完好宏偉建築所不及的經時光剝蝕的「殘缺美」。基於其物質或想像，引發對於廢墟「往昔時代」所凝聚的歷史輝煌、或文化積澱等「聯想式」體驗。因而具有文物價值和審美意義。而「石門」這一廢墟兼具中西方審美特質，在中國乃至世界廢墟文化中極具典型性，本文

將石門廢墟作爲審美客體，研究其在中西方文化視野比較中獨特的文化意義和審美品格，探討其近兩千年發展中所形成的精神力量與象徵意義，以及如何使「石門」精神在今人的回望重構中獲新的生機。

一、「石門」與西方「廢墟」審美品格之比較

（一）中西方廢墟審美傾向「想像系」與「視覺系」

中西方傳統文化中，對於古建築物廢墟文化的審美呈現兩種傾向。（表6.1）大體而言，在西方傳統視野中，對廢墟之審美屬於眞實「視覺系」，即基於古代石質建築物的遺存引發聯想，具有「眞實」留存的「物質性」〔註7〕。而中國傳統對廢墟之審美，則傾向於「想像系」，即廢墟多爲主體建築已「消逝」的遺跡，歷代對其審美與懷戀詠歎，多建立於「虛空」〔註8〕的想像之上。而這兩種對於廢墟審美的不同傾向，很大程度上取決於中西方建築所採用的主體材質不同。西方建築石質居多，堅固而耐久，其廢墟實體兼具往昔宏偉與歲月滄桑之美感，眞實可觸，極具視覺衝擊力。如古希臘帕特農神廟（圖6.6-1）、羅馬萬神殿（圖6.6-2）等。帕特農神廟歷經兩千餘年，廟頂跨塌，所存大理石宏柱撐起巍峨矩形建築之框架；萬神殿爲一座古羅馬帝國時期建築，公元80年因一場火災幾經摧毀，仍餘十幾條圓形花崗岩石柱架起的長方形柱廊堅不可摧，其均有觸目的建築框架遺存。而中國古建築多爲木質，易於朽壞，難以留存足夠時間，「成長」積澱成爲可供人們審美的廢墟。往往龐大宮殿唯餘基底之丘墟，因此對其審美只能在人們內化的想像中構築，或馳騁想像其富麗堂皇，或以「丘墟」爲觸點吟哦懷古之詩文。如中國的秦咸陽宮（圖6.7-1）、阿房宮（圖6.7-2），其建築本體蕩然無存，只留下龐大的基底，對其感慨，只能靠想像與聯想。因此古建築實體框架「依然留存」還是「已經失去」，即「物證」〔註9〕留存程度，是中西方兩文化對廢墟審美不同傾向的基礎要素。

〔註7〕　巫鴻，時空中的美術·廢墟的內化〔M〕，北京：生活·讀書·新知三聯書店，2009.33。

〔註8〕　巫鴻，時空中的美術·廢墟的內化〔M〕，北京：生活·讀書·新知三聯書店，2009.35。

〔註9〕　巫鴻，時空中的美術·廢墟的內化〔M〕，北京：生活·讀書·新知三聯書店，2009.32。

表 6.1　中西方「廢墟」審美文化之比較

地域	建築材質	廢墟形象	主題內核	思維方式	例子
西方	石質爲主	建築真實物質留存與一定程度的腐蝕	基於真實存在	物質聯想（視覺系）	帕特農神廟
中國	木質爲主	建築本體腐朽後剩餘的基底丘墟	基於虛無消逝	虛空聯想（想像系）	秦王宮廢墟

圖 6.6-1　希臘帕特農神廟

圖 6.6-2　羅馬萬神殿

圖 6.7-1　秦咸陽宮遺址圖

6.7-2　阿房宮遺址夯土臺基

（二）「石門」廢墟兼具中西方「虛空」與「物質」雙重審美品格

　　鑒於廢墟審美要素，未沉於水下的「石門」廢墟，正是以獨特的「石質」隧道＋「木質」棧道的結合體，兼具中西方「虛空」與「物質」兩種審美傾向。

　　首先，石門隧道是古代蜀道褒斜棧道工程之核心，作爲歷經千年的石質建築，以「物證性」的石質結構與斑駁的「滄桑感」，完美契合西方傳統視野中對於廢墟的審美理念，即：一座完美廢墟，既要有相當一部分宏偉主體留存，還

需要腐朽到一定程度。對應學者對雅典「帕特農神廟」廢墟的審美解釋「理想狀態是既保有雄偉外觀以證昔日輝煌，又需呈相當之殘損表明輝煌已逝」〔註10〕。反觀石門，其並不是消逝僅存建築物基底，而是兩千年前人工開鑿至被淹沒前近乎完好保留——中國建築史上第一條穿山隧道。換言之，留存的隧洞，即是近兩千年眞實存在並切實通行的「穹隆高閣，有車轔轔」〔註11〕的現場。據古人記載，東漢年間朝廷發徒隸數萬人，在極其堅硬的石英岩山體上以「火焚水激」之法挖出一條隧道，此宏偉石質工程即爲「物證」，在漫長歲月裏，屢歷戰火的洗禮，百經風霜的磨礪，宋、清代，泥沙壅塞，兩壁青苔，斑駁陸離，印證廢墟「成長時間」之古老。所幸其石英岩質地堅硬，經清洗拂拭，壁面雖有剝蝕，卻仍保存著如見古人面目的大量字口清晰的石刻文字。因此，石門建築與中國木質傳統廢墟相比，有著眞實的審美之物——幽深高大的石質隧道；與國外石質建築廢墟相比，又有著附於其上的精美文字，時間久遠卻眞實可觸，引起觀者心靈激蕩。這樣既有宏偉石質建築核心部分的完整保留，又有磨蝕斑駁的壁面，還帶有經典的石刻文字的廢墟。是古今中外廢墟中少有留存的，比類與西方傳統廢墟理論中偏向「物質眞實性」的完美「廢墟」典型範式。

　　另一方面——「石門」廢墟還有著綿長的木質棧道之腐朽所帶來的「消逝建築」之虛空，是中國傳統「虛空」遺跡的典型。如秦咸陽宮等以多層夯土高臺爲基礎、憑臺重疊而起的樓閣建築。歷時不久主體建築木質樓閣消失殆盡，而今唯餘臺基夯築的基址。觀者面對遺跡的虛空與基底，聯想當初宮殿的盛況。屈原面對化爲丘墟的郢都《哀郢》「『登大墳以遠望兮，聊以舒吾憂心。』『曾不知夏之爲丘兮，孰兩東門之可蕪』」〔註12〕。杜甫面對隗囂宮遺址，在《秦州雜詩》之二言：「秦州山北寺，勝蹟隗囂宮」〔註13〕。」此基於「遺跡」的詠歎，均屬中國傳統「虛空聯想」廢墟審美典型的特徵。石門隧道外面連綿起伏的山崖上，或是留存古時架設棧道的石孔基底，或是已被歷代戰火燒斷、自然力量摧毀的木質建築之「遺跡」。需要觀者以傳統「虛空」

〔註10〕巫鴻，時空中的美術·廢墟的内化〔M〕，北京：生活·讀書·新知三聯書店，2009.33。

〔註11〕郭榮章，石門石刻大全〔M〕，西安：三秦出版社，2001.31。

〔註12〕屈原，楚辭九章哀郢〔M〕//姜亮夫，先秦詩鑒賞辭典，上海：上海辭書出版社，1998.822～823。

〔註13〕杜甫，秦州雜詩之二〔M〕//張式銘，李白杜甫詩全集三，北京：北京燕山出版社，1995.171。

向度進行聯想。今日那些棧道已蕩然無存,憑留存的基底之孔及些許棧道之殘木,引發一系列對當初棧道蜿蜒雄踞山腰盛況之聯想。

若將這兩個方面美感綜合,石門隧道本體以「完整存在感」和「略有磨蝕」形成一組視覺張力,共構廢墟中的時光流逝;而從整體來看,「石質」隧道實體和「木質」棧道遺跡,兩個部分既獨立又相互連成一體的古建築物。其中以石門隧道聚焦爲核心眞實「物證」,而棧道則覆蓋廣袤的「虛空」,木質棧道之「短暫」與石質隧道之「永恆」形成更爲巨大的張力,引發滄桑劇變之感。

總之,比起中國本土傳統廢墟觀念,建立在純粹虛空之上的聯想,石門隧道則以眞實濃縮的一「點」帶動起廣大虛空之「場」,格外具有視覺和心理的雙重強烈衝擊力。而相比於西方神廟教堂等建築廢墟的大面積眞實之體,無疑又以綿延千里棧道遺跡的「虛空」留白,構築浪漫想像的無限空間。石門廢墟實爲中外歷史上少有的,以眞實的「物質性」爲主,兼具遺跡「虛空」聯想的經典廢墟景觀(圖 6.8-1)。

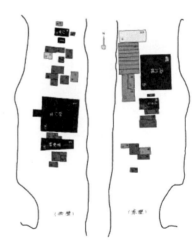

圖 6.8-1　古「石門」故地遺址　圖 6.8-2　石門隧道內摩崖石刻分佈圖

(三)石門物質性審美方面與西方之差異

聚焦石門隧道的物質性審美方面,較之西方廢墟的「物質性」又有著形式與關注點的差異。

「石門」廢墟之「物質性」關注的是石刻文字,西方廢墟關注點在於建築形制,以雕像、建築本體象徵宏偉功業。如帕特農神廟以「多立克柱」式結構,爲希臘古代建築典範之作。萬神殿是「古羅馬建築」的經典標誌。丁

登修道院則提供「教堂建築」的經典範例。因此對其審美體驗，重在關注其完美本體輪廓以及雕像、浮雕、巍然屹立的柱廊等建築細節。而石門隧道建築，以附著其上的石刻文字取得神聖的地位，其建築物本體形制簡單，外觀質樸無華。因此，刻於石質隧道建築實體之上的經典紀念性文字的集合，反客為主成為焦點。尤其在宋清時代，石門洞內「古翰」（圖 6.8.2）（經典石刻《石門頌》《石門銘》等數十品），成為整個區域景觀的中心和審美重心，甚至超越了此地險絕壯美河山對人的吸引，也超越石門隧道建築物本身形制對人的吸引。

其一，文字形式獨立美感。從表面上看，附著在石門隧道建築之上的石刻文字，雖類似於西方建築物上的浮雕或文字，但具體性質有所差異，西方建築浮雕雖然精美，但仍屬於大建築之「細節」。比如帕特農神廟柱上精美神祇雕像，以及祭殿外長達一百餘米細膩的浮雕帶，均為希臘藝術之傑作，然其均屬建築一部分，是為整體建築服務的，其美感自然應該納入整體建築設計之中。而古羅馬萬神殿門廊頂上所刻拉丁文 MAGRIPPALFCOSTERTIVMFECIT 字樣（意為：呂奇烏斯之子、三度執政官瑪爾庫斯阿格里巴建造此廟）乃是神殿初建的紀念性文字的「標識」。因此觀者不可能脫離建築整體，來關注這些雕刻或文字，更不可能只關注此文字而忽略神殿之整體。

「石門」廢墟情況則不然，其原本建築純為交通實用隧道，並無裝飾刻石之意，而其文字「紀念碑」，是之後一代代人以洞壁「空白」石面為載體而逐一刻入，其文字內容、布局設計、書寫刊刻等理念與當初造隧道建築的理念無關，屬於後代書刻者的文學藝術行為。因此附著其上而又各自獨立，具有極強的個性，比起神廟建築的浮雕「細節」，石刻文字更類似後期不斷嵌入「石門」隧道建築石壁進行展覽的「藝術品」。而且，中國文字除了記事功能，更有著書法「純藝術性」，能成為一個獨立的傳統藝術門類，擁有文字記載功能之外的形式之美。這就使得這種文字「刊刻藝術」具有獨特的吸引力。在整個書刻藝術史上佔有獨立的地位，尤其清代、民國對於其在書法領域新的審美闡釋，使石刻文字美感更是超絕出石門建築之本體，成為獨立於所依附的「廢墟」之上，意蘊無窮的審美客體。

其二、文字的功能急劇放大了廢墟今昔對比的悲劇體驗

留存的廢墟，以宏偉的外觀，昭示著當初「征服」之艱難、功業之不朽，令人仰視與傾慕，而其破毀亦凸顯出韶光易逝、功業如雲煙消散之必然宿命，

讓人爲昔日征服者欷歔哀歎不已。由此喚起觀者既豪壯敬佩，又沉鬱哀傷的雙重情愫。西方實體廢墟，雖然眞實可觀，但後人對於生存其中的古人的思維及行爲追溯，都只能基於朦朧的想像，無法眞切體會。「石門」廢墟語言文字附著於建築物體，使觀者在眞實可觸體驗基礎上，攝入可讀文字注釋，從而加劇可感體驗。因此，文字對於宏偉功業、時間流逝、觀者感慨三種體驗都有輔助、放大之功效。

換言之，「石門」石刻文字對於往昔功業與事件的記載，起著放大宣示之作用。觀之不僅可以根據建築本體聯想往昔之輝煌，還可以通過當事者直接「凝結」的文字記錄，「聆聽」建功立業者親自敘述這種輝煌，其現身說法，無疑是一種思想與精神的放大。

石門隧道具有時間的流逝感和歷史的劇變眞實性，古人眞實的「言語」以石刻定格並公示，文字對於時間流逝的確切性，大於直觀建築實體朽壞程度帶來的時間感。面對單純物質性的廢墟，視覺所見的只是最終的「結果」，而初始完好建築形貌及中間一步步衰亡的「過程」，則難於得知。比如帕特農神廟，如今所見的是其廟頂崩垮、浮雕破敗之狀態。從最初雅典娜女神崇拜到被改爲基督教堂，再到被土耳其人佔領後改爲清眞寺，這其間衰亡走向只能依據典籍記載。而石門廢墟的石刻文字，記載著歷史事件每一個變化環節的時間點，更帶有一種過程的漸進性及眞實的時間極速消逝感。

就觀者情感而言，對於觀廢墟的情感體驗，是由雄偉之物的毀滅，哀歎時間、生命之消逝，生發出類似悲劇的感慨。後人觀看宏偉建築的「破敗」所引發的聯想，與石刻文字導入與歷代「古人」同觀一物的親身體驗、感慨消亡的經驗，二者重疊，比起單純由建築物質結構的「破敗」帶來毀壞的悲劇，更有著人文悲劇的色彩，「物傷其類」共鳴更烈，因此，帶有石刻藝術文字的廢墟自然更能吸引觀者的目光。

其三，石刻文字拓展所帶來的廢墟「新生」審美

廢墟的成長、形成需要歷史漫長時間的積累，然生成的美感趨向卻有所不同。廢墟的成長、形成需要歷史漫長時間的積累，然生成的美感趨向卻有所不同。

西方廢墟，隨時間積澱「新增美感」，皆屬於自然給予逐漸的「破敗、殘損」傾向——由盛到衰，由完美到傾頹，將新增加的殘敗部分，以「殘缺之美」加入建築整體美進行欣賞。從審美角度來考量，無論是建築遺存實體大

面積的廟頂、柱廊坍塌，還是雕像、浮雕的剝蝕細節，抑或因風化痕跡、衰草叢生而使嚴謹冰冷的建築輪廓顯出鬆弛與柔和。無一不是表示其昔年丰姿已暗淡失色，顯露出漸進的損毀傾頹進程，即由原來的神聖、莊嚴、宏大，逐步趨向憂鬱、鬆弛、落寞的特質，且可以預知將來隨著時間的推移，不斷的風化，頹廢現象將更加強化。整體美感是由神聖完美、莊嚴宏大向著不可逆的「衰敗美」方向無限延伸。

而石門廢墟成長，區別於西方漸進式越來越「毀壞」，憑藉石刻文字拓展另一向度的時代新銳光芒。其同樣接受自然加諸的「殘損」，形成石面蒼茫的金石氣的古意，同時更兼具人為文字添加，其「新增」石刻文字，是「完好」的，且帶著各時代鮮活思潮的人文底蘊、不同書刻審美傾向，字體由古隸走向成熟漢隸，再衍生出楷書、行書諸體，文字內容也由工程紀念變為遊覽抒情、金石研究等嶄新的範疇，對這些新文字的體味與審美，不同於廢墟破敗、衰亡的體驗。皆屬於循著歷史時間軸前進的時代「新潮」。石門廢墟經時間的流失，除自然洗禮風化磨蝕趨古趨殘破，同時也隨著一代代後人石刻文字的參與，「新生」豐厚的人文底蘊，反向滋生出與「頹廢殘缺美」相反的「鮮活」「新銳」之美，使得石門廢墟呈現出多維度的美感範疇。此為罕見的，在「毀壞」進程中兼具「新生」傾向和審美品格的廢墟典型。

二、石門歷代凝聚之象徵意義

可以說，「石門」隧道本體的發展，是一個從「實用」至「景觀」再至「象徵」逐漸轉化的過程。石門隧道初開為交通實用功能，在工程記功時代已經愈發演化為「實用」與「景觀」功能兼具之實體，而在南宋以後漸失交通功能成為純「景觀」，乃至清代、近代成為人跡罕至的「文化景觀」。實用功能的喪失，其廢墟卻逐漸累積越來越深厚的象徵意義。由此完成了從「純實用」，到「實用與景觀兼具」，再到「純景觀」、終到「純象徵意義」的轉化。因此在損毀之前發展的近兩千年中，人們視「石門」廢墟絕非單純意義上的古建築遺跡或書刻藝術的殿堂，而是「往昔時代」的「精神朝聖」之所。可借其引發對「往昔」的懷思，對當下世事寄託希冀。「石門」作為整個地域「精神」的縮影，在近兩千年發展中凝聚著以下幾個主要象徵意義與情懷。

（一）地域之門——兩地聯結、永恆溝通之象徵

首先，「石門」為一個象徵著地域樞紐「溝通不絕」精神的集中意象。

從地緣特徵看，石門凝聚著整條蜀道褒斜「難──易」的縮影。其所在地爲雞頭關，是褒斜道中最重要的「關口」，漢魏古褒斜多次改道，而無論如何變化，最終都要經雞頭關入褒城，明、清連雲棧道將原褒斜道與金牛道連爲一體分南北棧，雞頭關又作爲南北棧道之分界，以北至寶雞爲北棧，以南至沔縣爲南棧，基本可算是褒斜棧道的終點和中分連雲棧道的座標點。而此處又是褒斜道最爲險峻之處，褒斜道全程相對平緩，唯褒谷口雞頭關壁立千仞，石門開鑿之前，過棧道爲繞過此險境須翻過整個七盤山，且車駕無法通行。「七盤蟻旋轉，百折馬行空」〔註14〕，因此石門開鑿是動用萬餘人力將此險關化險爲夷的關鍵點，石門之通行，意味著征服艱難之成功。另外，雞頭關是北棧道出漢中的第一道關，也是秦嶺入漢中的最後一道關，既是起始又是終點，因此更有著上一個旅程告落而開啓下一段旅程的紀念意義。古時離人送別往往至此處而止步，過雞頭關「石門」，有著類似於「灞橋柳雪」〔註15〕般催人心肝之情。將此「石門」作爲褒斜道中最具代表性的一點，征服蜀道由難轉易的縮影，由此上升爲一個核心意象。即「石門」作爲「通道」之象徵。穿越「石門」，象徵著通行褒斜「險關已過」。

因此，小而言之，「石門」是褒斜道重要關口，大而化之，其不只是一個地方關隘的「路門」或「山門」，其代表著更是兩個地域──關中和巴蜀之間的門戶樞紐。

將首尾皆開放的「隧道」命名爲「門」，既代表著建築物之出入口，又指代此「門」具有可開可關之功能，亦引申賦予「門」具有可操控開合的能動性，在象徵意義的擴大中，後一個意義則逐漸放大，爲歷史上人爲因素導致此「門」通塞的反映。終將此「門」開通與否，直接象徵著褒斜道通暢與否，再上升至「路」通與阻的意義。這種概念在石門工程紀念時代末期就已形成。由於褒斜石門通塞的歷代經驗，割據勢力意圖以此門此道「隔絕」兩地，道路不通，則意念中凝聚成「石門關閉」意象，而大一統王朝，人和而政通，開始注重兩地「溝通」。重修褒斜道，又在人心裏形成「石門開啓」意象，「開」與「合」之意象與道路「通」與「塞」、政治「亂」與「治」有了直接連帶。

〔註14〕 陸鳴珂，七盤上雞頭關〔M〕//沈德潛編選，清詩別裁集卷四，河北：河北人民出版社，1997.77。

〔註15〕 「灞橋折柳」指唐代在長安灞橋上設驛站，凡送別親朋好友東去，多在此傷別，折柳相贈。

本來石門暢通與否是社會亂或治所導致的「結果」，然而久而久之，人們卻反過來以石門開合，指代褒斜道之通塞，凝固此概念成了思維定勢。正如《石門銘》所言石門「乍開乍閉，通塞不恒」〔註16〕。《羊祉墓誌銘》亦言，「石門之固，歷代長阻，有德斯開，仁亡還擬」。石門成為地區道路是否通暢，地域能否溝通、甚至時勢是否安寧、政權是否清明、是否具有道德的象徵性評判。

　　而「石門」在歷代更迭開合循環中，更形成始終不滅的溝通途徑之代表。由於眾人見證了褒斜道斷，石門不毀的現實。木質棧道屢次毀於戰火，被燒絕之後往往整條道路就剩下「石門」這一石質建築孤獨挺立，由此「石門」逐漸昇華為褒斜棧道最具有永久定力的留存物。其歷兵亂戰火卻屹立千年，暫閉而必將重開的強悍與超脫，以永不言敗的色彩，給予人類溝通精神不絕的嚮往寄託。這也和書刻其上的歷代記功文字所透露出的思想傾向合一。從而使得「此門」含有雙重意義，既是征服、溝通之象徵，更是溝通不絕、循環開放、復生輪迴、永固、永恆、永生之象徵。

（二）生死時空之門──兩界穿越、無間轉換與交流之象徵

　　「石門」另一象徵意義，在於其間生死與時空的交錯轉換。

　　就現實體驗來說，歷代無論是行人還是遊者穿越「石門」之過程，暗合著由此世界走向彼世界。古代「門闕」之意象，常作為分隔兩個世界的裝置，或是穿越生地與死境之間，或是聯結人世與仙境之界。故「門」體現為仙境、人地、鬼域，三界輪換點的象徵。

　　由其形制來看，「石門」是一個幽深的半圓隧道，古人在現實中緩緩步入石門，或駕著車馬闐闐進入「石門」，往來通行於幽深隧道，在穿越現實地域的同時，冥冥之中難免觸及某種關於生死之交的體驗與聯想。

　　石門開鑿於東漢早期，而從東漢時就將「門」和「甬道」與古人對於生死之際的聯想相連。東漢「墓葬」場景中，常有以「門」作為隔絕生死之象徵，人之靈魂徘徊於半開半掩之門扉之形象（圖 6.9）。而東漢墓室壁畫繪製的重要主題「車馬出行」（圖 6.10）──展現死後靈魂駕車馬通過「甬道」（圖 6.11）穿「門」進入另一個彼岸世界。此外，古人關於「人間」進入世外「仙境」之聯想體驗，也與此類似。如《桃花源記》描述進入世外桃源的過程：「林

〔註16〕郭榮章，石門石刻大全〔M〕，西安：三秦出版社，2001.31。

盡水源，便得一山，山有小口，彷彿若有光。便捨船，從口入。初極狹，才
通人。復行數十步，豁然開朗」〔註17〕。亦是進入「門」之口，穿越幽暗隧
道，進入明朗仙境的美妙體驗。而返回現實中經行「門」之體驗，褒斜道行
至「石門」入口處，景致險隘窮盡，回望不見盡頭，入口如門扉有微光而未
知前路，置身其中幽暗而壓抑，行至出口空間豁然開朗，山朗水闊。每經行
「門」一回，似乎就經歷一次從生到死，死而復生之循環，從「人世」進入
「洞」，再由「洞」而出，終見到「別有天」，油然而生人之脫胎換骨、景之
煥然一新的感覺。

圖 6.9　東漢石棺前擋
半啟門畫像

圖 6.10　車馬出行畫
像石拓片局部

圖 6.11　墓室甬道

　　以「石門」石壁上文字閱讀體驗而言。身在其中可體驗到懸浮於時空中
的狀態。文字的空間位置與敘事的關聯，使得歷代石刻文字呈現出一種高度
濃縮、極度戲劇化的變化，可謂對於生與死、興與亡歷程的集中呈現。在不
斷回望與前瞻中「反觀」，由自己回望前世人之體驗，代入後世人回望自己之
遐思，由自身展望後世，渴望異世共鳴的迴響，表達感懷與留言傳之久遠的
心態，類推前代先賢欲以精神傳世之訴求，後代對先賢敬仰欲以新精神再傳
的心願。前世、今世、後世，由此「視角」轉化，將自身脫出當時，置於過
去──現在──將來，在不斷轉換的時空中穿梭流動，也以不同「視角」看
待置於時空座標點「此時」的自己。在世代輪迴轉換、時間的極速流逝之中，
對前代人崇敬悲憫帶來反躬自身渺小的巨大恐懼。而凝於文字刻痕求得精神
不滅，帶有隨時復生的認同感。時空之交疊，一代代「衰亡」的輪迴、一代
代「興盛」的重拾，綜合起來即興與亡、盛與衰「復生」之循環。消解了單
一時代短暫、單薄的元素，增加了綿延不絕代代永傳的豐厚底蘊。文化象徵

〔註17〕陶淵明，桃花源記〔M〕//陰法魯主編，古文觀止譯注，吉林：吉林人民出
　　　　版社，1982.534。

意義並非線性前進，而是歷代疊加、增值、循化上升。成為跨越生死、穿越時空的「歷史」本體永遠前進之象徵。

三、石門精神歷代傳承與當代重構

石門廢墟故地，作為承載著往事的「記憶場所」，其傳承千年不滅，底蘊有增無減，卻在建國後築壩一夕傾覆，幾乎蕩然無存，實令人惋惜。不得不讓人深思其歷代綿延不絕之因、以及毀滅之文化損失與當代重構之意義。

（一）人類文化認同感和相惜之意是石門千年傳承的動力

廢墟以「物質性」將過去和現在聯繫在一起，不論從現實還是象徵的意義上來說，廢墟就是積澱的文化。「石門」廢墟在時間進程中漸進式形成的歷史，是由各時代發展所串成的完整鏈條，古今交流鏈條上不同年代的人對於石刻文化的認同感和相惜之意，是「石門」傳承千年的原動力。

縱觀「石門」歷史，其並不具備得天獨厚的安全環境，而是面臨著各種危機，充斥著混亂與動盪。作為露天野地的交通樞紐，過往行者人人可觸，破壞的威脅時時存在；又常處戰亂中心，屢歷戰火紛飛，隨時面臨著毀於一旦的危機。然而，石門廢墟中的摩崖石刻群，從東漢開啓至民國再至建國後沉於水，傳承近兩千年，尚好地留存著先賢的遺跡，不能不說是一個奇蹟，靠的是上至精英下至平民對古蹟文化一致的認同感，愛之惜之，繼承、保護、傳承。華夏人的共識把古刻文物看作是「往昔時代」的「共同記憶」、是自身「精神生命」之延續。後代為使前代遺跡永不湮滅，往往自發為其重刻，上至西晉為曹魏崩裂的《李苞通閣道題記》重刻。其後宋代為「玉盆」、清代為「石門」復刻。民國重刻北魏「石門銘」，恐後人不識「可恨岩曲已殘缺，久後遊者更婼惘。」〔註18〕。由此可見，古人對石刻文化的認同感和公德之心，有將古刻「繼承」與「傳承」的使命感。古石門兩壁漢魏經典石刻之周圍，宋、清題名環繞分佈也不傷及前代碑刻。嘉慶年間，石工在石門南崖取石傷及摩崖石刻《山河堰落成記》「紹熙」二字，幾被杖斃。民國公路設計者與決策者，因鍾情於石門石刻而手下留情，不惜捨易求難，耗費人力、物力將公路改道避開石門故地；而建國後修建大壩，「石門」勢在必毀之際，眾人在人人自危的文革逆流中舍身忘我的奔走呼告，爭取鑿遷石門精品，以免石刻全軍覆沒，至今能見到漢魏石門十三品，一飽眼福，皆仰賴於前輩迸發出愛護

〔註18〕郭榮章，石門石刻大全〔M〕，西安：三秦出版社，2001.33。

文物古蹟的責任感。正是基於這種一代又一代超越時空、政治、身份的人們對石刻文化的認同與使命感，使得其傳承兩千年而不滅。

（二）石門故地傾沒之文化損失

從物質上來說，前文論及，石門是中國傳統廢墟文化中少有的，兼具虛空與真實，而以「物質性」審美為主體，可媲美西方經典廢墟的典型，石門被淹沒、「現場」之損毀，使其失去了獨特的物質性「場域」。部分石刻從石門建築原址鑿出遷移至博物館，不再作為完整現場遺跡留存，雖然仍帶著古代信息，但已成為與自然割裂、脫離母體之「碎片」，再無可供真實體驗的鮮活場所。原本可身臨其境，以點帶面，以實帶虛，以視覺系進行「物證」真實性的審美，而今對其追尋只能被迫從真實可感轉向完全內化，憑藉虛空聯想進行審美。

當年文革「破四舊」〔註19〕以除舊迎新之發展理念，文物古蹟價值遭冷漠。歷時久遠的石門廢墟以「實用」價值之缺乏讓位於新生「有用」的水利堤壩建築。然而，古蹟的美感屬於時間之積澱、歷史之串聯。對於廢墟之審美，並非趨新、趨完好，而是在時間流失的磨蝕中彰顯其美與價值。古建築物越是輝煌，與時間自然博弈越久、歷經滄桑越多，越具有審美「張力」，從這個意義上說，「石門」經歷兩千年的「廢墟成長」時間所積澱的美感，在傾覆瞬間完全喪失，失去的不僅是古石門本體，而是古隧道深厚的文化底蘊和古石刻「傾頹斑駁」的韻味，這是「嶄新」的建築難以比擬的。從文化記憶角度來論，石門沉淪代表著記憶鏈條的斷裂與生長過程的終止，其所淹沒並不只是一段古舊廢棄的建築的殘骸，而是歷經兩千年獨有的「文化記憶場所」。換言之，石門故地具有存儲往昔歷史的龐大牢固的記憶基底，基底越豐厚、積澱越深沉，鏈條越完整，至被淹沒斬斷之前，石門隧道是一條古人之間進行了一場延續兩千年的交流紐帶。主題從「交通工程」轉化到對漢魏「母碑古刻的研究」；從載酒「觀碑」，再到尋幽秘境「金石考釋」，終以「物質性」廢墟呈現，極具文化典型性與經典性。而場所的遺失，無疑抽去物質基底，斷裂發展鏈條，造成文化精神的「失憶」，其「失憶」也永遠剝奪了石門故地繼續存儲文化的機會。

因此，石門廢墟之沉沒，使其由歷史文化「完美場所」與「完整鏈條」變為「虛無場所」和「記憶碎片」。這對於中國乃至世界文化史來說，無疑都

〔註19〕 「四舊」指「文革」期間提出的破除舊思想、舊文化、舊風俗、舊習慣。

是一種莫大的損失和遺憾。

（三）石門精神之當代內化與重構

當今，擁有古建築實體的「石門」廢墟已蕩然無存，現場誠然已毀不可復現，然其精神有望永存，對於「石門」仰望與追溯還可以延續。其經典性在當今依然具有生命力——今人可以在精神上加以內化與重構，重建這一文化和審美的鏈條。

物質方面，憑藉有限留存的「碎片」和「替身」物質。以精神內化方式，將分散的因素聯結、重組，重構記憶現場。現今留存當時鑿遷的石門廢墟之碎片——漢魏十三品摩崖石刻已陳列於漢中博物館，拓片存於各書之圖錄，當代在「石門」故地被淹沒水位線之上的山嘴重開仿製的「石門」隧道，並於景區裏新建木質棧道。倘若有機會遊覽，或可以展開跳躍之思維，讓現實與想像、時間和空間位移，行走新修棧道，佇立新開石門之中，幻想置身「舊石門」遺址，以石門原址概念復原圖為藍本（筆者曾繪製），將博物館中所見的真實古石刻、或圖錄中所見的系列石刻拓片依次想像還原於石壁。在現實與虛幻不斷交錯途徑中，重構「石門故地」往昔的真實場所，進行精神內化之體驗。

同時，重構石門精神，強化眾人對於石門文化的認同感。「石門」廢墟僅遺存幾方漢魏石刻《大開通》《石門頌》《石門銘》《楊淮表記》《李苞通閣道題記》《石門》《玉盆》……，幾乎包涵了整個石門摩崖群的母碑群，以自身經典性和歷代共同選擇，成為沉澱留存之精品，其歷史價值與藝術美感均屬於頂尖水平，是石門歷代摩崖中的「主調」，其魅力曾經喚起宋清兩代文人交流、貼近、闡釋之欲望，同樣也可以在當下今人的關注下，延續不斷增值的生命力。歷代經驗可證，其沈寂與埋沒正如明珠蒙塵、劍埋豐城，「一旦拂拭出土，比於劍氣珠光，自能焜耀千古」。〔註20〕

其自身經典性已為研究提供了多角度闡釋的可能性，在各個時代新文化思潮中，不同的人物群體，不一樣的觀念眼光，均可生發出新的意義，挖掘出新的藝術寶藏，漢魏以官吏功業為明證教化後世；宋代宦遊視野中，則以留存之古蹟發懷古之幽思；清代金石學視野中，看到的是文物資料的金石學、文字學研究的學術價值，而在碑學書法視野，看到的則是書法價值、石刻藝術價值的殿堂。漢魏石刻類似石門經典主旋律，在後來的時代不同風氣下被

〔註20〕郭榮章，石門石刻大全·倪蘭畹，石門道記〔M〕，西安：三秦出版社，2001.37。

重複奏響，加上個人演繹，形成豐富發展的變奏。主調之經典，變奏之豐富，從而形成古今輝映、循環往復，異彩紛呈，盪氣迴腸的共鳴交響。

「石門」廢墟歷經近兩千年，以石質隧道爲實體，朽毀的木質棧道爲虛空，兼具中西方廢墟審美品格，其較之西方廢墟，又有以石刻文字藝術反客爲主的特質。建國後因建築水壩沉沒於水，實令人遺憾。如今對「石門」廢墟「往昔遺跡」歷史與藝術的懷思，只能憑遺存的石門十三品經典古刻進行「回溯」，回到原點，進行新時代的重新闡釋。無論是歷史還是藝術發展並非線性的發展，而是循環上升，石門廢墟尤其是摩崖石刻其本質上是一種交流、回顧、召喚和共鳴，是地域建築交通、藝術文化……古今交流之象徵，是精英文人對於自身生命精神延續之祈望。其有望在一代代回溯、認同中延續，在今人繼承與發揚中不朽。今人若能關注來自「古石門」久遠時代的滄海遺珠，並以孜孜不倦的求索精神、生生不息的文化闡釋，予以瞭解、認同，進而吸收、發揚，乃至引前世盛衰興亡之史爲今世之鑒、感先賢懷古之思發異世知音之鳴，以經典藝術之美爲當今創新之源，方能重建「古」——「今」——「未來」之鏈條。使「石門」精神得以眞正傳承，在創新中獲得新生，這也正是今人使命之所在。（圖 6.12）。

圖 6.12　古「石門」大字

結　語

　　漢中石門摩崖歷經兩千年滄桑遞變，終成經典薈萃之大型摩崖石刻群落。然爲今人所識僅石門十三品等，對其沉淪水下的宏偉眞容已漸趨漸遠，幾近陌生。本書針對以往研究中視角孤立、文本缺失、價值挖掘不足等三大缺憾，沿著三條路徑——以「群落」全方位的宏觀再現、「本體」多角度的深入挖掘、「反觀」當代藝術學新視野的價值闡發，對石門摩崖石刻群進行綜合體系考察，以期建立起一部動態、立體、鮮活、富有張力的石門摩崖石刻群書法文化史。結論如下。

　　（一）群落宏觀考察，分別從「經典性」再現原景、「歷史性」史境追蹤，等兩個維度立體呈現出石門摩崖群落的永恆形象與發展歷程。

　　再現原景：源著對群落「經典性」原貌再現路徑，以傳統田野考察訪碑模式與現代科技手段結合，將圖表統計、圖像復原、文字敘述三位一體，繪出業已沉沒水下的石門石刻總體分佈、及一中心區十大分區系列復原概念圖。據此可得，淪沒前的石門石刻整體群落是以古石門隧道爲源發中心，延褒河水路、褒斜棧道向南北廣大面積輻射。核心石門區歷史悠久，肇自漢魏，地域雖小，石刻密集，經典突出。而輻射外圍景區如關隘、驛站等，則多爲年代較晚（宋清等），地域廣大，石刻分散，普泛而無名。由此，手繪再現遺址的宏偉概念圖景。同時，對現存漢中博物館十來方重點石刻原石的「現狀」進行手摹並修補殘字予以復原，並對具體刻痕損毀情況作微觀考查逐字記錄。還就現場田野勘察實物新發現與前人研究遇到的考釋問題進行商榷與補正，總共勘誤九十七處、商榷十二處、發現經典石刻未曾發現的刻字二個，可爲學書者與研究者提供借鑒。

　　史境追蹤：循著「歷史性」時間發展之延伸，逐一深入其發展各時段歷史「原境」，追蹤重構石門摩崖石刻群千年成型的動態軌跡，其隨著蜀道主動脈褒斜道石門隧道開通而首開序幕，經漢魏源發記功時代、南宋復興宦遊時代、清代再度復興研究時代，以及隋唐、元明低迷時代，呈三起二落高峰低谷之波段態勢。進而探尋其持續發展主動因四個：其一，漢中地域關係全國政治經濟軍事戰略，其大型蜀道褒斜交通、水利工程是貫穿始終的最重要客觀原因；其二，歷代文化重心變遷，文化精英的心理需求變化，爲主題變化的內在邏輯。即漢魏（良吏紀功頌德）──宋代（文官宦遊懷古抒情）──清代（金石學者訪碑研究）；其三，漢魏母碑群自身經典性之集群效應，是宋清兩個時代持續觸發衍生的向心因素；其四，漢中地擁高山峻嶺，爲摩崖刻石群形成提供豐富物質條件。整部石門石刻的發展歷史，既反映著各時代政治、經濟、軍事的變化，又體現著歷代文化重心變遷，以及文人心理之感應。

　　（二）石門摩崖之本體各維度價值考察，以漢魏經典石刻爲點，宋清兩個時代眾多基數爲面，以各代研究著錄爲參照，以現代拍攝所得實物圖像資源爲依據，挖掘其在文學、史學、書法、刊刻四大領域的價值。達到對可讀文本、圖像文本兩個層面的細化和深化。

　　文本細析──以文學、史學之眼光觀照（梳理與細讀）石門文獻，可見其文體類型之豐富、發展之系統、史料之翔實。

　　文學價值方面：其石刻文本完整保存頌、銘等古文體，比起歷經潤色篩選刪減的傳世文獻來得鮮活。有些經典文本其文辭之典雅、結構之精妙、情感之深沉、格局之宏大，若置於文學史中都是毫不遜色的優秀文學作品。另外，其保留烙上各時代印記的文體，在研究歷代文體發展、文風演變等方面，皆具有相當高的文學價值，堪稱古代文體之活化石。而其文本又具有區別於其他區域石刻群的獨特發展系統和鮮明地域個性，文意的微妙變化中，「一石二主」並列留名、「一人多刻」重複留名、「將錯就錯」大字摩崖託名附會現象，皆折射出獨異的文化背景與文人心理，隱含著各代文人以刻文爲載體傳名於世的各種心態與文化動機。

　　史料價值方面：石門史料有著系統關聯之承繼性，可宏觀證史與微觀補史，與史書相參證可得重大歷史事件之鏈條，而其以「公共史傳」品評臧否人物，較之紙質史書與私人墓誌，有著不掩善惡大跡之紀實性、不虛美誇辭之客觀性。同時其文本群體系統隸屬文學史重要母題「蜀道文學」，創作主體

獨俱「開拓者」、「親歷者」的身份，使其文本系統獨具「畏難」與「征服」、「豪情」與「憂患」、「消逝」與「永恆」，三組緯度的情感張力、文化內涵與美感力度。

　　書藝瑰寶——以石門書法諸體之異彩紛呈。漢隸開一脈之宗；魏楷為奇逸神品；宋隸式微其隸書逆時代而興盛；清代碑學視野中，秉承時風古體復興，諸體皆備。另以書法史觀照，石門各時代書跡之完整留存，構成石門局域書法史完整鏈條，或可填補書法史（尤其是宋代隸書發展）之缺憾。漢魏精品走向「經典化」之歷程背後，隱藏著清人碑學思維，對古質、陽剛、強悍、自由等美感的闡釋、嚮往、追求與推崇的源動力。將漢魏石門書法居於書法史藝術品評座標系中，呈現其獨具「成熟典雅」和「山林野逸」交織互融的獨特精神氣質，代表了當時國家廟堂文化在山野公共區域展示的最高水平。古隸、漢隸、魏楷等不同字體，分別在書法史上被列為經久不衰的神品。各時代經典摩崖所呈現出的相似的形式特徵和審美取向，定格為地域風格模式「石門書風」，具有捨形留勢，眾法歸一之濃縮精華；雜糅眾美，妙用規則之莫測神力；靈性律動、天人合一之自由超脫。代表著一個地域、一類書法風格美的極致，以獨特美學品格、美學哲學理念，獨絕高邁姿態呈現於書法藝術之林，成為後世書者仰望之對象，具有跨越地域、時代的影響力。

　　由技及道——石門石刻書法藝術神韻的傳達，很大程度上依賴於刊刻之造化。

　　縱觀歷代碑、摩崖等石刻，總結出摩崖相對於傳統碑刻面臨著刊刻的四大難題，特殊操作環境與石質條件如何統一、石面排布設計難題、鐫刻技藝選擇與實施難度、拓片的還原度之偏差。

　　而石門摩崖製作者正是面對漢中褒斜道地區的特殊環境與特異石質，探索出一套適合地域條件的布白設計、刊刻技藝、拓本再現等流程，其對傳統碑簡技藝的借鑒與繼承，與臨時從宜的創造性發揮，皆有獨到之處，與其他地區摩崖石刻藝術相比，具有獨特的群落個性風貌。其中門道正是石刻藝術「由技及道」的關鍵所在。在中國石刻藝術史上，極具典型性，有著普遍借鑒意義。

　　面對極端特殊材質——硬度極大難刊之石英岩。以借鑒成熟碑刻並靈活機動、臨時從宜的排版設計，規避化解凹凸起伏、石棱交錯的崖面之不利條件。刀刻技法方面，特異於其他地區摩崖粗放塊狀刻痕，獨具「單刀取勢」

與「複刀精修」相結合的刊刻刀法，在粗礪崖面上對筆劃加以精雕細鑿。展現出刻痕的多樣性和筆墨書寫的意趣，蒼茫中不乏精緻，精勁中不乏豐腴。兼具有「單刀直刻」的強大勢能和「雙刀精刻」的精微筆味特徵。觀其刀法之歷代遞變，尤其發現《石門銘》以 U 型走刀，擬筆意的極致，在克服刊刻現實難題的艱難歷程中，完成了由技及道的超越。在石刻書法史上堪稱獨一無二的書刻和諧之經典範式。對於石門摩崖拓片再現形式的極大變數與誤差探究，可見拓片誤差的必然性，「原石」之特殊重要性，以及研究時將拓片與原石相互參照的必要性。

（三）石門摩崖價值定位與當代反觀

以摩崖群文化現象來看，石門摩崖群依託之人力與自然共構、宏大而動盪的特殊環境。時間跨度極大、中心輻射式發展群落之結構，以及史傳爲紐帶、文字爲主體，皆體現出與其他一些地域摩崖群以造像祈福、刻經等宗教情調相異的色彩。有著古今交融，植根於中國本土傳統文化純粹性，歷史的宏大厚度和濃鬱的學術氛圍，極具典型性和經典性。加之各方面價值頗豐，在國內摩崖群中處於當之無愧的頂尖地位。

從文化傳播的角度審視，石門摩崖群作爲歷史記憶的「存儲器」，起到存儲、傳播信息的媒介作用，其具備著傳統碑刻傳播之保眞、持久、廣泛公示及審美特性，而且還具有一般碑刻媒介所不具備的開放、跳躍、鮮活之因素。山石媒介之開放性，打破了嚴肅、單一碑版媒介的封閉性，泯滅傳播者和受眾之身份鴻溝。其爲碑刻媒介中極具包容性和生命力的特殊形式。其媒介的開放性，受眾平等參與度，踴躍主動的交流意識，信息無限增殖等特徵，甚至具有跨越時代的先進性，與當今新媒體的傳播理念與精神內核有著相通的特質。而這一古老文化媒介在當今新媒體興盛的環境下，以交流之縱深長久、信息之精純眞實、美感之神聖敬畏，亦有著永不過時的魅力。

就文化廢墟審美角度而言。「石門故地」廢墟以罕見而獨特的「石質」隧道與「木質」棧道的結合體，兼具中西兩種審美傾向——「消逝」之虛空性與「眞實」之物質性。實爲中國歷史上少有的，以眞實物質性爲主，兼具虛空聯想的經典廢墟景觀。以眞實濃縮的一「點」帶動起廣大虛空之「場」，又以綿延千里之留白，構起浪漫想像之無限空間，具有視覺和心理的雙重強烈的衝擊力。而其物質性審美與西方之差異，在於附著其上的中國文字，獨具形式美感、「言語」可放大悲劇的今昔體驗，由此石刻文字功能帶來廢墟審美

的新維度與反向成長。（即在「頹廢殘缺美」基礎上相反的滋生「鮮活」「新銳」之美，使得石門廢墟呈現出多維度的美感範疇，是罕見的在毀壞進程中兼具新生傾向和審美品格的廢墟典型）。

石門由「景觀」到「象徵」的轉化中，凝聚著多重的象徵意義。「石門」地域之門——兩地聯結、永恆溝通之象徵；「石門」生死之門——兩界穿越、無間交流之象徵。提煉出「石門」為承載著往事的「記憶場所」，由文化認同感和相惜之意，使其傳承千載而不滅，卻在建國後一夕傾覆，造成歷史鏈條之斷裂與文化精神之「失憶」，然其經典性在當今依然具有鮮活的生命力——今人可以在物質上將分散因素進行聯結，重構記憶現場。同時在精神上內化重建這一文化和審美的鏈條，對遠古時代仰望、追溯與認同，在新時代予以新的闡釋，讓「石門」精神在延續中永存。

石墨鑴華，綿延千載。石門摩崖群是一座豐盈寶藏。在古今異時文化中，均有著不同的折射點，其為古代石刻藝術薈萃盛宴之所在，更是歷史本體前進之所象，古今生命精神棲息之所歸。今人的觀賞與認同、詮釋與演繹，猶如震盪時間之擺，與往昔精神交相輝映中觸發共鳴，復現經典，為當今創新之源泉，亦使其文化精神血脈傳承不絕。

圖、結語、漢中石門摩崖石刻群書法文化研究、結論總框架圖，如下

《漢中石門摩崖石刻群書法文化研究》結論總框架

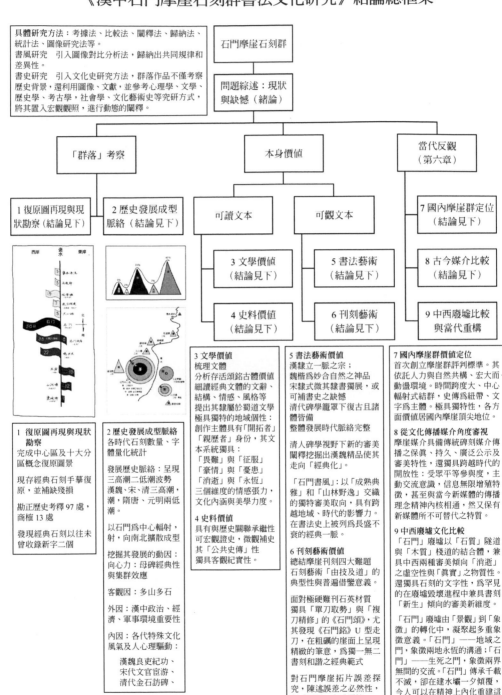

具體研究方法：考據法、比較法、闡釋法、歸納法、統計法、圖像研究法等。

書風研究　引入圖像對比分析法，歸納出共同規律和差異性。

書史研究　引入文化史研究方法，群落作品不僅考察歷史背景，還利用圖像、文獻，並參考心理學、文學、歷史學、考古學，社會學、文化藝術史等究研方式，將其置入宏觀觀照，進行動態的闡釋。

石門摩崖石刻群

問題綜述：現狀與缺憾（緒論）

「群落」考察

本身價值

當代反觀（第六章）

1 復原圖再現與現狀勘察（結論見下）

2 歷史發展成型脈絡（結論見下）

可讀文本

可觀文本

7 國內摩崖群定位（結論見下）

8 古今媒介比較（結論見下）

9 中西廢墟比較與當代重構

3 文學價值（結論見下）

4 史料價值（結論見下）

5 書法藝術（結論見下）

6 刊刻藝術（結論見下）

1 復原圖再現與現狀勘察
完成中心區及十大分區概念復原圖景
現存經典石刻手摹復原，並補缺殘損
勘正歷史考釋 97 處，商榷 13 處
發現經典石刻以往未曾收錄新字二個

2 歷史發展成型脈絡
各時代石刻數量、字體量化統計
發展歷史脈絡：呈現三高潮二低潮波勢
漢魏、宋、清三高潮，潮，隋唐、元明兩低潮。
以石門為中心輻射，射，向南北擴散成型
挖掘其發展的動因：
向心力：母碑經典性與集群效應
客觀因：多山多石
外因：漢中政治、經濟、軍事環境重要性
內因：各代特殊文化風氣及人心理驅動：
漢魏良吏紀功、宋代文官宦游、清代金石訪碑、

3 文學價值
梳理文體
分析存活頌銘古體價值
細讀經典文體的文辭、結構、情感、風格等
提出其隸屬於蜀道文學極具獨特的地域個性：
創作主體具有「開拓者」「親歷者」身份，其文本系統獨具：
「畏難」與「征服」
「豪情」與「憂患」
「消逝」與「永恆」
三個維度的情感張力，文化內涵與美學力度。

4 史料價值
具有與歷史關聯承繼性可宏觀證史，微觀補史其「公共史傳」性
獨具客觀紀實性。

5 書法藝術價值
漢隸立一脈之宗；
魏楷為妙合自然之神品
宋隸式微其隸變獨展，或可補書史之缺憾
清代碑學籠罩下復古且諸體皆備
整體發展時代脈絡完整
清人碑學視野下新的審美闡釋挖掘出漢魏精品使其走向「經典化」。
「石門書風」：以「成熟典雅」和「山林野逸」交織的獨特審美取向，具有跨越地域、時代的影響力。
在書法史上被列為長盛不衰的經典一脈。

6 刊刻藝術價值
總結摩崖刊刻四大難題
石刻藝術「由技及道」的典型性與普遍借鑒意義。
面對極硬難刊石英材質獨具「單刀取勢」與「複刀精修」的《石門頌》，尤其發現《石門銘》U 型走刀，在粗礦的崖面上呈現精緻的筆意，為獨一無二書刻和諧之經典範式
對石門摩崖拓片誤差探究，陳述誤差之必然性，與「原石」之重要性，論證書刻藝術研究時需將拓片與原石相互參照之必要性。

7 國內摩崖群價值定位
首次創立摩崖群評判標準。其依託人力與自然共構，宏大而動盪環境。時間跨度大、中心輻射式結群，史傳為紐帶、文字為主體。極具獨特性，各方面價值居國內摩崖頂尖地位。

8 從文化傳播媒介角度審視
摩崖媒介具備傳統碑刻媒介傳播之保真、持久、廣泛公示及審美特性，還獨具跨越時代的開放性：受眾平等參與度，主動交流意識，信息無限增殖特徵，甚至與當今新媒體的傳播理念精神內核相通，然又保有新媒體所不可替代之特質。

9 中西廢墟文化比較
「石門」廢墟以「石質」隧道與「木質」棧道的結合體，兼具中西兩種審美傾向「消逝」之虛空性與「真實」之物質性。還獨具石刻的文字性，為罕見的在廢墟毀壞進程中兼具書刻「新生」傾向的審美新維度。
「石門」廢墟由「景觀」到「象徵」的轉化中，凝聚起多重象徵意義。「石門」──地域之門，象徵兩地永恆的溝通；「石門」──生死之門，象徵兩界無間的交流。「石門」傳承千載而不滅，卻在建水壩一夕傾覆，今人可以在精神上內化重建這一文化和審美的鏈條，對遠古時代仰望、追憶與認同，在新時代予以新的闡釋，讓「石門」精神得以延續永存。

參考文獻

一、中文撰著：

1. 司馬遷，史記〔M〕，北京：中華書局，1959。
2. 班固，漢書〔M〕，北京：中華書局，1962。
3. 范曄，後漢書〔M〕，北京：中華書局，1999。
4. 陳壽撰，裴松之注，三國志〔M〕，北京：中華書局，1999。
5. 魏收，魏書〔M〕，北京：中華書局，1974。
6. 李延壽，北史〔M〕，北京：中華書局，1974。
7. 房玄齡等，晉書〔M〕，北京：中華書局，1974。
8. 姚思廉，梁書〔〔M〕，北京：中華書局，1973。
9. 王溥，唐會要〔M〕，北京：中華書局，1955。
10. 李百藥，北齊書〔M〕，北京：中華書局，1972。
11. 令狐德棻，周書〔M〕，北京：中華書局，1971。
12. 脫脫等，宋史〔M〕，北京：中華書局，1977。
13. 常璩撰，汪啓明，趙靜譯注，華陽國志譯注〔M〕，四川：四川大學出版社，2007。
14. 酈道元著，王先謙校，水經注〔M〕，成都：巴蜀書社，1985。
15. 左丘明傳，杜預注，孔穎達正義，李學勤主編，十三經注疏·春秋左傳正義〔M〕，北京：北京大學版社，1999。
16. 陳鼓應，老子今注今譯〔M〕，北京：商務印書館，2003。
17. 陳鼓應，莊子今注今譯〔M〕，北京：商務印書館，2007。
18. 王文錦，禮記譯解·月令第六〔M〕，北京：中華書局，2001。
19. 王充著，袁華忠，方家常譯著，論衡全譯〔M〕，貴州：貴州人民出版社，1990。

20. 張華著，祝鴻傑譯注，博物志全譯〔M〕，貴州：貴州人民出版社，1992。

21. 劉知幾撰，浦起龍釋，史通通釋〔M〕，上海：上海古籍出版社，1978。

22. 劉勰著，周振甫注，文心雕龍注釋〔M〕，北京：人民文學出版社，1981。

23. 嚴可均，全漢文〔M〕，北京：中華書局，1982。

24. 嚴可均，全後漢文〔M〕，北京：中華書局，1982。

25. 蕭統編，李善注，文選卷五十二，上海：上海古籍出版社，1986。

26. 郭茂倩，樂府詩集〔M〕，北京：中華書局，1979。

27. 姜亮夫，先秦詩鑒賞辭典〔M〕，上海：上海辭書出版社，1998。

28. 吳小如，漢魏六朝詩鑒賞辭典〔M〕，上海：上海辭書出版社，1992。

29. 湯高才，唐詩鑒賞辭典〔M〕，上海：上海辭書出版社，1983.581.。

30. 張式銘，李白杜甫詩全集〔M〕，北京：北京燕山出版社，1995.47.。

31. 陰法魯主編，古文觀止譯注〔M〕，吉林：吉林人民出版社，1982。

32. 沈德潛，清詩別裁集〔M〕，河北：河北人民出版社，1997。

33. 王夫之著，戴鴻森注，薑齋詩話箋注〔M〕，北京：人民文學版社，1981。

34. 吳訥，文章辨體序說〔M〕，北京：人民文學出版社，1962。

35. 劉熙，釋名〔M〕，北京：中華書局，1985。

36. 王士禛著，袁世碩主編，王士禛全集〔M〕，山東：齊魯書社，2007。

37. 顧祖禹撰，賀次君，施和金點校，讀史方輿紀要〔M〕，北京：中華書局，2005。

38. 趙翼著，王樹民校正，廿二史箚記〔M〕，北京：中華書局，1984。

39. 徐震堮，世說新語校箋〔M〕，北京：中華書局，1984。

40. 許慎，說文解字〔M〕，北京：中華書局，1963。

41. 葉昌熾撰，柯昌泗評，語石 語石異同評〔M〕，北京：中華書局，1994。

42. 黃簡編輯，歷代書法論文選〔M〕，上海：上海書畫出版社，1979。

43. 崔爾平選編，歷代書法論文選續編〔M〕，上海：上海書畫出版社，1993。

44. 歐陽修，集古錄跋尾〔M〕，北京：人民美術出版社，2010。

45. 趙明誠著，劉曉東，崔豔楠點校，金石錄〔M〕，濟南：齊魯書社，2009。

46. 洪适，隸釋·隸續〔M〕，北京：中華書局，1985。

47. 吳大澂著，謝國楨編，吳愙齋尺牘〔M〕，臺灣：文史哲出版社，1983。

48. 陳介祺，簠齋尺牘〔M〕臺灣：文史哲出版社，1983。

49. 謝承仁，楊守敬集〔M〕，湖北：湖北人民出版社，1997。

50. 錢大昕著，陳文和主編，嘉定錢大昕全集〔M〕，江蘇：江蘇古籍出版社，1997。

51. 歐陽輔，集古求眞〔G〕// 石刻史料新編第一輯第十一冊，臺灣：新文豐出版公司，1982。

52. 魏錫曾，績語堂題跋〔G〕// 石刻史料新編，第三輯第三十八冊，臺灣：新文豐出版公司，1986。

53. 容媛輯錄，胡海帆整理，秦漢石刻題跋輯錄〔M〕，上海：上海古籍出版社，2009。

54. 冀亞平，賈雙喜，梁啓超題跋墨蹟書法集〔M〕，北京：榮寶齋出版社，1995。

55. 王昶，金石萃編〔M〕，西安：陝西人民美術出版社，1990。

56. 孫星衍，邢澍，寰宇訪碑錄〔M〕，北京：中華書局，1985。

57. 陸增祥，八瓊室金石補正〔M〕，北京：文物出版社，1985。

58. 馬衡，凡將齋金石叢稿〔M〕，北京：中華書局，1977。

59. 馬宗霍，書林藻鑒〔M〕，北京：文物出版社，1984。

60. 朱劍心，金石學〔M〕，北京：文物出版社，1981。

61. 施蟄存，金石叢話〔M〕，北京：中華書局，2013。

62. 黃惇，秦漢魏晉南北朝書法史〔M〕，江蘇：江蘇美術出版社，2009。

63. 華人德，中國書法史一兩漢卷〔M〕，江蘇教育出版社，2002。

64. 劉濤，中國書法史·魏晉南北朝卷〔M〕，江蘇：江蘇教育出版社，2007。

65. 劉正成，中國書法全集·三國兩晉南北朝墓誌〔M〕，北京：榮寶齋出版社，2004。

66. 朱關田，中國書法史·隋唐五代卷〔M〕，江蘇：江蘇教育出版社，2009。

67. 劉恒，中國書法史·清代卷〔M〕，江蘇：江蘇教育出版社，2002。

68. 趙超，漢魏南北朝墓誌彙編〔M〕，天津：天津古籍出版社，2008。

69. 沃興華，碑版書法〔M〕，上海：上海人民出版社，2005。

70. 沃興華，書法創作論〔M〕，上海：上海古籍出版社，2008。

71. 邱世鴻，魏晉書法的藝術精神〔M〕，北京：中國社會出版社，2004。

72. 賴非，齊魯碑刻墓誌研究〔M〕，濟南：齊魯書社，2004。

73. 國家圖書館善本金石組，先秦秦漢魏晉南北朝石刻文獻全編〔M〕，北京：北京圖書館出版社，2003。

74. 黎東明，秦漢篆書〔M〕，北京：北京圖書館出版社，1999。

75. 王元軍，漢代書刻文化研究〔M〕，上海：上海書畫出版社，2007。

76. 程章燦，古刻新詮〔M〕，北京：中華書局，2009。

77. 金其楨，中國碑文化〔M〕，重慶：重慶出版社，2002。

78. 毛遠明，漢魏六朝碑刻校注〔M〕，北京：線裝書局，2008。

79. 黃金明，漢魏晉南北朝誄碑文研究〔M〕，北京：人民文學出版社，2005。

80. 何如月，漢碑文學研究〔M〕，北京：商務印書館，2010。

81. 范景中，鄭岩，孔令偉，考古與藝術史的交匯〔M〕，杭州：中國美術學院出版社，2009。

82. 趙化成，高崇文，秦漢考古〔M〕，北京：文物出版社，2002。

83. 李濟，中國早期文明〔M〕，上海：上海人民出版社，2007。

84. 王鐵，漢代學術史〔M〕，上海：華東師範大學出版社，1995。

85. 龔鵬程，漢代思潮〔M〕，北京：商務印書館，2008。

86. 葛兆光，中國思想史〔M〕，上海：復旦大學出版社，2004。

87. 袁濟喜，兩漢精神世界〔M〕，北京：人民大學出版社，1994。

88. 陳蘇鎮，春秋與漢道——兩漢政治與政治文化研究〔M〕，北京：中華書局，2011。

89. 徐復觀，兩漢思想史〔M〕，上海：華東師範大學出版社，2001。

90. 徐復觀，中國藝術精神〔M〕，上海：華東師範大學出版社，2001。

91. 張岱年，方克立，中國文化概論〔M〕，北京：北京師範大學出版社，1994。

92. 余英時，士與中國文化〔M〕，上海：上海人民出版社，1996。

93. 張華松，詔書經典〔M〕，濟南：泰山出版社，2004。

94. 張曉凌，中國原始藝術精神〔M〕，重慶：重慶出版社，2004。

95. 宿白，考古發現與中西文化交流〔M〕，北京：文物出版社，2012。

96. 孫機，漢代物質文化資料圖說〔M〕，上海：上海古籍出版社，2011。

97. 李澤厚，美學三書〔M〕，北京：商務印書館，2007。

石門石刻相關著作：

1. 郭榮章，石門石刻大全〔M〕，西安：三秦出版社，2001。

2. 郭榮章，石門十三品撮要〔M〕，西安：陝西旅遊出版社，1993。

3. 郭榮章，石門摩崖刻石研究——石門漢魏十三品專輯〔M〕，西安：陝西人民美術出版社，1985。

4. 王森文，石門碑醳（叢書集成初編本）〔M〕，北京：中華書局，1985。

5. 羅秀書，郭鵬（校），《褒谷古蹟輯略》校注〔M〕，漢中：漢中市地方志辦公室內

6. 部發行本，1996。

7. 嚴如熠主修，郭鵬校勘，嘉慶漢中府志校勘〔M〕，陝西：三秦出版社，2012。

8. 漢中市地方志編纂委員會，漢中地區志〔M〕，西安：三秦出版社，2005。

9. 楊起超，陝西省漢中地區地理志〔M〕，西安：陝西人民出版社，1993。

10. 郭鵬，兩漢三國時期的漢中〔M〕，西安：三秦出版社，2005。

11. 孫啓祥，漢中歷史文化論集〔M〕，西安：陝西人民出版社，2011。

12. 漢中市博物館，漢中市褒斜石門研究會，石門漢魏十三品〔M〕，西安：陝西人民美術出版社，1988。

13. 漢中市博物館，石門──漢中文化遺產研究〔M〕，西安：三秦出版社，2005～2011。

14. 漢中市蜀道及石門研究會漢中市博物館，「漢三頌」專輯〔M〕，西安：陝西人民美術出版社，1993。

15. 馮歲平，石門十三品〔M〕，陝西：西安地圖出版社，2010。

16. 馮歲平，李君表〔M〕，西安：西安地圖出版社，2011。

17. 馮歲平，發現漢中〔M〕，北京：華夏出版社，2008。

18. 馮歲平，蜀道寶藏──中國石門摩崖石刻〔M〕，西安：三秦出版社，2013。

19. 薛鳳飛，褒谷摩崖校釋〔M〕，武漢：湖北人民出版社，1999。

20. 李之勤，閻守誠，胡戟，蜀道話古〔M〕，西安：西北大學出版社，1986。

21. 藍勇，四川古代交通路線史〔M〕，重慶：西南師範大學出版社，1989。

二、期刊論文：

1. 石門石刻專刊、論文集：

2. 漢中市博物館，漢中市蜀道及石門石刻研究會‧文博──蜀道及石門石刻研究專號〔P〕，西安：陝西人民出版社，1992。

3. 褒斜道石門及其石刻研究會論文專集編輯部，古道論叢〔P〕，成都大學學報編輯部，1989。

4. 漢中市志編纂委員會，漢中市志通訊──褒斜道、石門、摩崖石刻專刊〔P〕，漢中：漢中市志通訊編輯部，1986。

5. 褒斜石門研究會，《石門》編委會，石門〔P〕，漢中：漢中市博物館（陝西省內部刊物登記證 115 號）1984、1986、1988。

6. 賴非，斜畫緊結與平畫寬結是北朝書法的兩個階段，中日書法史論研討會論文集〔C〕，北京：文物出版社 1994。

論文：

1. 郭榮章，褒谷石門的漢隸書刻技藝〔J〕，漢中師院學報，1988（1）。

2. 馮歲平，近年來蜀道及石門石刻研究概述〔J〕，中國史研究動態，1994（2）。

3. 陝西省考古研究所，褒斜道石門附近棧道遺址及題刻的調查〔J〕，文物，1964（11）。

4. 陝西省文管會，陝西省博物館，褒斜道連雲棧南端調查報告〔J〕，文物，1964（11）。

5. 黃盛璋，川陝交通的歷史發展〔J〕，地理學報，1957（4）。

6. 黃盛璋，褒斜道與石門石刻〔J〕，文物，1963（2）。

7. 陳明達，褒斜道石門及其石刻〔J〕，文物，1961（5）。

8. 嚴耕望，漢唐褒斜道考〔J〕，新亞學報，1967，8（1）。

9. 嚴耕望，通典所記漢中通秦川驛道考〔J〕，新亞學報，1967，8（2）。

10. 陳顯遠，韓信「明修棧道」地點小考〔J〕，文博，1985（6）。

11. 華人德，分析《鄭長猷造像記》的刊刻以及北魏龍門造像記的先書後刻問題〔J〕，書畫世界，2003（3）。

12. 任周芳，秦蜀棧道──故道、連雲道和褒斜道概述〔J〕，寶雞師院學報，1986（4）。

13. 李之勤，元代川陝間的驛道和驛館〔J〕，中國歷史地理論叢，1988（1）。

14. 李之勤，論故道在川陝諸驛中的特殊地位〔J〕，中國歷史地理論叢，1993（2）。

15. 李之勤，唐敬宗寶曆年間裴度重修的斜谷道及其所置驛館〔J〕，中國歷史地理論叢，1990（3）。

16. 杜葆仁，褒斜棧道的工程技術〔J〕，石門，1986（2）。

17. 王子今，周蘇平，子午道秦嶺北段棧道遺跡調查簡報〔J〕，文博，1987（4）。

18. 藍勇，四川古代棧道研究〔J〕，四川文物，1988（1）。

19. 藍勇，中國古代棧道的類型及其興廢〔J〕，自然科學史研究，1992（1）。

20. 馮述芳，王復忱，王漁洋筆下的連雲棧道〔J〕，漢中師院學報，1988（1）。

21. 李星，北魏《石門銘》的正名意義及其記事價值〔J〕，漢中師院學報，1988（1）。

22. 李星，石門漢魏石刻藝術蘊含的東方哲理〔J〕，文博，1993（3）。

23. 張仁鏡，蜀道在戰國秦漢時期的地位和作用〔J〕，漢中師院學報，1988（2）。

24. 陶喻之，南宋褒斜石門題名蜀人事蹟考〔J〕，四川文物，1990（1）。

25. 陶喻之，褒斜石門兩種摩崖石刻考辨〔J〕，上海博物館集刊，1992（6）。

26. 辛德勇，漢《楊孟文石門頌》堂光道新解──兼析灙駱道開通時間〔J〕，中國歷史地理論叢，1990（1）。

27. 梁中效，唐代褒斜道交通初探〔J〕，漢中師院學報，1929（1）。

28. 劉潔，匡正唐代文學家孫樵記〔J〕，文博，1992（2）。

29. 陳國生，梁州名考〔J〕，中國歷史地理論叢，1993（2）。

30. 郭英德，中國古代文體分類學芻議〔J〕，中山大學學報，2005，（3）。

31. 陳思，破而能立 雜而能容——「雜糅」之美的當代啓示〔J〕，中國書法，2014，（4）。

32. 李洋，漢中石門石刻書法藝術研究〔D〕，廣西：廣西師範大學，2012。

33. 杜立乾，漢中石刻研究〔D〕，湖南：湖南師範大學，2013。

34. 李培順，張祖翼金石學成就及其書跡研究〔D〕，杭州：杭州師範大學，2014。

35. 陳思，淺論北朝後期「復古銘石書」的藝術價值〔D〕，北京：北京師範大學，2013。

36. 王文廣，中國古代碑之設計〔D〕，蘇州：蘇州大學，2012。

三、外文譯著：

1. （日）牛丸好一，漢中褒斜道石門摩崖石刻〔M〕，東京：大日本印刷株式會社，昭和 61 年。

2. （美）韓文彬（Robert E.Harrist Jr）著，郭曉文譯，石刻風景（The Landscape of Words）〔M〕，西安：三秦出版社，2008。

3. （美）巫鴻著，李清泉，鄭岩等譯，中國古代藝術與建築中的「紀念碑性」〔M〕，上海：上海人民出版社，2009。

4. （美）巫鴻著，鄭岩等譯，禮儀中的美術〔M〕，北京：生活‧讀書‧新知三聯書店，2005。

5. （美）巫鴻著，梅枚等譯，時空中的美術〔M〕，北京：生活‧讀書‧新知三聯書店，2009。

6. （美）巫鴻著，肖鐵譯，廢墟的故事：中國美術和視覺文化中的「在場」與「缺席」〔M〕，上海：上海人民出版社，2012。

7. （美）本傑明‧史華茲著，程鋼譯，古代中國的思想世界〔M〕，南京：江蘇人民出版社，2004。

8. （英）魯惟一著，王浩譯，漢代的信仰、神話和理性〔M〕，北京：北京大學出版社，2009。

9. （美）余英時著，侯旭東等譯，東漢生死觀〔M〕，上海：上海古籍出版社，2005。

10. （英）傑西卡‧羅森著，鄧菲等譯，祖先與永恆——傑西卡‧羅森中國考古藝術文集〔M〕，北京：生活‧讀書‧新知三聯書店，2011。

11. （英）彼得・伯克（Peter Burke）著，楊預譯，圖像證史〔M〕，北京：北京大學出版社，2008。

12. （美）歐文・潘諾夫斯基著，戚印平，范景中譯，圖像學研究——文藝復興時期藝術的人文主題〔M〕，上海：上海三聯書店，2011。

13. （法）費爾南・布羅代爾著，劉北成，周立紅譯，論歷史〔M〕，北京：北京大學出版社，2008。

14. （美）張光直著，郭淨，陳星譯，美術、神話與祭祀——通往古代中國政治權威的途徑〔M〕，瀋陽：遼寧教育出版社，1988。

15. （日）林巳奈夫著，唐利國譯，刻在石頭上的世界：畫像石述說的古代中國的生活和思想〔M〕，北京：商務印書館，2010。

16. （奧）德沃夏克著，陳平譯，作爲精神史的美術史〔M〕，北京：北京大學出版社，2010。

四、圖錄類：

1. 郭榮章，石門石刻大全〔M〕，西安：三秦出版社，2001。

2. 北京圖書館金石組，北京圖書館藏中國歷代石刻拓本彙編〔M〕，河南：中州古籍出版社，1989。

3. 胡海帆，湯燕，北京大學圖書館藏歷代金石拓本菁華〔M〕，北京：文物出版社，1998。

4. 何應輝，中國書法全集・秦漢刻石卷〔M〕，北京：榮寶齋出版社，1997。

5. 徐玉立，漢碑全集〔M〕，河南：河南美術出版社，2006。

6. 孫機，漢代物質文化資料圖說〔M〕，上海：上海古籍出版社，2011。

7. 中國文物研究所，陝西省古籍整理辦公室，新中國出土墓誌・陝西卷〔M〕，北京：文物出版社，2003。

作者鳴謝

　　值此書稿完成之際，我首先要感謝郭榮章先生的力作《漢中石門石刻大全》，為我研究石門摩崖石刻群提供一手的石刻圖片與歷史資料，還要感謝漢中博物館馮歲平先生為我提供石門摩崖的珍貴老照片。

　　衷心地感謝導師倪文東教授，其嚴謹的作風、淵博的學識、開闊的眼界，對我的論文撰寫提供有益的指導意見和科學的研究方法，幫助我開拓思路，我對他的教導表示深深的感激！

　　特別感謝北師大鄧寶劍、李洪智、虞曉勇、查律等老師以及藝術與傳媒學院、文學院的所有老師，在校期間，老師們對我的成長付出了大量的心血，不但以精湛的學養為我傳導專業知識，還教會了我踏實嚴謹做學問的道理，我在研究中堅持不懈地努力，2014 至 2017，三年間閱讀大量前人的著錄，並進行田野考察，拍攝實物圖像，撰稿三十餘萬字，還親自繪圖與製表共計一百五十餘個。

　　尤其感謝清華大學陳池瑜教授的鼎力推薦，感謝臺灣花木蘭文化事業有限公司，為我提供出書的平臺，幫我審稿與美編。

　　本書撰寫過程中，得到家人無微不至的關懷，倍感親切。

　　我將永懷一顆感恩的心，對待生活，對待工作，對待學習，對待身邊的每一位親人和朋友！

陳思

2018 年 11 月 16 日於北京

附錄：石門漢魏摩崖石刻現狀具體描述

（一）鄐君開通褒斜道摩崖（大開通）

現場描述：東漢《大開通》或《鄐君開通褒斜道》摩崖狀況：

第一列：永（「永」刻痕清晰，上點之左有一剝落層面，形成左右兩豎石痕，略靠右一條與點垂直交叉，「乚」豎痕上段右端亦有一塊麵脫層，向右橫刻末段一崩口刻跡略寬大末端收小）平（「平」刻道清晰，結體完好，注：第二橫筆末端順連一長石棱）六（「六」點畫略不顯，橫筆明晰，下剝落多層，「八」兩點刻跡變淺，略見）年（「年」泐殘殊甚，隱見零碎之橫、豎殘跡，難辨），漢（「漢」三點水刻痕明晰，右漫漶甚，刻跡隱約可識）中（「中」左右下局布剝落，刻痕尚清晰）郡（「郡」，「君」頂橫與第二橫之間塊面脫落殊甚，上半右豎畫刻痕破損，撇筆殘連，下半「口」部完好，右部「阝」輪廓明晰，輪廓線內層面殆盡）以（「以叭」左「口」部上半脫層甚，崖面凹凸不平，刻痕尚清晰，右連一斜長棱，「人」部件表層局部蝕剝，刻跡明晰）1／

第二列：詔（「詔」字大體完整，左半「言」字旁，點和第一橫均明晰，第一橫至「口」部上橫止，共三塊截面之右半皆剝落，刻痕均殘損，底下「口」部表層蝕剝，筆劃尚好；右半「勹」刻跡清朗，其下「口」只剩輪廓，內面剝落殆盡）書（「書」字可識，第一橫畫刻跡近滅，接下四條橫跡均尚明晰，中豎畫刻痕殘破，下半「日」部件剝層不一，表面凹凸不平，右下角存凸面，局部刻痕不顯）受（「受」崖面蝕剝甚，「爫」之丿筆清晰，下三點，中點尚可，左右點刻跡淺，「冖」刻痕殘破，下半「又」上橫畫明晰，撇、捺上段刻

―415―

痕略隱，末端尙顯，隱約可見）廣（「廣」泐殘，刻痕深淺不一，多數刻畫殘連，形態猶存可辯識）漢（「漢」崖面各局部不同程度剝落，「氵」刻痕清晰，「卄」部件殘破，「吅」部件左「口」左三分之一脫層，右「口」面磨滅僅存輪廓，其餘刻痕皆尙可）2／

第三列：蜀（「蜀」間架形存，「四」部件中間兩豎痕截面殘缺，「勹」橫折之橫跡末端蝕剝成一小損口，「蟲」部件除底下三角形刻痕清晰外，餘下刻痕均泐損）郡（「郡」蝕剝殊甚，能見刻痕爲「君」之「コ」及「阝」上半部，隱約可識刻痕爲「君」之「丿」和「口」部，整字約略可辯）、巴（「巴」右上角崖面剝落，留一斜石棱，豎彎鉤之豎上段刻痕滅，餘下主體刻痕尙存，下半面之右有泐痕）郡（「郡」風化脫層，多數刻跡變淺仍可識，「君」之撇畫隱見虛痕）徒（「徒」左半「彳」漫漶甚，刻跡形存，「走」部件刻痕尙清晰，「土」上橫、豎交叉處蝕剝，下橫畫左段刻痕滅，下半兩短斜痕間面剝脫）3／

第四列：二（「二」右半刻痕甚清晰，左半面剝層刻痕變淺且留一豎石棱）千（「千」撇與橫畫均清晰，豎畫上段泐損，其下段因塊面脫落刻跡滅）六（「六」大多刻跡截面均剝脫，長橫畫尙清晰，上點略模糊，下兩點殘破）百（「百」頂橫畫清晰，「日」部下半蝕剝甚，其外輪廓刻跡淺局布滅，中間短橫畫前段殘破）九（「九」刻跡尙全，「乙」橫筆刻痕中後段上方泐損，乚刻跡右向失面）十（「十」橫、豎畫交叉處蝕剝殊甚刻跡模糊，其筆劃兩端刻跡皆尙清晰）人（「人」撇筆略清晰，捺筆不清）4／

第五列：開（「開」「門」部件刻跡尙顯，右邊橫折筆劃其橫之末端損豎之右面凹低，第二、三短橫畫前段均蝕剝，「井」部丿、丨兩筆劃痕間面殘破脫層，刻跡局布淺淡）通（「通」上部件甬等腰三角形下尖角滅，「用」部，上橫畫刻跡尙清晰，下橫畫殘連，左右丿、丨刻跡泐損，中豎痕跡尙淺，走之底蝕剝甚，除第一點清晰以及底下臥捺存淡淡痕跡外，其他筆劃均模糊不清）褒（「褒」刻痕間截面多有剝脫，「子」及下半撇捺間剝層尤顯，痕跡間架尙存可辨識）余（「余」豎畫上段剝層僅見起筆處有粗淺痕跡，下段刻痕不顯）道（「道」崖面剝落層不一，結體尙完整，其「辶」之臥捺刻痕最顯，長橫之右上面蝕剝甚，右點不顯長橫殘連，「目」部件由上至下剝脫多層，第一二橫畫

間截面蝕剝最深，其餘塊面殘破，刻痕多爲殘連）5 /

第六列：太（「太」刻痕尚清晰，橫畫之左與撇畫之間可見多個剝脫層，撇刻痕深淺不一，其末段連一長石棱）守（「守」字面上中段及寶蓋頭左豎之右端脫層較顯，「守」之上點刻跡淺，「寸」局部蝕剝刻跡深淺不一，結體尚清晰）鉅（「鉅」之「釒」第一二橫畫之間局部脫層形如「▼」，豎筆刻痕模糊，下半左右兩點近乎滅，最下一橫畫中段蝕剝，右部「コ」橫折之豎刻痕近乎磨滅，「巨」下橫畫刻痕斷斷續續末端更隱，整字結體尚好）鹿（「鹿」崖面剝脫磨損，基本刻痕尚可辨，「廣」部撇畫刻跡起、末段均顯，中段無痕；注，上半右豎畫下連一弧線，是脫層後自然形成的殘痕而非刻痕）鄐（「鄐」刻痕與泐痕交積，「畜」之點畫殘，橫畫起筆無痕，「麼」刻跡尚清晰，「田」蝕剝甚，隱約可見，右「阝」部件僅存輪廓，內面局布剝落）君（「君」崖面粗糙凹凸不平，刻痕尚明確，「口」其面顯示多層剝落）6 /

第七列：部（「部」刻痕與間架均清明，左邊「丷」右點不太顯）掾（「掾」「扌」之「亅」上半段蝕剝刻跡模糊，「彐」部件之右面剝滅，其右豎痕不顯，下「豕」部件右半其面亦剝落磨損殊甚，刻跡幾近滅）治（「治」左半崖面風化「氵」刻痕略淺，右上剝蝕，「厶」輪廓殘破，「口」結體尚可）級（「級」左部「糹」被蝕無痕，右部「及」左撇刻痕前半段隱後半段顯，第一橫折刻跡清晰，橫撇之撇順風化殘痕刻，捺筆前段刻跡極明，末段刻於石凸行刀不暢刻跡不顯）、王（「王」崖面略漫漶，刻痕細勁，結體完好）弘（「弘」之「弓」蝕剝漫漶，第二三橫間面殘破，間架隱約可識，右邊「口」輪廓存，橫折清晰，左豎及底橫畫刻跡略模糊，「口」之面蝕剝不整，面存不規則曲折殘痕）、史（「史」崖面風化漫漶，「口」左上段大多剝落有一斜向殘痕，左豎及上橫之左段均不顯，撇痕末段及捺畫皆隱）荀（「荀」崖面漫漶，「艸」刻痕尚清晰，「旬」部件短撇殘，「旬」橫折鉤之橫其中段至上、下表層均蝕剝內凹，「日」之橫跡皆斷殘，豎痕模糊，「勹」輪廓存）茂（「茂」左半殘蝕殊甚，「艸」之「丷」清晰，其下橫畫左半磨滅，「戊」上橫畫殘連，撇痕蝕甚刻跡模糊，斜鉤刻痕清明，末筆痕尚可見）7 /

第八列：張（「張」之「弓」偏旁刻痕尚清晰，弓第一、二橫痕間面風化剝落不一，形成三層面，右爲刻痕，餘下兩爲殘痕，下橫折鉤，折處殘口形如小三角，豎鉤斷續，其左內面蝕剝存形狀不一殘痕；「長」上半局布剝落，刻

痕時隱時顯，下半左面殘蝕豎鉤模糊）宇（「宇」殘蝕殊甚，「宀」輪廓隱約可見，「於」部件僅有豎鉤之鉤有一絲痕跡，其餘刻跡近乎滅）、韓（「韓」蝕剝殘破不堪，左半「點」破「橫」損，「日」僅存略模糊的外輪廓「口」，下「十」痕跡滅；右半隱約見幾根纖細之橫畫殘痕，末刻痕是「巾」還是「匚」難辨識，疑爲「巾」）岑（「岑」漫漶甚，「山」中部蝕剝形如「▲」中豎畫殘破，下橫畫刻痕纖細中段破損；左豎僅存淺表淡痕，右豎滅；「人」撇畫起筆細痕尚顯，末筆模糊；捺筆起段見一絲線，末段隱約見痕，底下部件刻痕不清）等（「等」崖面殘破，可見刻痕如是「竹」，餘下刻痕模糊、本字疑爲「等」或「弟」）典（「典」僅見輪廓線上方框與下兩點，約略辯之）功（「功」刻痕磨損迷糊不清）作（「作」左半單人傍「亻」刻痕隱約見幾分，「乍」下兩短橫畫清晰，豎畫位於泐殘痕含糊，其餘筆劃刻跡亦不清）8／

第九列：太（「太」左半泐殘殊甚，斜石痕數條，其橫、撇畫刻跡多爲模糊，右半之橫、捺畫尚清晰）守（「守」崖面蝕剝漫漶，刻痕隱約可辯）丞（「丞」崖面泐甚，上頭見殘破輪廓，右見一橫跡，餘下刻痕模糊，字難辯）廣（「廣」之「广」部右上與「廿」部所居面剝落，刻痕或殘破或淺淡，「田」與下兩點刻跡尚可見），漢（「漢」左石面風蝕色暗，「氵」中點尚清，上下點模糊；右邊上兩點與第一橫中段間面殘破，其他刻痕較清晰）9／

第十列：楊（「楊」左半「木」刻痕隱約可見，右邊「易」刻跡纖細清晰）顯（「顯」表層全蝕剝，左半隱約見幾道斷續殘痕和多個筆劃淡痕，右半「頁」還剩淺而模湖之刻跡，結體約略可識）將（將）隕（隕）相（相）用（用）（「將相用」崖面風化磨損殊甚，刻痕幾近剝落殆盡，無法辯識）10／

第十一列：始（「始」崖面風化刻跡幾近磨平，左「女」部件隱見淺淡上橫畫左段，右「臺」部件，約略見「口」右邊框局部殘痕，本字不易辨識）作（「作」左半崖面蝕剝殊甚，「亻」偏旁，撇畫刻痕尚明，豎畫淺淡；右半面豎畫殘破，三條橫筆前段刻跡模糊末段清晰）橋（「橋」左上面蝕剝甚，「木」偏旁橫畫尚可，豎畫上段刻跡滅、捺畫起筆模糊；「右」上橫畫纖細尚明晰，其上下多殘痕，撇畫起筆滅，「口」左右豎刻跡略隱，「冋」間架基本完整）格（格）六（六）百（百）廿（二十）三（三）間（間）（「格六百二十三間」七字刻跡多漫漶殊甚，難辯識）11／

第十二列：大（「大」崖面蝕剝甚，僅見撇畫末端痕跡，其餘刻跡幾近殆盡，難辨識）橋（「橋」崖面風化剝蝕殊甚，刻痕全殘破，除「冏」之「口」輪廓相對明晰外，其他部件隱約可識）五（「五」上半刻痕間截面形如「▼」剝落，頂橫畫斷連，下半刻痕間截面其頂角「▲」等局部剝落，刻跡左面凹凸不平，整字間架尚明確）爲（「爲」崖面蝕剝與裂殘並存，左上部件下撇刻痕末段殘破，其他刻跡尚可；中部其面凹凸刻痕模糊；下部件，輪廓尚明晰，四點略模糊，崖面亦不整，整字間架基本形存，）道（「道」，「首」之「艸」刻痕尚清晰，其下短撇殘破，「目」蝕剝甚其面凹凸，刻痕多殘破或淺淡，結體可識；走之底刻痕斷續殘連）三（「三」崖面磨損凹平，上橫畫僅剩一絲淺痕，第二、三橫畫尚可）百（百）五（五）十（十）八（八）（「百五十八」崖面風化甚凹凸殘破，刻痕迷糊不清，無法辨識）12 /

第十三列：里（「里」漫漶甚，表層幾近全剝落，隱略見淡淡輪廓痕），郵（「郵」左上部崖面蝕剝殊甚，上撇畫略殘破，其下刻痕最密集之處有大塊面脫層，筆劃刻跡或虛或滅，下半橫畫及「山」部件刻痕尚清晰，右半「阝」上耳刻跡斷續模糊，其面局部脫層，下耳輪廓清晰，豎痕無跡，整字可辨）亭（「亭」上部刻痕尚清晰，注：中間省一橫；下部「丁」，橫與豎交結處崩脫形如「▼」，主間架善好，可識）、驛（「驛」左半「馬」上面局部剝層凹陷，間架尚存，右「四」部件刻痕尚可，右大片剝落，其下「羊」部件「丷」刻跡可見，三橫畫模糊，豎畫末段殘破，整字可識）、置（「置」「四」之上橫與下一橫畫之間面蝕剝，其面兩短豎間截面再局布脫層呈「口」形凹層；下部刻痕及結體均較清晰，）、徒（「徒」崖面風化層層剝脫如魚鱗般，刻痕除雙人傍第一撇畫清晰，「走」部上半刻跡雖模糊然尚可識，其餘刻痕隱於泐痕中難辨）司（「司」外輪廓橫折豎鉤，其橫畫前半段清晰後半段連同豎鉤皆殘連刻痕略隱，內橫畫近乎磨滅，「口」基本形存）空（「空」上半局部剝落略顯凹凸，刻跡深淺粗細不一間架略隱，下「工」部刻痕完整）13 /

第十四列：襄（「襄」漫漶殊甚，隱約見頂部有「亠」；之下左有「匚」右有「口」；接下左有「丿」中有「丨」等刻痕元素，約略推知），中（「中」左上角局部剝落，豎刻痕蝕殘，餘下刻跡尚可，結體明晰），縣（「縣」刻跡顯隱不一，「県」整面磨損刻跡淺，間架尚可識，「糸」上半剝蝕凹凸不平，基本刻痕全，然間架略隱，其下「小」刻跡尚可辨），官（「官」崖面蝕剝，右有

豎條石棱，下有斜裂隙，寶蓋頭右豎痕上段略漫漶，「㠯」上方框左上角剝落，下方框殘破刻痕模糊不清）寺（「寺」刻痕結體均清晰，注：「土」豎透下）並（「並」上下異面，上三分之二居石凹面，底三分之一居石凸在ｍ，刻痕略爲清晰，僅兩豎末端刻痕略淺淡，）六（「六」筆劃尚明晰，下部石面凹凸不平，刻痕「八」末段順石棱行刻），十（「十」崖面小石凸與裂隙並存，刻痕殘破不顯），四（「四」其痕截面剝落不一，從左至右有三面分別爲凹、凸、凹，刻痕輪廓尚存可識）所（「所所」筆劃齊全，崖面蝕剝甚，字跡多甚淺，「斤」中「丅」刻痕之左剝脫殘破）14／

第十五列：成（「成」崖面蝕剝，上凹下凸，隱約見如後等刻痕元素即：上「一」，左「丿」及「コ」、右「ㄟ」、推之爲「成成」）凡（「凡」刻跡間架均清晰，只是右「乚」之左面略有蝕剝），用（「用」左下蝕剝漫漶，丿刻痕下段及下橫畫皆殘破且模糊，主體結構尚好），功（「功」左右異面，左底右高，「工」崖面平整，刻痕清晰，「力」崖面局部剝蝕，刻跡尚清晰可識）七（「七」崖面略有磨損，刻痕尚完整），十（「十」下部有細裂隙，刻痕粗細不一，結體明晰，可識），六（「六」面略粗糙，刻痕尚清晰），萬（「萬」上部清晰，下部崖面局布剝落，「内」之外框只顯輪廓痕跡，「厶」刻跡蝕剝變粗大模糊，整字可識），六（「六」刻痕結體尚清晰），千（「千」裂隙斜穿其頂，崖面泐殘，上短撇殘破，長橫畫左段纖細右段漫漶，豎畫蝕殘，結體隱約可識）八（「八」之撇畫上段略模糊，下段尚清晰，捺畫清明），百（「百」上橫畫明晰，小短撇刻跡寬而淺，下「日」部刻痕略細，間架尚清晰，整字可識），15／

第十六列：餘（「餘」刻跡模糊難以識別）人（人）（「人」捺略有刻痕，隱約辨識）瓦（「瓦」左「乚」筆劃起段滅，「て」下轉彎處些許殘破，「一」「乚」「て」所圍成的表面積大多蝕剝，約略推斷辯之），卅（「卅」崖面平整，刻跡尚清晰）六（「六」刻痕結體完好），萬（「萬」一裂紋斜穿「艸」，橫跡及右點殘破，中部「田」右下方框存殘痕，中豎痕略有蝕殘，基本刻痕清晰，下部「冂」左豎滅，右輪廓存，輪廓內大面脫層，「厶」刻跡近乎滅，隱約見痕），九（「九」崖面剝落尚平整，下有斜石棱分字面左上與右下異面，左上略凹低，整字刻跡間架均善佳，僅「乚」豎刻跡之左側略有蝕殘）千（「千」刻痕纖細清晰），八（「八」上有裂隙，「丿」刻痕上端殘破左上

面剝落，右捺畫刻痕尚清晰，字可識），百（「百」筆劃尚清晰，刻跡局部蝕殘變粗，右豎痕末端模糊），四（「四」崖面略不平，字之右面凹低，字跡淺，結體大略完整）16 ／

（二）石門頌

現場描述：

第一列：惟（惟）山山（坤巛）靈（「靈」崖面平整，略帶沙質，刻痕細勁清晰）定「定空」刻跡清明，能見左豎畫圓收，捺畫刻痕有雁尾且尖收）位（「位」，「立」右旁有一圓形小石花）「川」之後幾字崖面粗而平整，川（「川」右下崖面微漫漶，刻痕清晰）澤（「澤」「四」部件左下角殘）股（股）躬（躬）澤（「澤」右下一斜殘痕，遠見字跡清明，近能見右半「羊」之下橫畫雁尾補刀修圓）有（有）（「月」部「丿」上半段及「𠃌」下半段刻痕均不顯。另外疑刻工改刻或誤刻現象，如「有」看實刻痕刻爲「有」，疑第二筆丿有所誤刻，）所（所）（「所」左部件「戶」，靠左邊有「3」狀的石棱，左撇依棱的弧狀刻痕，右部「斤」豎筆蝕剝，「斤」橫畫末端雁尾弧形明顯）注（「注」上橫點有豎細裂紋），川（「川」崖面不整，石凸頗多，第二、三筆殘）有（「有」右上有大石花，上橫畫筆道殘連，裂紋橫穿其間，「月」內第二橫畫順裂隙走刀，右豎筆末端漶殘）所（「所」左右部件上橫畫均刻於漶層，「戶」下橫畫末段剝落，斤「丿」畫之右面被白色豎條漶痕彌蓋通（「通」上三角形內有一圓形小石凸，下豎畫依著漶痕走刀，間架清晰）。余（余）谷（「谷」右半見細裂紋豎穿之，撇、橫畫皆殘連，「口」部右半滅）之（「之」崖面微凸，頂端臨斜石棱，上兩點及撇的起筆向右下傾，末筆捺橫勢自由展開，中段崩口，收筆端連石花，）川（「川」右筆劃「亅」順石凸外緣刻痕，中豎刻痕淺，右豎筆道漫漶不清），其（「其」右漶且連石凸面，上橫畫末端殘、右豎筆及右下點順石凸邊線走刀）澤（「澤」字置兩面，左上在凹面，右下在凸面，「四」右下角殘石棱「丿」斜穿「羊」部，其右點滅，末橫畫起筆損。）南（「南」「冂」部，左豎刻痕淺，右豎鈎殘破）隆（「隆」崖面微凸左右接低凹面，左半「阝」豎痕淺，右半見豎條細裂紋，「生」右下整片脫層，結體隱約可識），八（「八」崖面凹而不整，刻痕尚清）方（「方」石面凹凸不整，石溝斜置其右旁，「亠」上橫畫末段刻於石凸上沿，撇與橫折溝兩刻痕圍繞另一石凸構形，筆劃緊縮，齊全，）所（「所」

置凹面且右傾，間架好）達（「達」右上角連斜石裂痕，上兩橫畫末端殘連，其他筆劃刻痕緊縮，間架尚清晰）益（「益」右邊略凸微泐，下橫筆末端略殘，「皿」橫折之折微收，避於泐層，「益」右邊略凸，字左移。1 /

第二列：域（「域」斜鉤起筆與末端均清晰，中段刻痕粗淺）爲（「爲」底下內三點不顯）充（「充」崖面平整略帶沙質，刻痕細勁，頗爲清晰，「乚」內有石花，末筆端補刀裝飾雁尾），「充」字之下有很長的裂隙，其空間全休刻。2 /

第三列：高（「高」上半「口」左下角殘破）祖（「祖」清晰）受（「受」清晰）命（「命」捺的起筆上有崩裂三角口，其下有一斜裂隙直至「興」字右邊，書刻者將命之豎畫約拖三字距破裂紋直至裂紋離開本行，接著往下刻如是興（興）於（於），漢（漢）中（中）。道（「道」刻痕清晰，走之底捺筆直挺，其末端補刀飾雁尾）由（「由」，上橫畫順刻於橫向泐痕上，左上角滅，中豎起筆殘，右豎刻痕粗淺）子（「子」一斜殘痕從左上穿右下，「亅」斜起順斜殘痕走刀，其筆劃末端臨橫向裂隙即往左收刀減少殘損），午（「午」崖面不整，第一、二橫畫間有裂隙，豎筆劃殘連末段刻痕粗淺），出（「出」居於凸面，左臨斜石棱，下半左豎畫略殘，「出」布局略靠右，避開石凹，刻痕順刻於凹凸棱，）散「散骰」（「月」部件右上角略損）入（「入」捺筆順延上凸下凹交接處刻痕。見原刻如「人」，可能之一，刻工誤刻即撇、捺刻痕起筆上下搭反。可能二，撇的起筆是殘痕，捺筆起筆亦可見只是刻痕不太顯。可能三，受古代篆體字形人影響）秦（「秦」石質顯硬結構緊密而光滑，刀難入行，刻痕特細勁，撇筆順弧形石棱刻痕，「禾」豎畫收筆刻痕略淺）。建（「建」「聿」首橫順上棱痕。石質結構緊密，堅硬而光滑，刀難入行，刻痕特別細勁，）定（「定之」斜石棱分其爲左下與右上兩層面，其間筆劃在高低層面轉換微顯錯位，石質堅硬，難於行刻，筆跡特細，捺筆末端順刻於石棱）帝（「帝」右泐，各靠右筆痕末端皆連泐痕）位（「位」「亻」豎筆勒刻淺），以（「以叺」左接石凸右連泐痕，「口」傍左豎畫及右捺筆都順著或石凸或石泐略作變形，結體可識）漢（「漢」底橫畫左段與撇畫下段交角內有一小石凸）詆「氐詆」部件乚筆劃順刻於石凸外沿，本字爲「氐」，依「氐」有加上點如「氏」寫法，故，本字正確的刻痕爲「詆」，其他部位的點均爲殘痕）焉（焉）（「馬」部件右下局部蝕剝，注，豎彎鉤刻

痕右下連一殘痕 也易誤以爲是豎彎鉤刻痕的延續）。後（「後」雙人傍豎畫置於石凸面，右部件「夂」第一、第二撇畫至石凸面即收筆）3／

第四列：以（「以」左臨泐痕，右下一斜裂紋，字下剝落，「口」部件左豎畫略損，「人」捺筆末段殘）子（「子」「亅」上半段泐殘）午（「午」第一筆不顯，兩橫筆之外見填實之裂隙），途（途）路（「路」置拱面崖面略粗，「足」之「口」下局部蝕剝，臥捺刻痕清晰，「各」筆道尚好）齔（「齔澀」漫漶，左下「止」刻於石凹筆道殘破）。難（「難」表層漫漶，刻道尚清晰）。更（更）隨（隨）圍（「圍」崖面略漫漶，刻跡好），谷（「谷」上兩點間有一豎細裂紋由上穿下）復（「復」崖面平整，筆劃清明）通（「通」表層微漫漶，刻痕清晰，走之底臥捺直挺，收筆處補刀修飾雁尾）堂（「堂」，上部微泐，「小」刻痕微殘，右點下局部磨損）光（「光」，「乚」內含石花）。凡（「凡」上臨略傾斜裂隙，下接斜向窪溝，石面還有橫向裂痕及小凹凸，字輪廓在此空間布局，「幾」內點以橫代之順刻於裂痕上）此（「此」置於凹面，頂上及右傍皆接殘破石溝，下有殘痕，刻痕以此地盤爲限伸縮微調，「乚」筆殘連，結構可識）。四（四）道（道）垓（「垓」右半撇筆與捺筆順石棱下緣行刀）鬲（「鬲隔」左臨石凹，「口」左下角連石花，「口」及「冂」左豎皆順石折痕刻，「冂」左右豎刻痕略淺），尤（「尤」置凹面，崖面平整，上有形如⌒的弧線石棱，其結體筆劃在此空間收放順勢造形，「乚」下順微形石棱刻痕）艱（「艱」左上部位於凸凹之間小坡面，刻痕略殘。左下部及右部筆道清晰，）。至（「至」底橫畫末端無修飾雁尾）於（「於」「方」之末筆尾殘連石花，其橫折鉤順石棱刻）永（「永」左橫撇之橫順石棱刻，右豎彎筆劃亦順右弧形石棱刻）平（平），其（「其」下長橫起筆殘）有（「有」細裂紋穿其左，長橫及撇筆末端皆損）四（「四」左豎筆之左上接石剝下連石凸）4／

第五列：年（「年」石棱斜穿左邊，首橫於石棱交接處微顯錯位，二三橫筆末殘），詔（「詔」「言」偏旁頭二橫筆劃殘連，「召」部件之「口」左豎損右豎上接裂痕）書（「書」崖面粗糙，刻痕線條略顫，上刻痕之右面凹低，「日」部件右下角小局部蝕剝）開（「開」崖面粗糙略不整，右豎鉤中段刻痕不暢）余（「余」通「斜」，「余」之「禾」橫畫末筆端連裂溝）鑿（「鑿」崖面粗刻痕密，筆道多有殘損）通（「通」漫漶，右臨凹面，筆劃尚存）石

（石）門（門）中（中）遭（遭）元（「元」「乚」之豎痕順著細裂紋刻）二（二）西（「西」右豎畫連石窪）夷（「夷」個別刻痕殘）雩（「雩虐」於石窪面，右折筆順溝道刻跡）殘（殘）（「殘」戔部在高低層面間，筆劃間凸窪不整），橋（「橋」，下有裂隙，「木」偏旁居於石凸面，凸凹折痕穿過其右半部，「右」部件之橫、撇刻痕略有形變，「冂」之左豎順刻於石棱略有殘損，）梁（「梁」通「樑」豎痕勒刻略淺）斷（「斷斷」崖面光滑質地堅硬，刻痕細勁清晰，「斤」之橫筆順石凸下沿刻痕）絕（「絕」石質硬，右半面略凹，「刀」部件刻於棱溝略有形變，「巳」之左有一明顯的豎條小石凸，其「乚」筆順石凸右沿刻痕），子（「子」刻痕勻而圓，如篆書筆調）午牛（「午」之左半兩橫畫之間殘破，筆道尚清明）復（「復」，「彳」豎畫順石凸邊沿刻痕，「日」之右連小石凸，「夂」之右連石凹），循（循）。

上（上）則（「則」「貝」偏旁置凹凸面間，左豎痕略隱，筆痕尚完整，結體微形變，另，左右兩部件間還有一淺石凹）縣（「縣古同「懸」。「目」左、右置低凹，其豎痕均隱，右部「小」之豎溝刻痕淺）峻（「峻」石棱斜穿「山」部及「夂」部，其間筆痕多殘連，捺筆末段順石棱刻痕）5／

第六列：屈（「屈」「尸」部右連小石凹，「出」部左下角殘）曲（「曲」中間剝落）流（流泳）顛（「顛」裂紋豎穿左部，多條刻痕殘，右部「目」內右上崖面脫層，幾條橫道受損）；下（「下」橫畫下左邊一泐道如撇痕，易誤爲「不」）則（「則」「具」右豎畫刻痕略粗，「刂」右下連一棱痕）人（「入」刻爲「人」，是撇捺畫刻痕搭錯，或爲古時篆形影響）寞（「寞冥」之「目」部件二與三橫筆之間略靠右邊蝕剝），傾（傾傾）（「傾」之「廣」部件，其撇畫末端連一殘痕，「匕」與「頁」間亦有殘痕）寫（「寫」通「瀉瀉」，「寫」臼部上左右兩小橫畫刻痕刀口微大，底部中間兩點略不顯，寶蓋頭右豎畫順一弧形棱痕刻）輸（「輸」右下「刂」刻痕粗淺）淵（「淵淵」左第一點起筆損）。平（平）阿（阿）淖（或「淖」即爛泥，或「淖泉」泉水）泥（「泥」泐殘殊甚，除頂、底可見個別殘筆外，餘筆劃傾覆難識），常（「常」崖面左凸右凹，橫刻痕在凸凹兩面轉換，微有形變，上右點刀口大筆末連裂痕，下豎筆末端略殘）蔭（「蔭」右下刻痕爲「會」，上兩點在凸面右點不顯，橫畫順刻於凸凹交線，筆道略粗），鮮（「鮮」居凸面，刻痕之間微拱，其右及下均連凹面，左下四點隱，字勢略凸）晏（「晏」崖面左

斜右平，即左面微向中線斜，橫畫在斜面與平面間轉換，刻痕略變形，「女」部撇折之撇順沿斜、平兩面交線刻痕，一殘痕穿「日」部，三橫畫皆殘連）。**木**（「木」左上存細而顯的裂痕，橫與撇畫之刻痕向左衝出裂紋，丿損，豎痕刀口大而隱，）**石**（「石」橫筆劃之上稍拱有些許崩塊，筆道清挺，左接凹面其撇筆劃順石棱刻痕微隱）**相**（「相」左上半泐殘）**距**（「距」左「口」部右上角連小石凹，其橫折筆外有一斜痕），**利**（「利」，「禾」部上撇畫順石棱刻，豎筆劃末端略殘，「刂」豎鉤亦順石痕刻）**磨**（「磨」兩撇畫，刻痕刀口略大）**確**（「確」「石」撇畫順石棱刻痕）**磐**（「磐」「日」部刻痕間微拱），**臨**（「臨」石棱斜穿「臣」部，左部及右部下兩口，刻痕多殘）**危**（「危」下部「乚」筆劃末端穿過石棱收筆微變形）6 /

第七列：**槍**（「槍」之「木」上面泐殘，右下角伸入斜條石花，「口」上下橫畫均殘）**碭**（「碭」之「石」部左撇畫順石棱外緣刻痕，「昜」部有一細裂隙穿其間，左豎及下撇等多筆劃微損，另「日」中還有一豎殘痕），**履**（「履」右部豎畫綻裂，靠右筆道崩殘）**尾**（「尾尾」之「乚」筆末端微裂殘）**心**（「心」臥溝連泐痕）**寒**（「寒」右上連泐剝，右傍臨泐痕，捺筆末筆端殘）。**空**（「空」有一斜泐痕斷斷續續，寶蓋頭點畫、橫畫起筆及收筆局部破損）**輿**（「輿」左連泐痕，點點斜竄，靠左筆劃殘）**輕**（「輕輕」）**騎**（「騎」之「馬」部左豎略殘，右部之「口」下橫畫超格），**滯**（「滯滯」，「巾」部右邊「丨」刻痕口略大），**導**（「導」同「礙」，「導」之「目」左面略凹低，其面微形變，「寸」橫畫末段帶波形，豎鉤之上有石花）**弗**（「弗」之「丿」與「丨」畫起筆處略損，下橫邊有一石凸）**前**（「前」左上點殘，崖面不平，橫畫下面有石凸）**惡**（「惡」即「惡」，其處於凹面，橫向刻痕止於右端微凸面，）**蟲**（「蟲」下半泐殘殊甚，約略辨之）**弊**（「弊」個別筆劃損「弊」古同「蔽」）**狩**（「狩」崖面平整，筆劃清晰，右「守」部件上及右均臨石凸面，刻痕略收在限定空間布局，「寸」「丨」之左面略凸右面低凹，結體視覺有異），**蚰**（「蚰」同「蛇」，「蚰」左下連一石凸）**蛭**（「蛭」）**毒**（「毒」，刻原刻細勁）**蝀**（「蝀」右面不整漫漶，「蟲」偏旁豎畫分上下兩刀刻）。**未**（「未」豎筆末端略隱）**秋**（「秋」之「禾」部第一筆置凹凸間斜面，刻痕照刻，刻跡略隱，豎筆殘連，「火」部撇畫末段順石棱刻痕）**截**（「截」刻痕清晰，第一橫畫圓起圓收，末筆撇順裂紋刻）**霜**（「霜」寶蓋省一橫筆？寶

蓋左豎及右折筆均滅，右部有裂隙斜穿，多筆受損。，「木」部豎畫末端不顯，「目」部左、右豎均泐殘）。**稼**（「稼」「禾」傍之豎及撇筆泐殘殊甚，）**畓**（「畓」左上點邊有石凸，「田」部左豎勒刻刀口大，其右連窪面豎筆滅，一二橫畫與豎筆截成塊面微拱）**夫**（夭）（「夫」撇畫順弧石棱行刻，下為形如⌒石棱，刻痕在此上布局）**殘**（「殘」上臨形如⌒石棱，右上部撇畫刻痕泐殘）。7 /

第八列：**終**（「終」之上蝕剝殊甚，「糸」部泐殘）**年**（年）**不**（「不」左上泐殘，撇畫下有棱痕，右捺筆刀口寬）**登**（登），**匱**（匱）**餒**（「餒」左半「彐」部件刻痕及交截面扭曲，右部刻痕與刻痕交隔成塊面多微拱，「女」部件撇與捺筆劃均順兩弧形石凸外沿刻痕）**之**（「亾之」左點置窪處勒刻刀口深而大）**患**（「患」之「心」部左點順石凸上緣刻痕，字跡清晰可識）。**卑**（「卑」刻痕明晰，下橫筆劃末端連一斜裂隙）**者**（「者」一裂隙斜穿其間，第一二橫畫間局部殘破，「土」之豎畫有兩個起筆，疑左為正刻痕，略斜的刻痕為誤刻殘痕，其第二橫畫刻痕如波浪狀末端無修飾雁尾）**楚**（「楚」左接一豎條凹痕，主結體略居右避之）**惡**（惡），**尊**（「尊」即「尊」，其「曲」左、右豎畫均泐損，「寸」上橫畫起筆略殘）**者**（「者」刻痕清明，第二橫刻跡尖起尖收，上部第一二橫畫間，靠左處有一小石凹非刻點）**弗**（「弗」底下橫折筆劃末端略模糊）**安**（「安」上半清晰，下半風化脫層殊甚，筆道隱略可見）。**愁**（「愁」泐殘殊甚，「禾」部遇石花，其餘局布略有裂痕與剝層「心」之臥鉤刀跡呈斜切，拓本拓粗）**苦**（「苦」之「艸」部泐損。刻痕之間交截面微凸）**之**（「之」有裂痕及泐損局布脫層，「之」在有形空間合理布局，上點及橫畫收左，下捺筆向右伸長）**難**（「難」置崖凹面，左與上邊有形如「ㄥ」棱痕，「難」刻痕順勢布局，「隹」部左有斷續細裂條），**焉**（「焉」與之上「毒」為左右橫排之字，固石質一樣，刻痕亦一樣細勁，「焉」細裂紋豎穿其中，不影響間架清晰）**可**（「可」其「亅」彎鉤處連石凹，「口」左邊連一殘跡）**具**（「具」左邊泐殘殊甚，左豎畫模糊，長橫畫殘連，撇筆劃亦殘破）**言**（「言」崖面凸凹不整，左見裂縫及泐痕，筆劃無缺）**於**（「於」右連泐凹面，左臨豎泐痕，刻痕在此空間合理布局）**是**（是）**明**（「明」之「目」左豎畫順棱痕刻，筆跡略大而深）**知**（「知」通「智」，「知」左臨凹面，上撇順棱痕刻，筆劃略損，））**故**（「故」微泐，右「攵」部件撇

和捺畫各自皆順其石凹上沿刻痕），**司**（「司」左接崖窪，其「口」部件左豎滅）8／

第九列：**棣**（「隸」左下角居石凸，撇畫順石棱刻，豎鉤略隱，右上角上連蝕剝）**校**（「校」一裂紋橫穿，「木」下部筆劃殘連，「交」刻痕間所截塊面微凸，撇畫順石凸下沿刻痕）**尉**（「尉」左下略泐「小」刻痕略不顯，右連石凸窪緣）**捷**（楗犍）**為**（「為」上部第二筆落於凸凹面交接線）**武**（「武」貼近第二橫畫之上有一斷續橫向痕跡疑為棱痕）**陽**（「陽」本字背景崖面疑有刻錯字之舊痕，「易」部之右有明顯向右運刀刻痕，「勿」部下半似有一斜殘刻跡，使新刻兩撇畫殘連，「阝」左邊有一小石凹）**楊**（「楊」「木」部豎筆末端刻痕略淺，「易」下半第三撇起筆有損，其頂接一橫向較粗泐痕）**君**（「君」之「口」部左下角筆痕刀口略寬）**厥**（「厥」疑刻工有改刻現象，見原刻為厥-內右看見「夂」舊痕跡，後又改為「欠」新刻痕。「欠」之捺筆末端落於裂槽。「厥」古同「撅」）**字**（「字」右邊有一細豎裂紋豎穿）**孟**（「孟盃」，「子」橫畫下豎鉤左右有點，此為古時「孟」之寫法「盃」，「皿」部右折豎刻痕略深形似三角形，疑在裂紋上順刻，）**文**（「文」上點略殘，右面一豎細裂紋穿下，橫畫和捺筆末段泐殘殊甚），**深**（「深」三點水刻痕清晰，右面細裂紋由上穿下，崖面殘破，刻痕或損或滅，只可約略識之）**執**（「執執」左臨石棱，多個橫畫起筆泐損，「幸」下部豎彎筆劃起筆模糊，「丸」下半泐殘），**忠**（「忠」之「中」部件兩橫筆斷斷連連，左、中豎畫間有一小石凸，「心」之右兩點以兩弧線相連示之，其下沆沆窪窪破損已甚）**伉**（「伉」原刻痕「幾」中有刻橫點，單人傍之豎筆寬而淺，觀察「伉」以下幾字均為橫細豎粗，疑與石質有關，）**數**（「數」裂紋如波浪線穿於其左部，上部左豎近滅，第三橫筆損，下部「女」之撇折順裂線刻痕，右部捺筆刀口寬而深，刻痕同上字亦有橫細豎粗特徵）**上**（「上」豎筆泐爛，橫筆下接泐石凸，刻痕同上橫細豎粗）**奏**（「奏」下部「天」捺筆末微損）**請**（「請」左部清晰，右半崖面風化殊甚，兩裂隙由上而下並穿其間，橫畫斷豎畫殘，整字隱約可辨）。**有**（「有」之「月」部第二橫起筆遇石花，整筆刀口深而寬，其豎鉤順刻於石痕）**司**（「司」右下角整片剝脫殘破，「口」之右面凹陷內存一小石凸，結體尚存）**議**（「議」，「言」部之上面有斜石棱，右部上半之右如▨豎橫折石棱，其筆劃在兩石棱界內伸縮布局，另外，「羊」部件面上有一小石凸，局

部結體變形）**馱**（「馱駇」，「馬」左下臨石棱四點起點隱，「交」部右接豎泐痕，捺畫止於此）**君**（「君」左崖面坑窪不整，撇筆殘連，「口」部左下損）**遂**（「遂」「辶」與其所承載的部件分居低高兩崖面，「辶」之底部過棱處略損，「豕」部左面上角泐殘，其餘刻痕尚好）**執**（執鞅）（「執鞅」「凡」撇畫上段刻痕口大），**爭**（「爭」置略拱弧形崖面，筆劃照常態刻，豎鉤筆劃上段豎畫與下段豎鉤對接移位，結體清明），**百**（「百」置於坑面，周邊沉窪，筆劃順勢布局，上橫畫與下「白」部件微移位，右豎畫略損）9 /

第十列：**遺**（「遺」之「日」部其中間橫畫殘）**咸**（「咸」中部有橫裂紋，「口」及斜鉤殘。）**從**（「從從」右上部位臨殘溝，右上筆痕略模糊），**帝**（帝）**用**（「用」上有石凹）**是**（「是」日部左豎刻跡稍寬）**聽**（「聽聽」之「耳」部左豎畫勒口微大，右部上連石窪）。**廢**（「廢」字結體大刻痕清晰）**子**（子）**由**（由）**斯**（「斯」刻痕清晰，「斤」橫畫末端補刀飾以圓弧大雁尾）**得**（「得」之「彳」豎畫微泐，「日」左豎畫略方，右豎痕起筆略圓潤粗大，其下長橫畫，刻痕上挑雁尾略小）**其**（「其」長橫筆刻於裂縫，前半段略殘，後半段波勢呈下行）**度**（「度」刻痕圓勁，「又」部撇畫起筆下有一小石凸，「廣」部丿畫下連一淺石凹）**經**（經經）。**功**（「功」處於相對微凹面，「工」上橫順刻棱線上，「力」撇畫起筆亦順刻於棱線上，其橫折處略粗）**飭**（「飭」右部風化漫漶，刻痕隱約可見）**爾**（「爾」下部左豎筆近乎滅，上及左刻痕間交截塊面微拱）**要**（「要」，疑石質尚硬，刻痕略顫，其左上有一脫層塊面，下接橫向細裂紋）**敝**（「敝」之「門」部左右豎刻痕斷續不顯，「口」部右豎泐殘）**而**（「而」之「冂」內有石凹且有一斜殘痕下連大石溝直通，其下「晏」字左旁，「冂」內兩豎，左豎不顯，右豎中段遇石凹行刀不暢下段刀崩刻痕略粗，下接橫向溝痕）**晏**（「晏」之「宀」部左右刻痕稍寬，「日」的左右豎痕、「女」橫畫等順石棱刻痕）**平**（「平」豎畫刻痕稍淺）。**清**（「清」上下異面，以「乀」形石棱痕為界，上為低面略占三分之一，下為凸面約占三分之二，左上點滅，左下二點清晰，「青」部上第二橫畫順石棱刻痕，豎筆殘連，棱下橫畫末端連一石花，「月」部結體尚清）**涼**（「涼」之「京」下部「小」之左點連脫層，右點接石花）**調**（「調」置凸凹之間傾斜面，四周裂道累累，「言」部下「口」、「周」部上面筆痕或損或滅，「周」下部刻痕止於石溝痕）**和**（「和」，「禾」部右下有橫向接斜向石棱，

豎筆受阻，右撇畫走刀不暢，筆痕斷殘，「口」部左右豎筆上接裂痕），烝（烝蒸）（「烝」右下角與左上層面不一，下四點，左點在低面刻痕尚清，右三點在相對高面，刻痕清晰度不一），〻（烝）（見「〻」重複號刻痕代替「烝」字）艾（「艾艾」，撇畫起筆處遇石凸受阻殘連，捺畫起筆之左有泐痕，一撇分兩刀刻，撇畫起筆處遇石凸受阻分兩刀刻，上下刻痕略有移位）10 /

第十一列：寧（「寧寧」之「宀」右豎筆連一泐痕殘連）。至（「至」下半殘泐）建（「建」左上接帶脫層的斜面）和（「和」之「口」部左豎損）二（二）年（「年」右上及豎筆下隱見泐塊），仲（「仲」之亻偏旁豎畫微損）冬（「冬」刻痕明晰，捺筆劃刻痕勻，無雁尾）上（「上」豎筆劃略粗，底橫畫連一泐層）旬（「旬」之「日」部左豎畫與凹面平連）漢（「漢」之「氵」上兩點勒刻淺，本字刻痕特點：橫畫細，豎畫粗，下面接連幾字刻痕均為橫細豎粗，疑與刻石質地有關）中（「中」橫畫纖細，豎畫粗寬，左豎畫外連石凹）太（太下點偏低些）守（「守」寶蓋頭左右豎筆及「寸」部豎鉤之豎筆皆粗，寶蓋頭右豎畫與「寸」豎鉤之鉤畫刻痕均帶弧形，兩弧順連成半圓）、楗（「楗楗」刻痕清晰，豎畫比橫畫粗，疑同上與石質有關），為（「為」左上、左下、右上皆連窪面，下四點水殘損）武（「武」下半風化殊甚，刻痕不顯）陽（「陽」刻痕特點同上豎粗橫細）王（「王」刻痕特點同上豎粗橫細豎粗）升（「升」隱見右豎與橫交左上角脫層，刻痕特點同上豎粗橫細，見石刻字如書寫一般）字（「字」石質細而硬，刻痕不論橫與豎均勻而細勁，疑與石質有關）稚（「稚」右臨石溝，下連斑紋道崖面，「隹」其「亻」偏旁之豎畫順刻於石棱痕）紀（「紀」之「糹」偏旁第二撇畫刻於崖石凹凸交接痕上，局布模糊，下「小」部筆道略淺，「已」部第二橫畫順刻於泐痕，刻痕特點橫細豎粗）涉（「涉」三點水置於凸窪面交接處，兩面皆有留痕，刻痕起筆均落於凸面，深寬厚重而不清晰；「步」部件筆痕深淺不一，「止」部之豎及短痕模糊而隱，橫畫寬而明顯，「少」部之右點大而明，石質光且硬）歷（「歷」其「广」內各部件筆道皆有不同程度泐損）山（「山」置凹面，上頂「丁」形溝痕，中豎畫起筆損，中、右豎痕之間有一石凸，右豎畫略隱，）道（「道」崖面風化，左邊刻痕及刻痕間塊面顯得凸凹不整，「首」部之右泐損呈石凹），推（「推」置於微小斜坡面，上、右接凸凹交界線，刻痕深淺不一，筆道尚齊全，間架向右下傾）。序（「序序」，刻痕尚

清，刻痕交界面略模糊）。**夲**（「本」各筆劃起始刻道明確，另注，上橫畫之左有小石凸，下部小橫畫之下有石凹，左撇畫之下有弧痕）11 ∕

第十二列：注，此行下有整條泐殘痕，**庶**（「原原」，其豎鉤筆跡略淺，字底隱見形如「 」凹石棱），**嘉**（「嘉」上半部第二橫畫與「口」之上橫畫之間有損，下半部「力」的彎鉤，小「口」之下橫畫右筆道殘）**君**（「君」左臨泐痕，些許橫畫起筆損，撇筆殘連，結體乃清，右隱連豎形脫層塊）**明**（明），**夫口**（「知」通「智」，「知」左部右有泐殘溝，筆痕多損，），**美**（「美」上部中裂溝，其間刻痕皆殘）**其**（「其」上部泐崩，下遇裂溝，刻痕或殘或滅）**仁**（「仁」之「亻」撇筆與左長條石棱連，豎筆刻痕淺，「二」部刻於豎條裂隙上，兩橫筆殘連），**賢**（「賢」泐殊甚，「又」與「貝」部刻痕皆殘連，「臣」的豎畫上下全通）**勒**（「勒」實刻痕左「廿」寫為「卄」左部下橫畫損，豎痕末端不顯，右部有由上延下的豎裂溝，「力」的橫折鉤起筆滅，撇筆殘）**石**（「石」崖面泐殘殊甚，橫筆和撇筆殘連，左臨窪痕，右接多條放射狀石痕）**頌**（「頌」沿上續下泐殘痕存於左右兩部件之間，僅右部橫畫之起筆，左豎及下左點部分受損外，其餘刻痕尚好）**德**（「德」一泐痕為上字泐痕延續，雙人傍刻痕尚清晰，右局部模糊）**叭**（「叭以」刀口斜切雁尾大）**明**（「明明」「月」部之撇殘）**厥**（「厥」右半邊殘損殊甚，注，實刻痕「廠」內兩部件為「羊」與「欠」）**勳**（「勳」，「熏」上半部清晰，下四點置裂隙不顯，「力」部緊連泐痕，刻痕明晰）。**其**（「其」上與右微泐，筆道齊結體清）**辭**（「辭」之「辛」部漫漶筆劃損甚，左「囗」內刻痕歸屬略不清）**曰**（「曰」兩泐條穿其右半，三橫畫筆殘，右豎筆劃順刻於泐痕）12 ∕

第十三列：**君**（「君」撇的末端下有石凸）**德**（「德」微泐，「四」部「兒」筆劃均有損）**明**（明）**ㄴ**（明之重複號 ㄴ）（「明」僅在上「明」右下見重複號「ㄴ」），**燘**（燘）**煥**（煥）**彌**（彌）**光**（「光」上半崖面微凹且石質不佳，疑上部「小」，開始刻中間一豎畫頭歪略殘，故下移位換刻兩小橫為點。「光」下撇畫末端上翹，注，「乚」末端連一斜上弧形殘痕）。**剌**（「剌」古同「刺」刻痕勁挺）**過**（「過過」左臨裂隙，走之底之臥捺刀痕為斜切）**拾**（「拾」之「扌」部其面微拱刻痕清晰，「合」之「丿」畫順石棱刻痕，其捺畫刻痕形略直，末筆端無飾雁尾）**遺**（「遺」，「辶」之左上居凹面，餘下大多刻痕居右凸面，有細裂紋（凹凸交線）穿過走之底之左三點，

使每橫點頭尾分屬低高面，點痕微形變，「貴」部上筆道較下筆道刻痕略粗，走之底之臥捺末端修飾雁尾），厲（「屬」實刻痕有上點，撇筆刻在豎細裂條上略沏損）清（清）（「清」三點水有豎細裂痕，下連斜細棱痕）八（「八」左撇畫崩）荒（「荒」亡部橫筆與石花連，「乚」筆劃順刻於石凸面邊緣，形如圓弧線），奉（「奉」豎畫末筆端遇石裂滅，其上橫畫多爲尖起尖收）魁（「魁」「鬼」內承載部件不清，似「斗」或「斤」或「升」字，從存在刻痕看更似「斤」，其字疑爲「魁」的異體字「魁」，鬼之「乚」刻痕如走之底，末筆端補刀修飾大雁尾）承（「承」左下臨石凹，刻痕明晰，捺筆末端雁尾明顯）杓（「杓」右下隱接沏痕，橫折鉤之鉤痕由粗至細），綏（「綏」左下半部崖面略沏，刻痕微隱，右下「女」部橫筆末端刻痕崩，「系」第二個撇折之提筆順刻於殘痕，「女」部撇畫，其結體爲彎頭再右下撇，一刀有困難，故分兩刀刻，即先刻左彎頭點，再刻下撇畫，橫筆劃末端口補刀修飾大雁尾）億（「億」）衙（「衙」左中右三部在同一崖面不同層面，左部相對略高而微拱，右部相對略高而平，中部略低且平，左「彳」偏旁之豎畫順刻於石棱，全字可識）彊（「彊」古同「強」，右三分之二崖面不整，右部上兩個「田」的中豎皆寬，上一「田」橫折之豎痕刀口更大，且接多條外射狀沏痕）。春（「春」之撇畫分兩刀走即上一短豎加一撇畫，且刻痕較細勁，收刀略尖，捺畫刻痕粗雁尾大，「日」部件左下有一長條石棱，左豎畫順刻於石棱上緣）宣（「宣」之「日」右下角略殘底下橫畫末端修飾雁尾）聖（「聖」其「耳」之右面局部蝕剝，「土」之豎畫刻痕不顯）恩（上半「恩恩」之「口」內爲「工」置於裂縫裏，僅存左上及右下部分殘痕，餘筆皆滅，其下「心」部明晰），秋（「秋」本字刻痕及結體皆清，字外即左上有三個石凸，右上有一條斜石棱）貶（貶）若（「若」順石凹刻雁尾）注，「秋」「貶」與「若」三字相近，居同一類石質其捺畫雁尾刻痕形態類似，說明石質影響刻痕 13 /

第十四列：霜（「霜」之「目」右下角殘，「雨」用一橫筆代四點）。無（無無）、偏（「偏」上有殘沏裂痕，「彳」在石凹上，上撇畫不顯）蕩（「蕩」之「易」部上半「日」之橫畫刻跡超長，是誤刻還是原本字形超長待考）乀（「蕩」字用重複標記「乀」），貞（貞）雅（「雅」放大刻痕見左有三點水，其字結體爲雅，此爲石花還是筆劃還是誤刻待考）以（「以」捺筆劃刀口面斜側）方（「方」崖面略皺，其置兩面，撇末筆端在平整凹面，其

餘筆劃置於平整凸面上，字上面有橫向裂紋，上橫畫略顫）。寧（「寧寧」面平整能見沙質，刻痕帶顫，「宀」寶蓋頭右豎弧形順石棱刻痕與「丁」之橫畫右末筆端順接）静（静）烝（「烝」古同「蒸」橫筆刻於橫向裂紋上，豎鉤之鉤與下橫筆又近乎重疊，底下左點滅）庶（庶）政（政）與（「與」崖面不整，刻痕略顫，上部右小橫畫筆滅，長橫與裂紋同線，刻痕交面多微拱）乾（乾）通（「通」下臨裂隙，泐痕穿過走之底之左邊）輔（「輔」放大崖面看有四個微小差異的高中低三層面，高與低層交結處有彎彎曲曲棱痕）主（「主」刻痕清晰，邊緣帶齒狀，粗細略勻，其面微高於左、右字面，刻痕間交面微凸，結體略有立體感）匡（「匡」之「匚」左豎連凹面，右接石凹，限地巧布局，「王」部豎筆劃刻痕稍淺，「匚」下橫畫末筆端修飾大雁尾）君（「君」刻跡明晰，下部有白石花集聚成片然崖面乃平整）循（「循循」右撇畫即豎痕略纖細，「目」之左豎順石棱而下）禮（「禮」之「曲」部右臨顯眼圓狀石凸）有（「有」左上與右下分居兩層面，高低交界處微泐，「月」部橫畫起筆處見石凸，第二橫畫起筆滅，橫向筆劃在小落差的兩層面轉換，結體稍有形變，字可識）常（常）咸（咸）（捺畫刻痕末端飾有雁尾）曉（「曉曉」上部石裂，左傍有石凸，「日」刻痕略不清，「尧」上橫畫順裂紋刻痕，結體約略辨識，）、地（「地」裂紋橫臥傷及「也」部中段，「乚」斷殘，也」之結體約略可辨）理（「理」置於風化石凹面，「王」及「里」的下橫畫均順石棱痕刻，刻痕尚齊全），知（「知」通「智」）世（世）14/

第十五列：紀（紀）綱（「綱」下接裂泐，「冂」部左豎下段殘，「山」部下橫畫損）。言（言）必（必）忠（忠）義（義）匪（「匪」，刻痕清晰，第一橫畫圓起尖收，下橫畫刀口斜側，線條帶波，直接飾雁尾）石（「石」置兩面，其左下大部置於凹平面，僅右上小角置於凹面，橫畫中段一石花，「丿」畫刀口斜側，下「口」右上角略殘，刻痕清晰）厥（「厥」上橫順刻於裂隙處微殘，捺畫刀口斜側，末筆端補刀修雁尾）章（「章」刻痕清晰，底橫畫刀口斜側，末端筆調上挑並修飾雁尾，豎畫插入「日」部，）恢（「恢恢」末半段有一微斜裂痕，「忄」末端殘，其上段刻痕模糊，「灰」筆劃略有殘損）弘（「弘弘」刻痕直硬清晰）大（「大」，橫畫刻跡圓起圓收，捺畫刻痕刀口斜側）節（「節」橫畫刻跡Ｖ刀口圓起圓收略微下彎，左豎畫及頭上兩點刻痕硬）讜（「讜」，「黑」上為「田」，刻痕略顫），而（「而」

清晰，上橫畫刻痕圓起圓收，「冂」上橫畫刻痕顫，下左豎畫刻痕收頓右豎畫收尖）益（「益」「皿」靠最右邊兩豎間之面表層剝脫，刻痕不顯）明（「明明」，「月」之「丿」畫末端刀口斜側修飾撇腳）。揆（「揆」，「癸」下豎畫微沴刻痕略模糊，「才、天」等部件筆劃刻痕多尖起收，撇和捺畫刀口多斜側，撇畫修飾其腳，捺畫修飾雁尾）往（「往」其「主」部第三橫末端滅，上豎點與第一橫畫右半所交塊面表層剝落，下橫畫末端補刀修飾雁尾）卓（「卓」左上崖面沴剝，「日」部左上角刻痕近乎滅，其餘刻痕清晰，右上有多條棱痕，下橫畫末端補刀修飾大雁尾）今（「今」刻痕清晰，橫細豎粗，撇畫末段略殘破，捺畫無雁尾）謀（「謀」之「某」上「甘」內橫畫分左右兩小橫刻，「木」豎畫插入「甘」中）合（「合」石硬，其面向中心低收略呈凹狀，捺畫末端略修飾雁尾）朝（「朝」石質硬，其置橢圓形凹面，「亠」部件上頂弧形石棱略有殘破，「月」部上橫畫依崖勢斜行）情（「情」棱線橫穿「忄」上端，斜下插「青」上第三橫畫，再與下處「月」右「丨」重，「情」被棱分爲微有落差的兩塊面，「忄」居低面其豎畫起筆殘，筆跡亦淺；「青」之上部多在高面顯得微凸，下橫筆斷連，「月」豎鉤順石棱刻，整字間架完好）醳（「醳釋」，斜形裂紋與「羊」下部刻痕有交織，「羊」部第二橫筆有所殘，「罒」部右連小石凹。）艱（「艱」崖面微漫沴，左上面凸，右下面凹即左上臨溝痕，右下接棱痕，「艮」下半崖面局部蝕剝，刻痕殘破）即（「即」右上面風化脫層，左「艮」部第一二橫筆末端滅，其右豎筆亦滅，「卩」上半雖剝落，刻痕尚存）安（「安」刻痕清晰，橫畫與「丿」畫有波動感，其「女」部下撇畫分兩刀刻，先刻橫上向右下點，再從橫畫右端接著刻撇畫）有（「有」橫筆與撇筆左下交角面略有剝脫）15 ／

第十六列：勳（「勳」之「力」部第一筆之折處損，）有（「有」底下有沴裂痕，「月」左撇末筆端及右鉤處皆殘）榮（「榮」左上刻痕略模糊，還見一石凸，上半爲兩個火，即「火火」左右中間點共用）。禹（禹）鑿（鑿）（「禹鑿」此兩字左臨裂溝，字均清晰）龍（「龍」左下置於沴面，「月」部撇畫末端損，豎鉤刻痕較粗，「乚」刻痕順石棱刻）門（「門」「丿」刻痕形態好，其筆劃末端補刀修飾撇腳，左部上有斜痕，其第一筆折處之上亦有痕，折筆末端刻痕較粗）君（「君」「丿」筆劃末端補刀修飾撇腳）其（「其」刻痕勁挺，底下長橫畫，刻跡帶波痕，其筆劃末端修飾雁尾）繼（「繼繼」，

「系」略泐殘，筆劃依存） 縱（「縱縱縱」左半泐，「彳」部下豎筆較粗）。
上（「上」左半表層模糊，刻痕乃全） 順（「順」左接豎殘痕） 斗（「斗斗斗
斗」刻痕纖細），極（「極」崖面微泐白花黑點模糊，底橫筆下有兩道痕）， 下
（「下」左崖面剝落，橫畫左半刻痕粗，右半刻痕清晰，豎畫刻痕略殘） 荅
（「答荅」崖面略不潔，刻痕較細，捺筆末端補刀飾雁尾） 屾 （坤屾） 皇
（「皇」筆劃基本完整，刻痕間面大多凹凸不平）。 自（「自」崖面表層略有
風化，筆道明晰，左豎畫末端不止連一長痕） 南（「南」「十」部橫畫起筆
損，「冂」部左豎畫殘，「干」部豎畫起筆不顯，另外，上半刻痕間截面略凸
且殘損，下半面剝脫多層，厚薄不一，細看筆跡大體存） 自（自） 北（「北」
左刻痕間面局布蝕剝） 四（「四」崖面不整，左豎畫順沿泐痕刻，結體尚清）
海（「海」，左「氵」和右下「母」刻痕及結構皆清晰，右上泐，撇筆殘連，
橫筆尚清晰，其上見裂紋及多道石棱，局部棱亂）， 攸（「攸」左邊連石溝
槽，左部一丅橫畫起筆及折撇末筆均殘，餘下刻痕清晰。） 通（「通」其崖
面略突出，刻痕交截面多微拱，局部泐殘。「辶」臥捺筆起筆刻痕與凹面通，）
君（「君」其「尹」部第一筆橫折的折及撇筆上段有不同程度受損，「丿」畫
殘連） 子（「子」第一筆橫折的折筆（撇畫）斷連，其上下兩刻痕接口不順），
下半豎鉤上段泐殘後段刻痕明晰） 安（「安」，左接凹溝，「宀」左點殘）16 /
第十七列：樂（「樂」左「麼」下「厶」刻痕略隱，「白」內橫畫不顯）， 庶
（庶） 士（看刻痕為「土」可能是「士」） 悅（「悅」「乚」刻痕不暢，分
兩刀刻成，接口略偏，其筆劃末端直入溝泐刻痕不顯）， 雍（「雍」本字置於
斜面，左半崖面不整，「鄉」筆劃呈現不清，右半「隹」部，第一二橫間面略
凸，第二三橫間面微凹，第三四橫間面又略凸，界面凹凸不平影響刻痕及結
體彰顯）、 商（「商」下部右豎筆落在石溝而隱，下「口」右邊脫層） 人
（「人」撇畫順沿石棱刻） 咸（「咸」） 憙（「憙」筆劃刻痕略顫，疑與石
質有關，下幾字刻痕形態略同）， 農（「農農」崖面略顯凹凸不平，「辰」撇
筆在風化層，長橫起筆模糊，其他筆道深而晰，筆劃刻痕略顫，） 夫（「夫」
左下崖面局部脫層，撇筆末段滅，筆劃刻跡略顫） 永（「永」崖面凹凸不平，
筆劃刻痕略顫，上點順刻石痕。右半「乚」刻痕於溝線，其右有一石凸痕如
陽刻一般特顯） 同 （「同」右豎畫風化刻痕磨損） 春（「春」崖面粗糙，
字尚清晰，） 秋（「春秋」刻面粗糙，右局布脫層，字尚清晰） 記（「記」

之「言」上部相對清晰，其下「口」及右半「己」刻於凹凸殊甚的石面，刻痕斷斷續續，結體模糊，難辯識）， 異 （「異」崖面不整，「共」右上面局部蝕剝，上橫畫右段近滅，兩豎筆殘）， 今 （「今」上點之橫尚清晰，下橫畫右段殘連）， 而 （「而」崖面局布泐殘，泐殘，原刻痕勁挺，結體尚完整） 紀 （「紀」崖面坑窪，「糹」部件刻痕尚清，「己」之「乚」其面有向右伸之溝痕） 功 （「功」崖面成片風化，表層尚平，「力」其橫折鉤折處有損）。 垂 （「垂」石質剝泐，中豎筆殘連）。 泳 （「泳流」，「氵」筆道清晰，右部泐化，捺筆末端殘） 億 （「億」，「日」部件左豎末端殘） 載 （「載」末筆撇畫刻痕淺淡其他均清晰，另注：斜鉤刻痕之上又見與之相仿的溝痕）， 世 （「世」底橫畫右中段表層剝落，連帶「廿」部右下角滅）， 乚 （「乚」重複號（乚代「世」）（注，以下文字誤筆改筆連二即「歎」和「序」這兩字） 嘆 （「歎」疑刻工誤刻改刻，其左「口」部僅存上橫其餘筆劃隱約見輪廓，或先刻爲「漢」字，先刻左「氵」三點水上兩點，後發覺有誤，改爲「口」偏旁，故把第二點畫順加刻痕形成「口」，上點已刻不易滅，因此「口」偏旁刻的位置略下） 誦 （「誦」刻痕間架清，崖面漶漫不整，「用」中豎拖了一條很長的垂筆刻痕，此刻痕僅刻表層，以示筆劃飛白漸弱） 17 ／

第十八列： 序 （「序序」刻工誤刻改刻，先按「序」字形刻痕，後改爲「序」字形刻痕，略留些許殘痕） 日 （「日」左端三分之一面與右端三分之二面分屬低高兩層面，橫畫刻痕在底高兩層面轉換，間架明確，結體略有形變，）： 明 （「明明」，「目」與「月」之間微凸顯，另注，「目」部右下有一痕及「月」部第二橫之下亦有一斜痕皆非刻痕） 烖 （哉烖） 仁 （仁） 知 （「知」通「智」「知」上半左邊刻痕尚清，右「口」筆跡粗糙，下半泐殘殊甚，撇、點畫均滅）， 豫 （「豫」右上崖面略泐損，捺畫刀口斜側略顯肥，末端修圓尖出）， 識 （識） 難 （「難」之「隹」部件刻痕清晰，結構亦明，然刻道間塊面凸凹不整，「隹」部最上兩層面上凸下凹，底部左凸右凹，）， 易 （「易」上部裂損筆痕略不清，下部刻道清朗）。 原 （「原」筆者認爲是「原」字，有學者認爲是「厚」字）， 度 （度）。 天 （「天」右下風化，不影響主體筆劃，另，疑先捺後撇） 道 （「道」崖面微泐石花白，右及下面脫層色澤稍黑，整字可識））， 安 （「安」大面泐，然筆道依全） 危 （「危」右下角接石凸，「巳」部的「乚」末段橫行過石棱）， 所 （「所」頂部泐裂，左上撇殘，右

—435—

「丿」起筆破損，右「斤」橫筆末端補刀修飾雁尾），歸（「歸」之「止」略漫漶，「彐」部下橫畫局布蝕剝），勤（「勤」廿下省一橫，右下連石凸，「力」之橫折鉤之折鉤筆道漫漶）〵（「〵」重複號刻痕，代「勤」字）竭（竭）誠（誠）（「竭誠」此兩字刻痕間架大而完善，崖面平整但略有石花），榮（「榮」下半崖面多層脫落，「木」部豎筆劃末端滅，捺筆虛隱。疑上層先寫「廿」後改為「火火」，刻痕略不協調，另左右「火」中間共用一點），名（「名」，石棱從「夕」部第一橫畫中段起斜下至「口」部右上角出，「夕」第二撇殘連，）休（「休」之「木」撇畫末筆端連一翹上的石棱痕）麗（「麗」字徑大刻痕尚清）18／

第十九列：五（「五」，第三筆末端殘）、官（官）、掾（掾），南（「南」有一斜細裂痕穿過上橫畫，下框左泐殘）鄭（「鄭」上半局部剝落，下半刻痕及結體尚清晰）趙（「趙」刻痕清晰），邵（「邵」左部「口」右下角磨損近滅，右「阝」部裏外皆凸凹不整，結體可識）字（「字」右崖表面略漫漶，寶蓋頭右折筆微損，且下連豎裂紋）季（「季」右上及底下均有殘泐裂痕，上撇起筆、上橫筆右，捺筆、「子」部豎鉤等或損或殘連，字跡可辨）南（「南」上臨裂痕，左豎置於風化帶，筆跡滅，字主體完好），屬（「屬」實際刻痕如「屬」之「禹」上多一橫畫刻痕）襃（襃）中（中）（「中」刻痕清晰圓勁），黽（「黽」上為日，其「电」部左側刻痕稍淺，）漢（「漢」崖面漫漶，主筆尚完整略顯模糊）），彊（「彊」同「強」漫漶與裂痕並存，字下半有一橫向裂紋，字中心從上通下一細裂紋，崖面凹凸不平。上半部左右間蝕剝迷糊，右半刻痕間截面略凸而黑，筆劃尚可見），字（「字」細條裂紋豎穿，崖面平整，結構完好）產（「產」實際刻痕如「产」，比常規少一畫，刻痕間截面凹凸不整，上點殘，第一橫畫起筆泐殘，其餘筆劃刻痕尚可）伯（「伯」上端橫向泐裂殊甚，字跡難辯），書（「書」，石表凸凹，細裂紋豎穿其間，靠右面局部剝脫，多個筆劃殘連）。佐（「佐」單人旁之豎畫起筆略淺，右撇筆末端連一石棱痕）西（「西」左右有高低面之落差，故在左三分之二處橫向刻痕向下微移）成（成城）（「成」通「城」，注：在左邊撇筆末端之右有兩非刻痕）王（王）恭（本字實刻為「恭戒」古為「戒」的異體，有學者認為此字為「戒」待商榷）字（「字」「子」部右下一泐溝）文（「文」上點畫之右見泐痕，捺筆末端崖面局部剝落，）寶（「寶」左右縫棱

痕，其左爲凹面右爲凸面，「貝」「目」當中一豎裂隙，刻痕互交截面多凸而顯，其刻痕就相對凹而隱，字跡隱約可辨）　王（「主」裂條豎穿其右，第一二橫畫略殘連，第三橫畫末段殘破。19 /

第二十列：　王（王），府（「府」之「广」部撇畫末段泐殘，單人傍之豎畫勒口大）　君（「君」刻痕中豎筆略粗淺，撇筆亦微模糊）　閔（「閔」左豎畫順泐痕刻，右下蝕剝，右豎鈎殘，字基本完整清晰）　谷（「谷」左、右上均臨斜石棱形如「人」，左邊一裂隙豎穿，左上點殘破，兩橫畫起筆殘連，「口」左豎畫順裂隙刻，右豎畫磨損刻痕不顯））　道（「道」右「辶」之左與「首」部之間有一豎細裂紋，「辶」第三點下有一小石凸，首部「目」內第一橫畫筆道略淺，）　危（「危」上部橫向石裂泐殘殊甚，下部「㔾」筆隱約可見，整字模糊難識）　難（「難」崖面局部微泐，「隹」部有一裂痕豎穿，筆劃刀口尚淺，）、分（「分」寫法與今異，其捺筆爲末筆穿豎裂紋斷連）　置（「置」左大片風化，右半有一豎裂隙直穿，橫向筆劃均斷連，結體可識）。六（「六」漫漶，兩豎裂道穿其，下部遇斜石棱，「六」左撇順斜石棱刻）　部（「部」之「咅」刻痕尚清晰，裂痕豎穿右耳，右耳輪廓可見）　道（「道」主體字跡尚清晰，右臨裂泐，走之底臥捺筆劃末端無飾雁尾）　橋（「橋橋」之「木」部豎筆末端滅，橫筆刻痕下方較凸，右部崖面漫漶殊甚，刻痕品質差，或殘或滅或斷連一片模糊，局部輪廓隱約可見）。特（「特」寸部橫畫殘連，豎鈎起筆滅，「特」之「牜」部筆道剝泐，間架尚清）　遣（「遣」刻痕清晰，）　行（「行」左豎痕起筆損），丞（「丞」崖面稍不整，左邊橫筆下崩一片，中間豎筆之左亦泐脫一層，結體可識）　事（「事」左、右、下三面，均有不同程度泐殘，刻痕交截面凹凸不平顆粒點點，刻痕尚可，）　西（「西」上部泐損殊甚，橫畫近滅、「兒」部兩筆略淺）　城（「成」通「城」）　韓（「韓韓」右上橫筆末端連一小石凹，）　朖（「朖」通「朗」，其「彐」部右邊一小泐痕，）　字（「字」上點畫有損，注：寶蓋右連一斜棱痕）　顯（「顯」左崖面有白石花與刻痕色近，故「㬎」刻道清而不顯，右「頁」部上撇點不顯，其「目」左右豎筆痕口大，其底下右點刻痕形位均不合，疑是殘痕將就當刻痕？）　公（公）　都（「都」左部上頭豎畫起筆損，「日」部左下角刻痕滅，右「阝」豎畫刻在微弧道上，刻痕粗淺，整字略有形變）。督（「督督」左接石凹上緣，右連石凸下緣，豎畫刻痕略粗淺，）注，石質影響刻痕，如「都」與「督」兩字置同一石面，豎畫形態一樣均略粗淺。證明石質對刻痕影響。掾（「掾」

右臨泐裂痕，「才」豎鉤之豎畫刻痕亦粗淺，其形態如同「都」與「督」，更證明石質對刻痕影響很大）（崖面微泐，「督」左臨泐裂痕，「掾」右臨泐裂痕，此兩字本身均尚清晰），幸 （「南」之「冂」部右豎泐殘）鄭 （「鄭」崖面略不整，左部上兩點與橫筆組成左右兩塊面微拱，左部中第二三橫截面中段有一小塊脫層，「阝」部豎筆刻痕略淺）魏 （「巍」刻痕「山」部位置在右上，右豎畫順刻於石棱，左下及右崖面泐殘，刻痕尚清）、整 （「整整」漫漶，崖面不整，左上橫畫殘，其下微凸，「口」刻痕尚好，豎、撇、捺等刻跡模糊；右部捺筆找不到痕，「正」除左豎畫略模糊，上橫畫、中兩點及底橫畫皆清晰，整字隱約可辨）字 （「字」崖面略不整，寶蓋頭左右豎畫斷續，橫畫帶波痕，結體清晰）伯 （「伯」之「亻」上撇畫順刻於石棱，「白」部撇筆上臥一條斜棱溝，「白」之右豎畫末筆端接凹低面）王 「王」其面左上居石凸右下置石凹，第二橫畫刻於石凸底緣，豎畫起筆受阻，余下刻痕尚清晰，結構完整）。後 （「後」崖面不平，「彳」部的豎痕上段粗而淺下段清晰，右半有一細裂隙豎穿捺筆）20 /

第二十一列：遣 （「遣」之「目」左豎畫刻痕略粗，走之底右邊順刻於石棱）趙 （「趙」之「止」部兩豎畫略粗，「肖」之「小」中豎畫刻痕亦粗）誦 （「誦」之「口」左豎畫沿石凹緣刻痕）字 （「字」之「宀」下臨斜石棱，「子」筆劃末段順斜石棱刻痕）公 （「公」崖面微不平，刻跡及間架均完好）梁 （「梁」「㡀」撇與捺畫上交角面剝落，下「木」部豎畫末筆端、及左右點均殘，上四分之三主體存好，字可識），案 （「案」崖面凹凸不整，上部「宀」橫畫與下部「木」之豎畫刻痕略不明確、餘下刻痕亦較模糊，結體約略可識），察 （「察」字徑大，刻痕細而清晰，下臨一橫向裂紋，寶蓋頭下「夕」部件接一石棱，「示」部件撇畫末端亦連一石棱）中 （「中」字徑大，刻痕明晰）曹 （「曹曹」之「日」部右下角殘，其左及下均有裂痕）卓 （「卓」下部豎筆刻痕不太顯）行 （「行」左部邊沿石裂，「彳」第一畫起筆殘，第二筆中段裂，第三筆末端損，右半豎筆道淺且斷續）。造 （「造」左半局部泐裂剝脫，如：「告」部的撇筆、第一二橫畫之起筆、「口」之左豎筆、還有走之底左邊幾個點等等，走之底的臥捺刻痕細勁其末端無飾雁尾）作 （「作」左邊崖面粗糙黑凸斑斑點點，「亻」撇筆有損，其下又見撇筆為石痕非刻痕，右部上有白石花）石 （「石」左右均有泐殘）積 （「積」左、下部泐損漫漶，「禾」部豎筆右面剝落，各筆劃不同程度殘損），萬 （「萬」上部風化脫層殊甚，下部尚

清晰，隱約辨識）世（世）之（之）（「世之」有細條豎裂紋穿行其間，二字尚清）基（「基」上半左豎殘連，裂隙由上穿至「土」部左端延下，上半四條橫筆斷連，「土」部豎筆刻痕略淺，底橫畫下微凸）。或（「或或」橫筆起筆下有一小石凸，其下「厶」部之底線清晰，左撇與右點勒石不深，注：底下提筆左有幾道痕非刻痕）特注，石質影響刻痕，「基」與「或」在同一石質崖面，其捺筆形同，細勁帶點波形。解（「解」之「角」部中豎筆略隱，左右間有石棱條穿過）高（「高上部「口」左豎殘，「冂」部上方入石溝筆劃破損，下「口」完好）格（「格」之「木」豎畫順沿石棱線刻），下（「下」捺點末段斷連）就（「就」右部件結構異常即「尨」，崖面不整，「京」上點殘破，「日」部上兩橫畫略虛，「乚」刻痕多條，連接不暢）平（平）易（易）。行（行），者（者）欣（「欣」崖面不整，「斤」部撇、橫畫之間有一較粗裂痕，注：「斤」之豎筆與「欠」之撇間有一「人」字形痕疑非刻痕）21 /

第二十二列：然（然）焉（「焉」底下四點左數第三點下連石棱條）伯（「伯」單人傍撇畫起筆損）玉（「玉」第三橫畫局布略損）即（即）日（「日」左右豎畫刻道略模糊，下橫畫局布殘破）徙（「徙」刻痕細勁，結構清晰，本刻痕為「徙」，而非「徒」）署（「署」上「罒」部件左右豎畫略長往下伸），行（「行」刻道結體清朗，注，「彳」「亍」兩部之間有一泐痕），丞（「丞」筆道尚存，各筆道所交截面不同，中間微拱，左邊尚平，右邊凹殘）事（「事」結體尚好，字上泐殘，「口」部左面蝕剝），守（「守」左上角略有脫層）安（「安」刻痕清晰，左臨石凹，橫畫起筆與撇畫末筆順斜石棱起落），陽（「陽」，「日」部之右接一石凸，「日」部之左連一石凹，「勿」第三撇筆下接一長條石花）長（「長」左上部豎畫起筆泐殘，下部捺畫穿過裂溝中段滅，第一二橫畫間有一斜向石棱）22 /

（三）楊淮表紀

現狀描述：

第一列：故（故）司（司）（「故司」二字清晰）隸）（「隸」置於石凹，左上「土」豎畫起於石凹略殘，其下「示」左點之左連一泐痕，右點畫末端殘破；右崖面右下凹低，下半「又」部件撇畫末段之右剝落刻痕損、捺畫中

段刻痕略淺、間架可辨）按交（「按校」崖面泐殘凹凸不平，「扌」橫畫右段刻於小石凸刻痕深而粗，豎鉤上段略殘，末段刻痕形好，其左面連小石凹；右下「父」部右上點、撇畫起筆及捺畫中段刻痕均模糊，注，撇捺畫交點之下方有一條殘痕，其為誤刻，還是天然石痕待考）尉（「尉」置石凸面其右下為石凹，左部「尸」撇畫末端殘，「コ」刻跡清晰痕截面有一豎條殘痕，「示」部上橫畫清晰，其下橫畫刻痕於凹處略隱、豎鉤及左點畫均殘破；右半「寸」」之鉤與斜石棱接觸刻跡略粗）楊（「楊」居石凹面，「木」偏旁刻痕清晰，「易」右上緊挨石凸底之斜棱線，刻痕略漫漶，結體尚好）君（「君」左上泐甚，「尹」上兩橫跡起筆殘損，撇畫起筆滅，餘下刻跡尚清晰，間架可辨）厥（「厥」崖面平整，左下連石溝，「广」之撇畫末端微（穿）出斜石棱，餘下刻跡清明結體亦佳），諱（「諱」之「言」偏旁上兩橫畫間有豎殘痕，右半「口」部橫折處略殘破，「巾」右豎痕順刻於石棱緣，其下續連長石棱），淮「淮」一石痕豎穿「氵」之左，「隹」第三、四橫畫左段略有蝕剝痕跡寬於右段）字（「字」上點畫略有剝脫，刻痕結體均清晰，）伯（「伯」崖面平整，間架與刻跡皆完好）邳（「邳邳」pī刻跡清晰，結體完整，僅「不」豎畫末端之左及「阝」下耳輪廓之右表層略有蝕剝），舉（「舉」「臼」部有斜條泐痕橫穿，左第二橫與右第三橫畫略殘，「手」部件豎畫刻跡微淺，結構尚清晰）孝「孝」清晰）廉（「廉」「廣」之「宀」與「兼」異面，「宀」在凸面，「兼」主體在凹面，「廣」其點與橫畫均清晰，撇畫末段殘，「兼」上部兩點明晰，中部泐殘殊甚，下部兩橫畫清明，其下四點刻痕略可）尚（「尚」刻痕清晰，「口」右豎痕之右局部剝落），書（「書」中部兩橫畫起筆殘破，餘下刻痕明晰），侍（「侍」左、右下角凹凸不平，泐殘形如「Ｖ」，「亻」豎畫刻痕略淺，「寸」部點畫勒刻略粗，結體尚好），郎（「郎」，左部刻痕尚清晰，底下提畫順刻於石棱緣，右部「阝」輪廓尚可，豎畫略殘，上耳內面剝落，左右及下略有蝕剝，整字結體可識），上（「上」刻跡與間架皆完整）蔡（「蔡」筆痕清晰，結構明確），雒（「雒」「各」左面略凹低，撇畫末端過斜石棱，刻痕清晰，「隹」之左右略有蝕剝，結體尚好）陽（「陽」，「阝」與「易」層面不一，「阝」居低面，崖表粗糙，耳輪廓「阝」刻跡尤明晰，豎畫略模糊；右半「易」居高面，「日」左豎之左略蝕剝，其下刻痕多清朗）1／

第二列：令（「令」刻痕尤為清晰，其左上有一「︵」形石痕），將（「將」

左半面略平整，「才」刻跡明晰，右半面凹凸，「夕」橫撇之撇刻痕口大，「寸」部件橫畫右段刻痕亦寬，「寸」豎鉤畫之右面略凹低）軍（「軍」，漫漶，上頂裂紋，「冖」右點殘破，「車」刻痕或斷殘或模糊，依輪廓可識）長（「長」上橫畫清晰，第二橫畫尚完整，其餘泐殘，隱約辯之）史（「史」一斜石棱由「口」部右下方延長至第一行「楊」字之上，「口」輪廓基本尚可，撇畫迷糊，捺畫殘破，難辨識），任（「任」左右面略有落差，右面微凹低，「亻」撇畫起筆略殘，右半刻痕尚好，結體明晰）城（「城」之「土」偏旁底橫畫幾近滅，右邊崖面漫漶殊甚，上橫畫見斷續刻痕，其下刻跡泐殘殆盡，約略辨識）、全（「全」「人」刻痕明晰，僅捺畫末段略殘，下部件頂橫畫與底橫畫刻跡略粗淺，間架好）城（「城」，刻跡殘破約略可見，右半「廠」之上橫畫清晰，其撇畫及「フ」刻跡近滅，斜鉤順斜石棱之緣刻，筆痕殘連，末筆ノ畫勒刻略淺尚可見）、河（「河」左「氵」偏旁刻於微有落差的銜接面，點痕略有斷續；右部「可」豎鉤之鉤筆與其上面略低一層，「可」刻痕勻圓，結體好）東（「東」崖面較左面略凹低，「田」之左豎畫順刻石棱痕，刻痕結體均好）、山（「山」右豎泐殘）陽（「陽」崖面局部不平，左耳傍，豎畫末筆端刻跡落於低面略有移位，雙耳刻痕微殘，「易」，「日」之右豎痕及「勿」前三撇末端均漫漶），太（「太」上、下面局部風化，撇畫順刻於石棱，刻痕略模糊，其餘刻跡尚清晰）守（「守」上半泐甚，頂上點畫刻跡淺淡，「冖」刻痕斷續，右豎畫邊局布蝕剝，下半「寸」橫畫起筆漫漶，整個間架基本完整。另注，字下連一較明顯的石痕）御「御」雙人傍上撇畫漫漶，字可識））史（「史」崖面粗糙，「口」刻跡殘破，輪廓內面蝕剝，撇畫上段泐殘，捺畫明晰其末端順石痕行刻）中（「中」「口」部件下橫畫右段泐殘，豎畫下半段略損）丞（「丞」表層微漫漶，間架完好）、三（「三」三橫畫清明，其間有泐殘豎石痕）為「為」斜石棱穿左面，「夕」部件中間點隱，撇刻跡殘連，底下「灬」左點漫漶）尚（「尚」刻痕尚齊，「小」左右兩點明晰，豎畫之左右面凸凹不平，「冂」右上角內存斜石痕，其左豎畫下段內面殘破）書（「書」崖面凹凸不平，上橫折處泐殘，刻跡尚全，結構尚完整）、尚（「尚」崖面較上字略凹低，「小」豎痕之左上蝕剝，「冂」左上角內有一橫殘痕，本字刻痕清晰齊全）書（「書」刻痕結體基本完整，中段兩長橫畫右間面殘破，「日」右豎痕之右表層略蝕剝）令（「令」居凹面，撇畫末筆端上接棱殘痕，刻痕結體均清晰，字下剝落殘痕「ㅅ」），2／

第三列：⿱司（「司」右上角連小石凹，其崖面較左下及右面略顯凸，橫畫起筆口大，「口」內右面蝕剝，右豎殘破）⿰隸（「隸」崖面略平整，刻痕與結體皆好）校（「校」上連橫向略粗裂隙，「木」之捺畫起筆、「父」之左點等刻痕略殘）尉（「尉」崖面左較右微凸，左部件刻痕尚清晰，橫間面略凸顯，右半「寸」橫與豎痕交點處蝕剝，豎痕之右有一圓形剝脫痕），「將（「將」，「爿」豎畫略殘，「夕」橫撇之橫跡殘連）作（「作」單人傍豎畫之左一裂隙刻痕略寬）大（「大」泐殘，上面較下面凹，撇畫起段之左右面亦微凹，其末段刻於石棱沿）匠（「匠」外框豎畫之左面泐殘，刻跡略損），河（「河」三點水偏旁置泐處刻痕尚好，「可」上橫起筆略粗，「口」輪廓尚完整，內面蝕剝）南（「南」之「冂」部件除右豎痕清晰外其餘刻跡漫漶殊甚，「䒑」刻痕均存，整字隱約可辯）尹（「尹」撇畫下半段殘破，末筆端刻痕尚好）。伯（「伯」，其「亻」與「白」異面，前者置斜側面，後者居正面，「亻」撇畫殘，「白」左豎畫順刻於石棱緣）邒「邒」「不」豎畫末段形如虛線）從（「從從」，「ㄥ」刻痕略漫漶，）弟（「弟」第一橫折之折處殘破，接下豎折之豎殘，第二橫畫左段蝕剝中段刻痕磨滅，中豎畫刻痕略淺斷續）諱（「諱」，「言」之「口」與「車」之「口」、「匚」等刻痕均顯粗，）弼（「弼」左「弓」上頂凸面，第一橫折殘，「百」之「白」崖面泐殘，刻痕漫漶，輪廓隱約可識）字（「字」之寶蓋頭刻跡內面蝕剝微陷，左豎殘破，下豎彎鉤之鉤處見石沙顆粒，其下崖面略凹低）穎（「穎」「糸」之左面全剝落，「匕」豎畫刻痕之左凹低，刻痕殘破，「禾」之豎畫末段略不顯，「頁」刻跡大多略寬，其右接凸面，石棱痕形如「)」）伯（「伯」之「白」右面連「(」形石棱痕，「白」右豎痕順刻於棱），舉（「舉」底下三分之一面泐，豎畫末刻痕漫漶）孝（「孝」刻痕清晰，「子」上半三角內面略凸）。廉（「廉」居低層上頂凸層，上下刻痕尚好，中段刻痕微泐殘），西（「西」刻跡勁挺間架完好）鄂（「鄂」左連泐面，「咢」刻跡勁朗；「阝」其「弓」刻跡之右面局布蝕剝，）長（「長√」刻跡清新，間架完整）。5 /

第四列：伯（「伯」「亻」豎畫刻跡略淺，「白」上短撇蝕剝，刻跡模糊，右下角局部剝落，底橫畫末端殘破，「日」其面凹凸不平，中橫畫之上裂為三小塊面，中橫畫之下左凹右凸，）母（「母」崖面不整，右豎鉤順刻於隱性石裂紋，上、下點畫置小凹面略殘）憂（「憂」石面泐殘殊甚，刻跡或殘破或模

糊，隱約見結體），去（「去」上橫畫右段殘破，「土」豎畫刻跡上細下粗，下「厶」右鉤畫刻痕亦粗，左右下角小剝落）官（「官」上「宀」其右面剝脫，輪廓存，橫折刻痕殘，下橫畫末段滅，下「口」橫折之角磨損）。復（「復」下接泐層，左「彳」兩撇畫清晰，右「宀」尚清晰，其餘刻痕磨損甚，難辨識）舉「舉」中間大片漫漶，上半「與」與右兩短橫畫滅，底下「牛」部件上橫畫及豎畫起筆均模糊，間架可識）孝（「孝」，「土」上橫畫與「子」橫畫之間磨蝕殊甚，其間刻痕近乎磨平，結體尚明）廉（「廉」「广」與其內上兩點「丷」及底下四點「灬」刻跡尚明確，其餘刻道或磨滅或模糊，主體間架尚完整），尚（「尚」刻道間架明晰，下半左豎畫末筆端與其層面同滅）書（「書」上下異面，上高下低，頂與底部件清明，中間高底過渡層，其兩橫畫破損，豎筆斷殘）侍（「侍」左右面微異，右面略凹低，刻痕結構均完整）郎（「郎」其左面全蝕剝，「艮」左豎畫刻痕滅，上「宀」與底下點畫略殘）遷（「遷遷」走之底之上點殘破不清，臥捺起筆剝落，末筆端近滅）左（「左」撇畫起筆處剝脫形如▲狀，其末段泐殘，「工」上橫畫刻痕淺且粗）丞（「丞」崖面粗糙，左撇畫刻於石凸殘破，右捺畫刻痕蝕剝，結體可見）、異（「異冀」泐殘痕由上穿下，中間刻痕均漫漶，字右面剝脫，間架約略可辨）州（「州」從上字連下的泐殘痕過「州」右半面，其間刻痕略模糊，右豎鉤之右蝕剝，整字可識）剌（「剌剌」左上刻痕尚可辨，左下崖面凹低，隱約見撇、捺之殘痕，右面泐甚「刂」之痕漫漶）史（「史」右臨裂隙，刻痕結體尚清晰）太（「史」「太」兩字，崖表層略不整，橫、撇畫交接處刻跡近磨滅，橫畫右段與捺畫之間面蝕剝，間架尚好），醫（「醫醫」上半崖面上凸下凹，「臣」部件外輪廓清晰內面殘破，「又」石面有殘痕，刻跡尚清晰，下半刻痕結體均清晰）令（「令」刻痕尚清晰，橫點起筆蝕剝，「卩」豎畫之左有一撇痕疑為誤刻）、下（「下」清晰）邔（「邔」，刻跡尚清晰，結構完整，右連裂隙，）4／

第五列：相（相）。元（「元」之「丿」與「乚」痕間面局部蝕剝）弟（「弟」刻痕尚完整，中下多處局部蝕剝，第二橫畫末筆端連一細殘痕，疑為失誤刀滑痕）功（「功」之「工」部件豎畫之右面剝落，「工」與「力」所置層面微有落差，「力」撇畫上段順刻於棱痕，橫折之橫跡痕略有形變）德（「德」間架完整，崖面局部略有蝕剝，「四」之左右豎跡微損）牟（「牟」，「厶」內面凸，右點畫刀口斜側，痕跡寬，結體尚可，下半第二橫畫泐殘，豎畫殘連）盛（「盛」，「成」橫畫起筆略殘，橫折鉤「㇆」刻跡大多磨滅，斜鉤中段模糊末

筆端蝕剝，間架尙清晰），當（「當」崖面磨損甚，大多刻跡略爲漫漶，結體完整）究（究）三（三）事（事）（「究」「三」「事」等三字，筆道和間架均清明）不（「不」橫畫起筆與撇畫末端略泐損）幸（「幸」崖面泐殘刻痕漫漶，難辯）早（「早」，有一裂隙由上穿下，「日」右半面局部蝕剝，三橫畫殘破，「十」橫畫中段右段泐殘，豎畫刻跡淺淡而模糊）隕（「隕」右豎之右連斜條裂紋），國（「國」崖面不整，右豎末段殘破）空（刻痕尙可，「亡」上點剝落形殘，其下左右小三角之間面殘破）名（「名」，崖面局部凹凸，「夕」與「口」之面均有殘痕）臣（「臣」刻痕明晰，「コ」面之右下有一斜石棱），州（「州」崖面凸凹不平，前兩個豎彎鉤上半段蝕剝，右豎彎鉤左連石凸，其下段居石凹面，刻痕隱滅）里（「里」所在層面之左及之右面均蝕剝，左下角更爲凹低，「田」左右豎痕殘，最底橫畫左半殘破，）失（「失」下半撇與捺之交角內有一小石凸）覆（「覆」上半刻痕尙清晰，下半崖面不整，右下一明顯小石凹，上撇畫隱，其他刻痕略漫漶，約略可識）。二（「二」泐殘殊甚，兩橫畫刻痕尙可辨識）君（「君」崖面凹凸不整，上半三橫均殘連，下「口」左半面局布蝕剝）清（「清」之「氵」置於泐層刻痕略損，右上豎畫起筆不顯，「月」第二橫畫下有一橫向細石棱，其右豎畫之右有一小石凸）5 /

第六列：廉（「廉」刻痕結體不清），約（「約」左刻痕清晰，右漫漶殊甚，難辯）身（「身」左上與右下之面剝落，其間刻痕均損，中段即第三及第四橫畫間面凸顯，字可辯）自（「自」其左上表層略微磨損，第一橫畫刻跡略淺，右連泐殘）守（「守」寶蓋頭右豎痕、豎鉤之豎痕下段均蝕剝，刻跡模糊），俱（「俱」，「具」內面有豎殘痕）大（「大」撇畫起筆蝕剝，捺畫末筆端略損）司（「司」豎鉤筆劃下段略不清）隸（「隸」右下半泐殘「又」刻痕滅）孟（「孟」「子」上半形如▼表層剝脫，「皿」右豎不顯）文（文）之（之）（「文」「之」刻痕尙好）元（「元」刻痕清晰，「乚」順石凸棱線刻）孫（「孫」之「子」上半刻痕其面「▼」蝕剝，右底下「小」置微斜面刻跡略殘）也（「也」崖面平整，微漫漶）。6 /

第七列：小（大石溝之上崖面上有個「小」字刻跡）黃（「黃門」，官名，「黃」置於石溝內一層面上刻痕不清，無法辨識）門（門）同（同）郡（郡）卞（卞）（「門」「同」「郡」「卞」崖面平整，刻痕結體均尙好）玉（「玉」

上面大部刻痕清晰，下橫畫順刻於裂痕上） 字 （「字」筆「子」畫清明，間架亦完整）， 子 （「子」之右上角有一斜石棱） 珪 （「珪」，「王」中間相交之橫與豎畫粗淺，右上面蝕剝，「土」上下兩橫畫均不顯，豎畫殘破，下「土」尚清晰）， 以 （「以以」泐甚，上臨橫向大裂痕，字跡略淺） 熹 （「熹」上見「土」下見「灬」中段大多蝕剝字痕滅） 平 （「平」刻道間架均完好） 二 （「平」「二」崖面略不整） 秊 （「秊年」，末橫畫與豎交叉處崩剝） 二 （「二」刻痕勁挺） 月 （「月」右下角剝落，豎鉤末端殘） 廿 （「廿」崖面泐甚，下半，小截面內凸，右豎畫之右凹低，刻痕略殘） 二 （二） 日 （日）（「二」「日」兩字刻跡明朗圓勁，結體完好） 謁 （「謁」上半刻痕尚清晰，下半之左「口」刻跡略粗，右面局部蝕剝「四」部件刻跡不清） 歸 （「歸」刻跡微漫漶，結體可識） 過 （「過過」結體完整，走之底之右有一豎殘痕） 此 （「此」末筆豎彎之豎下連殘石痕）， 追 （「追」清晰） 述 （「述」走之底右上有一斜石棱，刻跡略漫漶，本字結體尚可） 勒 （「勒」右上泐殘，右半刻痕不清） 銘 （「銘」居凹面，右下石棱略顯，刻痕結體尚清晰）， 故 （「故」左半漫漶，刻痕局部不清，右半清晰，字隱約可辨） 賦 （「賦」棱痕從上往下穿過「貝」部件，其間橫畫皆斷殘） 表 （「表」崖面局部蝕剝，結體可辯識） 紀 （「紀」居於凸面，刻痕清晰，上、右均有石棱痕）。7/

（四）李君表

現場描述：

李君表現狀描述（約 74 字）

表 （「表」略有漫漶，上半，第一橫筆疑刻於裂紋上刻跡不顯，第二橫筆刊刻微淺筆道略隱，豎畫亦模糊；下半刻痕及結體基本清晰完整）

「表」之下有一條刻線貫穿左右，刻跡中段略顯，左、右段隱約可見。

第一列： 右 （「右」，置石窪面，崖面不整，橫撇之橫跡頂石窪底線，刻痕細略有殘破，右處一裂痕從長橫畫末端沿左下斜行至「口」徑直穿下，長橫畫末端泐殘，「口」其內面被殘痕分左右兩半，橫折之橫前段局部蝕剝，結體可識） 扶 （「扶」，崖面風化，下連（略高一層面）淺石凸，「扌」橫、提蝕剝，豎鉤畫末段泐連石凸緣，「夫」撇畫末段順刻於石凸緣，其左上剝落凹陷，刻跡殘破，其餘刻痕多粗糙，） 風 （「風」「几」其左邊緣風化，撇畫模糊，

右連低凹面，豎彎鉤刻跡殘，「丙」上橫畫與「口」上間截面之左蝕剝，餘下筆道尚明晰）丞（「丞」崖面上半略凹，下半略凸，「了」橫折局部蝕剝刻跡寬窄不均，豎跡粗淺，橫撇刻跡清晰，結體尚完整）楗（「楗」崖面凹凸不整，「木」上下局部低凹，「建」筆跡與石花交織刻痕略隱）為（「爲」上2／3與下1／3分居兩層面，下微凸，泐殘殊甚，筆道、結體均漫漶）武（「武武」第一橫畫上剝落，刻痕殘，第二橫畫起筆磨損甚刻跡淺，「止」左連剝面，僅豎橫之橫畫清晰，餘下筆劃隱約可見，捺畫起筆滅）陽（「陽」左右部件分居兩層面，左耳傍「阝」地處窪凹，泐殘殊甚，隱約見輪廓，「昜」獨居一石凸，「日」左豎滅，橫折之橫隱，折之豎及「勿」刻跡十分清晰）李（「李」崖面較左邊字略高一層，「木」橫畫起、末筆均殘破，豎畫隱，左、右點與石花共存；下「子」其上筆道清晰，下豎鉤末端泐殘）君（「君」崖面漫漶殊甚，第二橫左面殘破，撇畫上段斷續，下段之上略凹下略凸，刻跡尚清晰，「口」右下角模糊）諱（「諱」下半崖面略高於上半，左「言」第三橫畫居凸凹交界之痕，刻跡略隱，下「口」左豎畫模糊；右半部，上「ㄱ」尚清晰，中「口」上橫依凸凹交界之痕行，「門」右豎略隱）1／

第二列：禹（「禹」崖面略凸，其上、右面均凹低，第一筆橫畫尚清晰，其上有「〜」棱痕，「口」上、下橫畫尚顯，左豎刻於石凸刻跡斷續；右豎順刻於「（」石棱緣，「冂」，左豎模糊，橫折鉤局部蝕剝刻跡略不清、「厶」部件漫漶，結體難以辯認）字（「字」，筆道尚清晰，結體完整）季（「季」泐殘殊甚，「禾」撇畫蝕剝略殘，橫畫前段清晰末端穿過棱痕刻跡微下移，豎筆隱；下「子」刻痕多殘破、結體隱略可認）杰（「杰杰士」一斜棱從前一字「季」右下角經「杰」左上角徑直斜下，「木」橫畫起筆略損，豎畫微隱，餘下刻跡尚好，結體完整）以（「以叺」「口」左、右豎畫蝕剝刻跡大，「人」筆道泐殘，結體隱略辨識，注「口」右上方有兩石凹；右邊「人」撇、捺筆均殘破，約略辯認）永（「永」崖面凹凸不整，筆痕多泐殘，漫漶殊甚，結體難辯）壽（「壽」崖面剝落多層，橫向石棱數條，石花頗多，刻痕時隱時現：隱約見：土、口、一、口、寸等局部刻痕元素，大略辯之）元（「元」崖面略平整，右下「乚」起筆殘破，其餘筆劃刻道尚清晰）年（「年」崖面多層剝脫形多如弧狀，刻跡漫漶殊甚，約略辯認）中（「中」斜石棱穿「口」右半面，其上、下橫畫均殘破，字下被碗狀石棱包圍，豎畫下段之右面剝落）始（「始」

左、下存半圓弧鼎狀石棱，右上亦有橫向石棱，女、厶、口各部件在其間順勢布局，即：「女」撇之末筆端略收縮，「厶」撇畫順石棱行刻，「口」之下橫畫貼合弧棱）興（「興」上半部，石面不整，底有一弧形石棱，刻痕模糊，輪廓約略辨識；下半石質與上半異，刻痕漫漶不清）2 /

第三列：角牛（「解解」石棱斜穿「角」部件，「用」「丿」刻痕斷續，橫折之橫斷殘，折豎痕粗淺，中第一橫畫左半蝕剝，中豎筆亦不顯；右部件「牛（羊）」豎畫刻跡淺淡，下半蝕剝甚，第三橫畫近乎滅，豎畫刻跡淺淡，結構大體存）大（「大」「丿」起筆刻跡不顯，其餘刻痕結體皆尚明確）臺（「臺」右緣有「丨」形石棱穿字，其間多條橫跡殘，「土」豎畫略隱，「口」右豎痕有石花，「冖宀」左豎畫粗淺，橫折之橫明晰，折之豎略隱；下部亦有石棱從「冖宀」之右斜穿至「土」底橫之左，「至」刻痕漫漶，隱約可識）政（「政」筆道尚清晰）由（「由」，橫折多處蝕剝，泐殘痕粗，上橫畫右連斜石棱，整字結體尚完整）其（「其」上橫畫起、收筆刻痕均殘破，右豎畫之右面、下左點之左面、下右點之右面蝕剝甚，間架明確）畀（「甲」崖面凹凸不整，間架約略可辨）安（「安」崖面風化由上往下多層剝脫，上層面略低，「宀宀」左半面凹低、輪廓可見，「女」刻痕泐殘不清，）平（「平」漫漶殊甚，第一橫畫泐殘，其下左右兩點殘破，底橫起筆泐破中後段刻跡流暢且明晰，豎痕殘連）之（「之」右上大片剝脫，斜石棱穿其，捺筆劃順刻石棱上緣殘，其餘刻跡泐殘）處（「處」置形如「∧」石凸面上端，「干」上短橫、中豎畫泐殘，下部「勻」外輪廓及捺畫刻痕尚可，兩撇畫漫漶，間架可辯）萬（「萬」一斜石棱從草頭橫畫之左斜下至右下橫折鉤之鉤處，石棱將「萬」分左下與右上高低兩層面，其間橫畫均泐殘，「内」刻痕模糊）民（「民」「コ」刻痕細淺尚可見，斜鉤順刻於石棱略殘，崖面漫漶字跡不太清晰）3 /

第四列：懽（「懽歡」，偏旁「忄」豎畫刻跡如虛線，左點模糊，右撇點清晰；右半「艹」橫畫起筆損，兩「口」如圓點，「隹」，「亻」豎畫殘連，左部點筆略隱，第三橫畫不顯，其豎痕末段不顯，整字依形約略可辯）喜（「喜」，其右上面剝落，「士」第一橫畫及豎畫起筆殘，上「口」右下角殘破，「丷」刻痕不顯，下「口」右下角亦殘破，結體尚可識）行（「行」雙人傍上下撇畫其末端連左低面，右部豎畫刻跡粗淺）人（「人」崖面平整，刻痕結體均清晰）蒙（「蒙」，「丷與一」刻痕清晰，「冖」刻跡斷續如「…」，「豕」左下

剥落，下兩撇畫刻痕模糊，彎鈎泐殘，右邊刻痕尚好）**福**（「福」一斜石棱從「示」傍第一橫起筆入穿至「田」右下角止，「示」第一橫畫起筆之後段刻跡滅，，第二橫刻跡斷續，其下「小」刻於石凹，崖面不平，刻痕隱；「畐」第一橫畫刻跡好，「口」左豎泐殘，「田」中豎畫不顯。）**君**（「君」，「尹」下橫畫右下剥落，刻跡略殘，「口」內面蝕剥泐殘不整，結體基本可辯識）**故**（「故」，上有橫向裂隙，「古」橫畫刻於裂紋上略損，「口」右豎泐殘，「攵」上撇殘破，橫撇之橫跡尚清晰，撇道及捺筆劃均漫漶，）**牧**（「牧」左面白花花一片，「牛」刻痕近乎被掩，右部「攵」捺筆末端泐殘）**益**（「益」上兩點蝕剥，刻痕形圓而大，下兩點刻於石棱上，略殘，餘下刻跡略淺）（**州**（「州」右連斜石棱，崖面蝕剥不整，刻跡淺而模糊，依形可辯）**從**（「從」）「彳」崖面蝕剥，刻跡略模糊，「芝」之左緣一泐痕穿入，上左側損，餘刻跡尚清晰）4 /

第五列：**事**（「事」形長，第一橫畫起筆略損，「口」部內面局部蝕剥，「彐」其面凹凸不平，橫折之豎畫滅，中橫畫泐殘，下橫畫明晰，豎鈎之豎刻跡殘連）**再**（「再」橫刻痕多爲清晰，左、右豎畫順刻於泐痕，刻跡略長且粗淺，）**舉**（「舉」崖面不整，右上蝕剥，「与」刻跡漫漶，長橫畫斷斷續續，捺畫泐殘）**孝**（「孝」刻痕尚清晰）**廉**（「廉」其周邊略凹低，「广」之點、撇等刻痕泐殘，「兼」右上蝕剥呈小石凹，「灬」面剥落刻痕模糊）**尚**（「尚」，上崖面略高於下，「小」之右點泐殘，「冋」其面蝕剥石花亦多，輪廓尚清晰，刻跡不勻，）**符**（「符」崖面不整上、右面布滿白石花，上兩點「丷」畫略隱，其下橫畫依裂紋走向刻；下部「彳、寸」刻痕淺略模糊）**璽**（「璽」左面一大片剥落，其崖面形成上凸，其下左凹右凸的局面，上部刻跡尚清晰，中下部漫漶殊甚，約略見輪廓）**郎**（「郎」崖面大片剥落形如「〈」字在其間布局，左半「良」刻痕尚清晰，右半「阝」刻跡淺淡，其右下連一小石凹）**巴**（「巴」崖面泐殘殊甚，刻痕模糊不清）5 /

第六列：**郡**（「郡」右部崖面略高，「阝」右雙耳輪廓明晰，右豎畫與左部件同爲微低面，刻痕淺尚清晰）**胸**（「胸」崖面略不整，刻痕深淺不一，「月」中間兩橫畫刻痕較清晰，其餘筆劃略模糊，「句」之「勹」清晰，「口」刻痕泐殘）**忍**（「忍」崖面主體平整，右上微蝕剥，刻痕結體均清晰）**令**（「令」，下部件「卩」豎畫之左有一斜石凸，主體結構尚好），**換**（「換」左連斜石

棱，下半泐殘殊甚，「才」豎鈎刻痕模糊，奐，「囪」刻痕尚可辯，下橫畫順刻於棱痕破損，下半「八」其面略凸，「丿」左上面剝脫，刻跡殘，右「乀」刻痕尚清晰）漢（「漢」上臨橫向石棱，下臨「⌣」形石棱，本字崖面尚平整，刻痕間架尚好）中（「中」右豎畫蝕剝泐殘，下半有形如「▲」大片剝落，中豎畫末段近滅）城（「城」下有橫向裂紋，刻痕磨滅甚，約略辯認）固（「固」崖面凹凸不整，「囗」輪廓尚清楚，內面局部蝕剝，「古」隱約可知）令（「令」，崖面不整，撇、捺起筆均模糊，「ㄗ」豎畫之左下大面剝落，刻痕泐殘甚）遷（「遷」泐殘殊甚，刻痕難辯識）宜（「宜」崖面不整，上點畫蝕剝，其下刻痕尚清晰，結體基本完整）6 /

第七列：禾（「禾」頂端剝落棱痕形如「∨」，「丿」畫刻跡順勢而下，豎畫磨損刻痕稍淺，橫、撇、捺筆道清晰）都（「都」，「日」上半面磨損甚，其間刻跡淺淡，「耂、阝」等刻道不暢，結體完整）尉（「尉」左部件上半面「⊐」刻跡清晰，下半面蝕剝，棱痕形如「⌒」，撇畫泐殘，「示」上橫畫順刻於棱痕略殘，「寸」刻跡深淺不一，間架可辯）。7 /

（五）石門銘

現場描述：北魏《石門銘》

第一列：石（「石」撇畫末筆端泐殘）門（「門」，橫折鈎之鈎略隱）銘（「銘」，「金」之撇痕外沿一石凸）1 /

第二列：此（「此」整字滅）門（門）盖（「盖」刻痕尚清，右半有一條泐痕由上穿底）漢（「漢」草頭右上剝脫豎畫刻痕隱，「口」橫折之豎跡略不顯，撇畫末端蝕剝）永（「永永」上點畫順用天然石痕，右捺畫略有泐損）平（「平」左撇點之上有一石凹，字之外圍泐痕形如「⌒」）中（「中」刻痕結體均清晰），所（所所），穿（「穿」上三分之二刻痕尚清晰，下三分之一泐剝，豎鈎近乎磨滅，撇畫下沿刻痕凹平，其右邊有一細裂紋「\」斜穿），將（「將」崖面局部泐殘，「寸」橫畫上一石凹，走刀順其勢刻）五（「五」右臨豎條細裂紋及橫向略粗石凹，橫折之折痕右面蝕剝）百（百）載（「載」「車」豎筆末端刻痕略磨損，撇畫起筆泐殘）。世（世）代（「代」之「弋」，一略隱細裂紋豎穿，其頂上崖表層剝落，橫畫刻痕左段深右段淺，點畫蝕剝

痕形略大）綿（綿），迴（「迴回」，刻痕清晰，注筆劃：走之底左點形如小勺狀，下臥捺U口橫向走刀，末筆端下沿修圓，右上翅尖收刀）屯（「屯」下半崖面漸斜收，「凵」部件左右豎跡略隱）夷（夷）遞（「遞逓」注筆劃：走之底，左上點刻跡如小勺狀，臥捺筆末端修飾捺腳，「虎」，最有意味的橫折鉤筆劃圓轉，刻跡橫向U口正面向右，折處圓轉右下，豎鉤U口正面）」作（作）乍（「乍」注：撇畫之左有一略斜殘痕，在拓片中很顯，易誤爲撇畫）2 /

第三列：開（開）乍（「乍」崖表風化，筆劃齊全，撇畫之上有一豎條石棱，第一橫畫末端上有「\」狀石痕，豎畫下段之右緊連著「[illegible]」形泐痕）閉（閉閈）通（「通」走之底之臥捺末段順刻於泐痕）塞（「塞」中部第一二橫畫末筆端之右略有蝕剝）不（不）恒（「恒」一豎石跡緊挨「亙」部件左傍，底橫畫之下有「\」狀石痕）。自（「自」小撇畫刻痕不顯）晉（「晉晉」左半崖面剝脫，左三分之一刻跡滅，餘下右面，上橫畫刻跡略損，「厶」筆劃略隱，「日」除左豎滅外其他刻痕尚清晰）氏（氏）南（「南」，撇畫起筆略隱）遷（「遷遷」，右上角落入斜石溝，「西」上橫畫末筆端滅，其餘筆痕多模糊；注：走之底臥捺，U口中心走刀，刀口勻，末端不修飾肥捺腳，而是平勢略爲尖收），斯（「斯」崖面局部蝕剝，左下點略爲模糊，右部豎鉤之鉤刀口斜側）路（「路」，「山」下橫跡斷續）廢（「廢」石面略有凹凸，刻痕尚完整）矣（矣）其（「其」左上有「／」形裂紋）崖（「崖」，「山」底橫跡左右均有橫向石痕，撇筆末端連一條細裂隙，「圭」末橫畫下連一「／」狀裂紋）岸（岸）崩（「崩」刻痕結體均清明，注：刻跡U形走刀，「朋」之兩「月」橫與豎交接均圓轉無縫）淪（淪），碉（碉）3 /

第四列：閣（閣）堙（堙）褫（褫），門（門）南（「南」，注：筆劃刀口多爲尖起尖收，橫折鉤之折處圓轉，其豎跡刀口內直外弧，鉤痕末端尖出，具有書寫意味。）北（北）各（「各」刻痕清晰，注：帶有書寫意味，撇畫徑直左下行刀，圓起漸細，由細再漸粗，刻痕上沿略直下沿略修蝕弧形，末筆端尖收，捺筆最精彩，U形中心走刀，細起漸粗末段修飾捺腳，再漸細出尖，刻痕略有S形，「口」的三個角橫豎轉折處爲彎轉，一個爲接搭）數（「數數」，崖面不整，「串」一豎筆兩刀刻，上下豎跡不齊，「女」刻於泐殘面，刻痕略有形變，右上「ケ」折處有損）、里（「里」左豎畫末筆端滅，橫折之橫

跡順刻於泐痕略有殘破，豎跡殘連，下部刻痕明晰）**車**（「車」主筆道尚好，中部橫折刻痕局部磨損）**馬**（「馬」左豎畫有兩道痕，外爲刻痕，內爲石痕，刻痕多爲 U 形中心走刀，橫折鉤折處圓轉，）**不**（「不」下半有隱形」W」石痕，對主筆畫彰顯略有影響）**通**（通）**者**（「者」，上豎筆刻於泐痕稍顯模糊，「日」部上半局部蝕剝）**久**（「久」注：撇畫刻痕粗細變化大，下半段刻痕下沿修蝕弧形，末筆端尖收，捺筆 U 形中心走刀，細起漸粗末段修飾圓厚捺腳）**之**（「之」刻痕明晰，U 口勻速走刀，上點刻跡如瓢，臥捺畫刻痕略有殘泐，）。**攀**（「攀」下半崖面略收）**蘿**（「蘿」，右上剝脫，「四」右豎刻痕殘破，「隹」右連一小石凸）**捫**（捫）**葛**（「葛」橫折鉤，明顯的 U 形中心走刀，刻痕圓，上摺與鉤折均圓轉，）**然**（「然」崖面局布泐殘，「夕」點下畫殘破，下「灬」末兩點模糊，左連「乀」狀泐痕，）**後**（「後」，左下面泐，「彳」除上撇起筆顯其餘刻痕均滅，右上筆跡尚清晰，下「夊」撇畫起筆殘，捺畫末段斷殘）4 /

第五列：**可**（可）**至**（「至」有一裂痕斜穿「厶」部，點畫殘損）。**皇**（皇）**魏**（「魏」，U 形中心走刀，篆書刻跡，行書筆意）。**正**（「正」上橫畫刻痕方起圓收，臥心末筆端出尖，具有書寫性，行書化）**始**（「始」，「女」部撇折筆之折處刻跡滅）**元**（「元」第一短橫畫下連小石凸，第二橫畫中段泐殘）**年**（「年」崖表層略顯凹凸，刻痕尚清晰）**漢**（「漢」，「氵」微泐，左「口」面磨損，撇畫經「口」間模糊）**中**（「中」，「口」右截面留一殘痕，豎畫下段多一狀如「ノ」斜石痕，）**獻**（「獻」，崖面略帶石花，如「口」上、「犬」左上空間皆有石花，）**地**（「地」豎彎鉤之臥底彎刻跡深淺不一略有殘破），**褒**（「褒」長橫畫起筆連一「丶」殘痕，刻痕結體具有書寫性）**斜**（「斜」左部「余」之豎畫末段不顯，「斗」兩點泐殘，豎畫中段刻痕略隱）**始**（「始」左部「女」之撇畫末段補刀修飾撇尾）**開**（「開」「开」部件，上橫畫中段刻跡滅，下橫畫末筆端口略大，「門」右豎畫下段局部刻痕不顯）。**至**（至）**于**（「于」U 型走刀，上短畫，尖入圓收，刻痕由小變粗變化細微，豎鉤之豎痕上段左擺，下段微曲，鉤處底下修蝕弧型）**門**（門）**北**（北）**一**（「一」橫筆之末段泐殘）**里**（「里」刻痕清晰，注：字上有一豎石痕）5 /

第六列：**西**（「西」上橫畫左上崖面略剝，字右臨一豎條裂痕），**上**（「上」

上連微凸面，右接豎裂紋，下橫畫末端斷連，豎筆與橫筆左間有一斜裂紋）鑒（「鑒」左上漫漶，其上部件是「止」還是「業」難確認，疑為「止」，右部裂隙由上穿下通向字外，「ケ」折處損，「又」折處亦稍損，捺筆泐殘，「金」部右邊點畫均殘連。）山（「山」刻痕齊全清晰，山之右邊一裂紋接上字經本字連下字，此裂痕細長且直，明而顯為（「為」細裂隙從字頂入直落字底，長撇畫起筆殘破，兩橫折、一橫折鉤及四點水左第三點皆裂連，本字間架尚完善。注：筆劃多為 U 形中心走刀，橫折鉤之上摺道圓轉，下鉤折彎轉且刻痕有粗細變化，書寫意味濃）道（「道」，石面紋路豐富，兩點間有豎裂溝形如細長葉，由上至下穿行於「自」之左豎邊，筆跡微損，「辶」左下有「丶」形石棱其面不平，走之底左道及下道平捺起段略有殘損，後段複刀修飾弧形捺腳，末筆端刀口尖收）峭（「峭」崖面泐殘殊甚，「山」部筆道或殘或滅，右底脫層，底橫畫模糊，「肖」之「月」其面微拱，右筆劃順刻於棱溝略凹低，字隱約可識）岨（「岨」「山」部中豎筆順刻於長細裂紋，其間幾乎重合，結體尚清，右部「且」左豎畫末筆端刻跡滅，其餘清晰）槃（「槃盤」上半裂損甚，只見零碎刻痕無法辨識，下半「木」，橫畫殘連，豎畫及撇捺尚清晰，依上下字意約略識之）迂（「迂」左崖面略漫漶），九（「九」其「乙」之臥底刻痕連一條形石痕，鉤處順石隙上挑，刻跡微模糊）折（「折」提手傍，橫畫泐殘且下挨平行裂紋，豎筆斷殘，提筆亦有損，右部「斤」刻跡尚清晰）無（「無」）以（以）加（「加」刻痕圓勁，「力」部其豎鉤之豎，以及「口」部右豎畫，刀口均外方內圓），經（「經經」刻痕明析，「糹」起筆左連狀如「丶」石痕）途（「途」，「余」刻痕清晰勁挺，走之底左上點刻跡有新變化，方圓兼備，起筆處刻痕方有棱角，收筆處刀口帶圓形收小，下點刻痕如小勺狀，下臥捺有特色——形如略微向上之弧線，刻跡 U 口走刀，圓起尖收，末端不作肥捺腳）巨（「巨」，「コ」部件橫折之折豎筆隱，其下有一點為石痕非刻痕）、礙（礙），行（「行」一條泐痕形如「╲」由其左上角入至右下角出，雙人傍第一撇畫略損，第二撇起筆滅，右半部豎鉤筆破損）者（者）苦（「苦」「口」部走刀圓轉，形態亦圓）7／

第七列：之（之）梁（「梁」三點水第三點殘，「丑」上緊挨一小石凸，之上還有一橫向裂隙，主體筆劃刻跡均好。）秦（秦）初（初）附（附）寔（「實寔√」與上字比置於微高一層崖面，寶蓋頭之點畫及橫折中段泐殘，另注：寶蓋頭左下有一小小石凸，「是」底下臥捺順刻於崖凸之下緣）、仗

（「仗」「丈」橫畫起筆之上接一「丿」狀石痕，）才（才）賢（「賢」裂紋橫穿，上半泐裂，左上「臣」上橫畫約略可見、「コ」部件下橫畫等刻痕破碎，右半「又」較「臣」剝脫更甚一層，刻跡幾近滅），朝（「朝」左近石凹，局部崖面略向左傾，豎石棱在羊其中，右部件「月」刻痕結體均好）難（「難」，石棱位於左右部件間，左部件置棱與窪之斜面，「廿、口」等部件泐殘，約略辯識，左下部件結構尙可見，「隹」左「亻」、右上「フ」等部件刻痕較模糊，余下刻痕清晰）其（「其」右豎畫及下左點周邊局部脫層）人（人），褱（「褱褒」捺畫末端與裂紋相觸略損）簡（「簡藚」草頭左豎畫及「門」部件左右豎畫刻痕均略隱，字下連橫向泐痕，中間像「日」，亦有點像「月」）良（良）牧（「牧」右臨豎裂隙，捺畫末筆端略傷）三（「三」底橫畫末段泐殘）年（注：「年」下崖面有裂隙，不刻字）7／

第八列：詔（「詔」，左面略凹底，「言」置其間左右接泐痕，「口」上半局部磨損，「召」部件，「刀」之上橫畫起筆滅，豎鉤之鉤筆殘，「口」部件之左豎畫滅）假（「假」中間部件豎畫刻痕較隱，右部件「夂」其捺筆末端觸狀如「ㄥ」石痕上摺處略殘，）節（「節」左筆劃順「く」形的石痕行刻布局，主體筆痕尙存）龍（「龍」左右部間隙處爲凹面，左面泐損不平，左部刻痕與石凸交織不清，右部豎彎之豎順裂隙刻痕，刻跡尙明晰）驤（「驤」，「馬」部刻痕尙清晰，右部中一泐痕條，上點與第一橫筆損，上左豎筆模糊，右上及豎鉤與捺筆之截面不爽，字可識）將（「將」刻痕清晰，右部件「寸」橫畫刀口尖入，末端刻痕向下圓轉收刀，具有書寫性）、軍（「軍」禿寶蓋左下脫層略凹，刻痕清晰，豎畫分上下兩刀刻，上下豎跡對不齊，），督（「督叔日」，上半崖面局部蝕剝，右豎畫斷連，間架尙清晰，「叔」與「日」分居兩面，略有形變，「日」之右豎畫沿石凸邊緣刻，）梁（「梁」崖面磨損，刻痕全，然略顯模糊）秦（「秦」上第三橫畫順橫向泐痕走刀。「秦」崖面不整，刻痕交雜著斑痕，粗看刻痕一片迷糊，細看約略可辨）諸（「諸」崖面窪凸不平，刻痕結體尙好）軍（「軍」置一微斜面，局部蝕剝，間架窄而長，豎畫）事（「事」崖石質地硬、磨損甚，面亦不平，刻痕細而模糊，字的視覺異樣）梁（「梁」，上部「氵」蝕剝，刻痕近滅，「丑」刻痕不暢，結體亦不太清，下「木」部件尙清晰，）秦（「秦」，置於微斜面，疑石質硬，難刻，下半「禾」撇、捺、刻痕風化無影）二（「二」漫漶，兩橫畫刻跡尙清晰，注：兩橫間有一N形白痕，底橫畫下有一塊泐裂，）州（「州」左下角風化剝落，主筆刻痕尙明

白）剌（「剌」古同「剌」有一裂紋由左上斜插通底，傷及「夾」部第二橫左段和撇畫下半段，此裂紋還傷及以下多字，「刂」部豎鈎之豎道中段略隱）

史（「史」白裂隙在字中線，撇畫起筆、「口」部兩橫道、捺筆中段皆受損，另撇畫中段刻跡略隱，「口」部左短豎以半圓點代之，其餘刻跡U形走刀，刻道轉折處圓轉，捺筆刀口尖起下行漸粗最後複刀修飾捺腳）泰（「泰泰」豎細裂痕穿其，三橫畫及下左點損，下部豎鈎筆之右面有一葉片形的脫層）山（「山」右面蝕剝甚，左豎畫模糊且見一絲裂痕，右豎畫存於粗糙面刻跡稍隱）羊（「羊」，主刻痕清晰，注：見崖面字，「羊」上兩點間有一小豎痕，應是石痕非刻痕）8／

第九列：祉（「祉」，「礻」偏旁尚清晰，豎畫末段有一「∨」形石痕，「止」部件左豎畫及下橫畫刻痕可見，中豎畫刻痕模糊，右小橫畫連一裂隙），逮（「逮」，崖面為右傾小弧面，隨勢附形，間架尚好，左點刻痕如小勺狀，下捺筆刻痕有特色，即前1／4段，起刀方橫向行，後3／4段折下右行至筆劃末端，不修飾弧形捺腳，末筆端連泐痕略損，）旟（「旟」實見碑字旟，「方」偏旁刻痕清晰，「與」部有一豎裂痕略靠右，右面刻殘破，下橫畫斷連、局部筆劃受損，）嶓（「嶓」，「山」偏旁崖面泐剝，刻跡尚存，「番」部裂隙與中線重略殘，餘下大部分刻痕尚明確清晰）漾（「漾漾」，「羕」部中偏右有裂隙，更右還有泐痕，右半所有點畫或殘或糊）撫（「撫」，「扌」刻痕略清晰，右部裂紋豎入，除撇畫幸免外，其他筆劃均有不同程度殘損，下四點水，僅左右兩點隱約可見，中間兩點幾近滅）境（「境」右部「竟」，有一條裂隙，第一橫斷連，「日」部件左豎殘，右豎磨滅，底部提畫及下撇筆皆殘連，豎彎鈎順裂道行刻）綏（「綏」在左右部件中間有豎道泐痕）邊（「邊」漫漶殊甚，隱約見殘破的辶，「臱」部件僅看見不成形的零碎筆劃，難辨識），盖（「盖」崖面不整，上橫筆隱，「皿」部件橫折之橫筆亦不顯，中間再從豎畫模糊）有（「有」崖面凹凸不平，刻痕尚清晰、完整）尗（「叔尗」，左上點略殘，刻面不清爽，U行刀口，線條圓轉，結體優麗，行書化）子（崖面凹凸、左半蝕剝，「子」橫畫左半局部模糊，下豎鈎筆劃清晰）之（「之」左有泐痕不影響其刻痕明確）風（「風」左三分之一泐殘殊甚，右三分之二局部凸凹不平，基本筆劃尚存）焉（「焉焉」，裂痕從中線介入直通字下，崖面漫漶殊甚，上半橫筆多殘連，豎筆多不顯，下半只有含糊的筆劃及輪廓，各部件約略可辯）。以（「以」崖面不整，結體尚可，但痕跡粗放）天（「天」刻痕清晰有勁，

撇捺之間面局部泐痕）嶮（「險嶮」，左右異面，「山」刻在單一石凸上，刻痕清晰，「㑒」刻在大崖面上，刻得也精細，「僉」兩口形圓，撇和捺筆劃具有書寫性注：右下為四點）難（「難」裂痕兩，一從左斜下，一在左右對開處，左部撇筆裂，中部的單人傍豎筆滅）升（「升」，有一細裂紋豎穿其中，橫筆劃斷連，注，還有一條斜石痕穿橫畫末段其非刻痕），轉（「轉」漫漶殊甚，左半有一豎裂痕，字跡局布模糊，字隱約可辨）9／

第十列：輸（「輸」崖面略凹底且不整，刻痕深淺不一，隱約辨識）難（「難」右上角位凹面，餘下在右下崖面，隨形布局，刻痕尚清晰）、阻（阻），表（「表」左上與右下分為兩平面，右下面坡度漸高，形勢獨特，隨形勢布局，筆劃，上半三條橫畫起筆收筆刻痕均不一，下「丿」畫順刻於兩面交線、撇捺筆調各異，撇筆刻痕肥潤、捺筆刻痕圓勁，「表」底下有一橫向棱痕）求（求）自（「自」第一筆「丿」U型走刀，刻痕略弧，有自然書寫的意味，右豎邊有一捺殘痕，）迴（「回迴」，左點刻痕如瓢匙，下臥捺刻痕平起尖收微帶起伏，刻跡勻，筆劃末端無修蝕捺腳，「回」刻痕規矩，結體儒雅）車（「車」崖面平，刻痕很清晰，下橫畫U型走刀，刻痕略帶弧線，圓起圓收）已（「已」，豎彎鉤之豎刻跡之左蝕剝。鉤修蝕收提，有書寫性）南（「南」殘泐殊甚，刻痕模糊難辨）開（「開」疑石質硬，刻跡細淺，結體可辨識，右連殘泐（白痕），）（「創」，左「ョ」部件中間小橫畫刻痕局部隱，右半短豎畫上下連石花，豎鉤右連泐痕）舊（「舊」上半風化脫層，右草頭刻痕幾乎滅，「隹」左半蝕剝，「亻」豎畫刻跡滅，右半結體約略可識）路（「路」左部件「⻊」之「口」刻痕內截面微拱，形圓，「山」中豎畫刻跡模糊，「各」部其右泐殘，捺畫末筆端斷連），釋（「釋」，「采」下半置一石凹，「木」之撇、捺畫順刻於石凹緣，「四」右豎跡泐殘，「幸」部僅下二橫畫顯，餘下刻痕近乎滅。字約略可認），負（「負」上部漫漶，第一二畫起筆滅，「目」左豎刻於裂痕略損，下橫斷續，下左點被石花所淹，間架基本可顯）擔（「擔」左半殘泐筆痕無存，右漫漶不清，字難辨）之（「之」上半風化脫多層，刻痕若隱若現，底下刻痕顯，整字約略辨識）勞（「芳勞」略漫漶，「分」部捺筆蝕剝），就（「就就」崖面色暗，石花小點密密麻麻，「小」刻痕略模糊，余下刻跡猶存，可識）方（「方」橫筆末端損，右臨白石花條）軌（「軌軌」石色暗，左部刻痕尚存，略顯含糊，右部「九幾」筆跡尚清晰，豎彎鉤臥底彎處略有殘破）10／

第十一列：之（之）逸（「逸」，字上臨有橫向裂紋，全字結體清明。
注：其一，「辶」部，上點刻痕如小勺狀，臥捺前１／２段刻跡右下直線斜行，
後１／２段直線平行至筆劃末端收圓頓結刀，無修飾捺腳，其二「兔」刻痕自
由，刻跡豐富，結體野逸，其「口」，除左上橫與豎刻痕交接處不搭，其餘角
均為圓轉）。詔（「詔」，「言」部之上有明顯的石痕狀如「　」，其二三橫
筆中間有豎痕非刻痕，注：右「召」上「ケ，U型刀口自然如筆墨之痕，「口」
亦為U型刻痕，橫折與豎折交接刻跡圓轉）遣（「遣」刻痕結體均清晰。注：
「辶」部U型中心走刀，左兩點刻痕如小勺狀，臥捺前２／３段右下行，後１／
３筆劃修飾捺腳即右上摺末端尖出，體現方筆），左（左）校（校校）令
（「令」刻痕清晰，捺畫末筆端修飾雁尾補刀痕跡明顯）賈（「賈」，上下部件
分置異面，下面略凹低，「具」橫折之橫跡順刻於凸凹交接處，折筆彎轉，豎
筆略帶弧形，（走刀粗至細，細再至粗，圓形收刀），具有筆墨書寫意味，本
字有三個點跡，如「西」的左短豎以點代之，形如勺，「具」下左點U型走刀，
形略長，右點，尖起圓收U型刀口，）三（三），德（「德」，其上泐殘，
崖面風化剝層殊甚，「彳」及「ナ」只見微弱痕跡，「四」框內右豎不顯，「心」
左點較隱）領（「領」處石窪面，崖面勢平，局部蝕剝，刻痕較為模糊，結
體隱約可識）徒（「徒」，上頂橫向裂隙，「彳」石面凹凸形亂，上兩撇畫
泐殘，豎畫清晰，「土」右大半殘破，「之」靠左有一豎條泐痕，整字難以辨
識）一（一）万（「万」，置略凹低面，其四周坑窪不平，刻跡完整，字面
布滿白石花，攪亂刻痕彰顯），余（人人（余）原刻前人判為「人」細看
疑為「余」字，上為「人」刻痕清晰，其下之下隱約見「木」，結合上下文讀
起來也可通，待考）石（「石」位於突出之石凸面，下臨石凹，順勢刻痕，「口」
刻跡圓轉，結體明晰）師（「師」實見刻痕右為「市」，置橢圓形凹面，刻痕
細尚明晰）百（百）（刻痕所在地不明確，在照片見字形稍斜疑如「百」字）
人（人）共（「共」居一崖凹面，色澤暗黑且石花星星點點，橫畫刻痕明晰，
豎畫刻痕稍暗，結體完善）成（「成」僅橫畫刻跡最清，餘下筆劃刻跡稍隱，
橫折鉤遇下石棱略損，崖底色暗，字可識）／，就（「就」置大崖凹面，左
「京」部件尚明晰，右「尤」部件上橫畫起筆尚顯後段略隱，「丿」末段隱約
可見，其餘刻痕模糊不清，可見隱形刻痕，「小」中豎形寬色暗，左右兩點可
見，右部尤，有隱痕可辨）11／

第十二列：其（「其」，崖面不整，下長橫畫斷連，下「八」左點筆末與右

點起筆皆擦過一細裂道近乎沒損）事（「事」結體明確，刻痕粗細不均。）三（「三」其上有橫向裂紋，刻痕清晰，下橫畫末端筆表層蝕剝）德（「德」結體清晰，注：「彳」上下「丿」刻痕方起尖收，）巧（「巧」，左右不一層面，「工」位高層，「丂」居低層面，「工」部刻痕清晰，「丂」之左有多折石棱痕形如「彡」，其按石棱走勢刻痕）思（「思」臥捺尖起尖收Ｕ口走刀）機（「機」，清晰，）發（「發𤼵癹」，右半有斜石棱二，上半部第一橫畫起筆滅，第二橫畫前半段殘破，「弓」部件完好，「殳」部頭兩筆均損，）精（「精」左面渢殘連石花，「米」部件滅，右半上部件完整，下部件「月」內兩橫，第一橫畫上有一斜痕非刻痕，第二橫畫末段刻痕稍隱）解（「解」，「角」筆痕尚清，右部件刻痕模糊）冥（「冥宾宲」右邊臨崖凹，字刻痕略縮小）會（「會」右邊臨大渢裂，崖面右傾，隨勢附形），雖（「雖」崖面右傾，除右上局部刻痕略不明確，餘下刻跡及結體均明晰）元（「元」其末筆「乚」順刻於殘破石痕。）凱（「凱」左半筆劃刻痕尚好，右面有數個小坑窪，「几」刻痕殘破，）之（之）。梁（上半刻痕清明，下部崖面不平，「木」僅橫畫清晰，豎鉤及左右點略模糊）河（「河」左崖面凸凸凹凹，影響三點水彰顯，右半豎鉤之豎筆刻跡略隱，），德（「德」「彳」刻跡尚可見，右崖面有狀如「﹨」斜向裂紋穿其，橫向刻跡均裂，下「心」部，臥鉤之鉤漫漶失痕，左右點微隱，中心點大且所居之面亦突出）衡（「衡」中部之上半局部磨損刻痕不清，「丁」第二橫起筆及豎鉤筆劃隱）之（「之」臥捺刻跡一波三折，筆劃末端補刀修飾肥厚捺腳，），損（「損搄」刻痕尚清）12／

第十三列：躡（「躡」，「足」基本刻痕尚清晰，右「聶」上下不同層面，下三分之一面凹低，其雙「耳」結體略變形），未（「未」右臨裂口下臨石窪，其刻痕稍上移，筆道清朗，下右點畫末端殘破）足（「足𧾷」，置微斜面，左臨裂窪，上接石凸，依勢就形，刻痕略向右下移，字形向右上傾，下半走刀流暢，略帶行書化，）偶（「偶」崖面粗糙，刻痕尚可，上下兩橫折筆劃刻跡均為彎轉，而非折角。）其（「其」，崖面凸凹不整，上橫畫斷續，筆劃齊，下右點順勢刻於半圓凸面邊緣，）奇（「奇奇」，刻痕尚清晰）。起（「起」，左接石凹，右下角刻跡殘渢，其餘筆痕尚完整）四（「四」，框內短撇畫順刻於殘渢面，刻痕超寬而漫漶）年（「年」崖面不整，上臨頂橫向裂隙，另三面或臨石溝或臨石棱，主體筆位依存，刻痕略為模糊）十（「十」崖面渢損剝脫，刻痕尚可識）月（「月」石質風化剝脫，石痕重重，面皺，筆道尚清，）十

（十）日（「日」隨勢附形，刻跡結體均清晰，）訖（訖）永（「永」上點畫有損，橫折鉤，其橫跡之上脫層，鉤跡之左蝕剝）平（「平」豎畫下半刻跡滅，其餘筆劃尚存，可識）二（二）年（「年」石面泐且不平，刻痕粗細深淺不一，橫畫完整性尚強，豎畫殘連，全字隱約可辨）正（「正区」書寫性，上橫畫「一」順石痕刻形如「◡」，左點隱，底下右點清，臥鉤略殘）月（「月」尚清晰）畢（「畢畢」上部見外輪廓及中間一小橫，中部見一橫畫，餘下多個筆劃不清不顯，難辯）刃（「刃」，右邊接斜石棱，刻痕清晰。）
13 /

第十四列：閣（閣）廣（廣）四（四」，U型走刀，外圍橫畫與豎畫交接處圓轉，刻痕流暢，天依無縫，）丈（「丈」其右臨泐殘，捺畫刻跡彎彎曲曲），路（「路」，「口」與「山」間有一裂口形如「/」，「山」之中豎畫刻於裂口起筆崩，「各」部第一撇畫順刻於裂口破損）廣（廣）六（「六」本崖面平整，上接一剝脫面，結體清晰，下兩點變化豐富，刻痕圓潤，書寫意味濃）丈（丈），皆（「皆」上半殘泐，左「匕」隱約見外輪廓，右「匕」見局部刻痕，「白」筆跡結體尚清）填（「塡」疑石質硬，刻痕齊全刻痕略淺，辨識無礙）礆（「溪礆」，崖面不平、形存可辨識）棧（棧）（「棧」筆劃全，刻痕虛實不一）壑（「壑壑」，左臨裂紋，下半崖面不整，「宀」稍隱，其他刻痕尚可），砰（「砰」，「石」偏旁結構潔晰，右半泐殘漫漶，「平」刻痕約略可辨）嶮（「險嶮」，實刻痕下「兩人」改爲「四點」，撇和捺畫勁挺，兩「口」形不規則，左半「山」筆痕稍隱，右半刻痕清，右臨豎泐痕）梁（「梁」殘泐，下半「木」之撇畫殘，豎筆下段滅，整字隱隱可辨）危（「危」，上部刻痕U口走刀，撇畫尤其清晰有精神，下半「乚」筆劃U口走刀，其臥底處刻跡顯豐滿）自（「自」，崖面局部蝕剝，上短撇畫及右豎畫刻痕不顯，「目」內第二橫畫末筆端剝落）迴（「迴」，「向」橫折之橫跡最清晰，餘下刻痕磨損近滅，輪廓隱約可認，走之底刻痕清明，左上兩點畫刻痕均如瓢匙，臥捺，勁直右上斜行，筆劃末段衝過裂痕，殘破），車（「車」置裂隙、泐殘、石凸之地，刻痕漫漶難識）至（「至」置斜形小石凹，左三分之一刻跡磨滅，右三分之二尚清晰，基本可識，）谷（「谷」漫漶，上右點滅，余下刻痕尚清晰）
14 /

第十五列：口（「口」右上角連石花）二（「二」第一橫畫起筆殘破，第二

橫筆末滅）**百**（「百」橫折之折處崩口，「日」中橫畫起筆口大）**餘**（「余」崖面不平，間架尚清晰）**里**（里）**連**（「連」右下角爲石凹，刻跡泐殘，其餘筆痕尚清晰）**輈**（「輈」左有一斜細裂痕，其餘筆痕隱顯不一，隱約可辨識）**駢**（「駢」左、下均殘泐，「馬」左豎畫殘，下四點不顯，餘下筆跡清晰，）**孿**（見碑中字爲「孿孿」，泐，上點畫殘破，橫畫起筆滅，中部刻痕細、右下部豎筆與小橫筆皆泐損，）**而**（「而」右豎鉤緊挨泐條而殘，左豎斷連，其餘刻痕尚可）**進**（「進」崖面略凹凸不整，刻痕尚齊但粗糙，，橫畫左右、豎畫上下微顯錯落，勁直右上斜行末筆端尖收，其間殘連，結體基本完整，另注，其右與下還有豎殘痕，）**往**（「往」左半面一斜狀「／」細裂紋，右一豎穿裂隙，左第一筆殘破；右第一筆泐殘，第一二橫畫起筆滅，第三橫畫殘連，）**哲**（「哲」崖面尚平整，字下面漸凹，「才」豎鉤之豎下半段刻跡略右下行，末筆向左鉤出，鉤處略有殘破，整字刻痕變化豐富，字跡尚清晰）**所**（「所所」見崖刻字，上橫畫明晰，其下左部件刻痕不顯，右部件豎跡磨損甚，豎跡之右有兩很明顯的短橫畫如是「乍」，形疑爲「乍」，是石痕，還是誤刻待考）**不**（「不」上橫畫中段剝落）**工**（工），**前**（「前」上部「ソ、一」筆劃清晰，「月」「ノ、丨」筆劃與周邊窪地平，「刂」磨損，刻痕略隱）**賢**（「賢」崖面不整，「臣」局部蝕剝，「又」橫撇起筆刻痕磨滅，「貝」左右豎跡均不太清晰）**所**（「所」，崖面殘泐，石痕累累，刻痕若隱若現，大略辯之）**輟**（輟）**思**（「思」刻痕清晰，「心」，左點刻痕爲斜條，中、右點畫刻痕形如瓢匙，臥捺略右上傾刻痕 U 口走刀，圓轉，末端尖收，）**莫**（莫）15 /

第十六列：**不**（不）**夷**（「夷夷」，撇畫 U 型走刀，上段刻痕細，下段加深加大，筆劃末端向左下鏟出瓢型刻痕修飾筆末的厚實；捺畫起筆左擺（左彎）尖入 U 型中心走刀漸細，由此再漸粗；另外，下橫畫，起筆刻痕 U 型製成左瓢匙形，刀痕漸輕漸細，再由細漸重漸粗，向右下圓型收筆，表達嫵媚的橫畫；「口」部各豎、橫畫連接處刻痕彎轉，）**通**（「通」，崖面略不整，「用」之豎鉤畫下半段之右面剝落，走之底左上刻痕泐殘，臥捺圓起平行至 2 / 3 處，方折平行筆末尖收）**焉**（「焉」居石凹面，依勢造形，筆劃刻跡豐富，上三橫畫各異，第一橫圓起尖出，第二橫刻痕勻，第三橫重起輕收且圓起圓收，下四點刻痕如瓢匙狀，大小不一形態各異，圓潤飽滿，「馬」，左豎略向右弧；）

王（「王」上橫畫中段崩形如▼，其餘筆痕尚好，另有一斜石痕從上橫畫起筆處穿入從豎筆劃底下出）生（「生」，崖面略微不平，第二橫畫起筆之上蝕剝，字跡尚清，）履（「履」崖面略不平，主體尚清晰，）之（「之」石面多層剝脫，上橫筆不顯，其上有一橫裂紋明而細，其下兩重要刻痕清晰），可（可）無（無）臨（「臨」左邊刻痕局部漫漶，右邊筆跡結體皆清晰，）深（「深」寶蓋頭右下有小石凸，刻痕尚完整）之（「之」崖面由左上至右上有三層，上點畫殘漶，可辨）歎（「歎」刻痕淺，筆形全，）；葛（「葛」上半較下半刻痕淺，草頭，右「丿」畫為 V 型走刀，略顯力度，「日」橫折接口走刀圓轉，橫折鉤及「匚」均為 U 型走刀，其折處刻痕順勢彎轉），氏（「氏」崖面漶殘凹凹凸凸，刻痕多殘破，結體略可辨））若（若）存（「存存」，見崖字「存」無左邊之豎畫，為「存」異體字，崖面不平，撇痕有三，疑左邊一條為刻痕，餘下兩為石痕，「子」豎鉤，其豎與鉤接口圓轉），幸（幸）息（「息」注，「心」三點刻痕形如瓢匙，臥捺尖起尖收，）木（「木」崖面凹凸，橫畫起筆漶殘，其下有一小石凸，豎鉤之豎筆中段有窪點鉤處圓轉）牛（牛）

16 ／

第十七列：本行有漶裂行大擺動 之（「之」崖面凹凸不整，殘痕不少，刻痕尚清，臥捺筆末端與豎棱痕觸碰損口如▲形，撇畫刻痕與另一棱痕相交）勞（「勞」，上「兩火」及撇、捺」畫隱約可見，「力」漫漶不清）。於（「於拎」，上臨石凸面，左半「才」略帶石花、漶損，可識，右「令」刻痕結體皆清晰，）是（「是」見刻痕為「是」。「日」及下橫畫刻痕皆明晰，其下「之」橫與撇之交角崩，撇末筆端及平捺前半段因面脫層刻痕略損）畜（「畜」崖面不整，左上臨石凸，右下臨石凹，上橫畫 V 型走刀順裂紋刻痕，「麼」漶殘，下「田」左豎與下橫畫交接處為彎轉，非折轉，）產（「產」崖面局部蝕剝，「生」部件，依崖面石痕刻形，其第一橫形如⌒，第二橫形如⌣）鹽（「鹽鹽」，左上角「土」及右上角「丆」石面均微拱，基本刻跡尚存，）鐵（「鐵」漫漶殊甚，主筆尚清，依形約略辯知）之（「之」左上大漶殘，撇、捺二筆均存形）利（「利」，「禾」左臨剝層，第二橫畫及撇畫略損，餘下刻跡尚清晰，右半漶殘殊甚，「刂」刻痕掩於其間）紈（「紈」，「糸」與「丸」異面，「糸」崖面略低刻痕尚清晰，右部崖面微拱，刻跡稍隱）錦（「錦」刻痕稍淺，結構完整可識）閣（「闕闕」「四」、「炎」刻痕尚清，「刂」豎鉤中段刻跡模糊）

氊（「氊」崖面不整，局部剝脫，「毛」「乚」刻跡稍模糊，其彎轉外左連一石痕，） 之 （「之」崖面略不平，筆劃豐富，上點，刻痕如小勺狀，上橫畫刻痕起刀下緣加圓修飾如頓筆，中段刻痕略上拱，以表現整條橫畫的張力，捺畫右下行刻漸粗，其末端上下修飾捺腳，具有書寫意味，「之」與後字「饒」字距大，注：第17行「之」後段因有裂泐，故「之饒充牣」等字，或間距大，或為避開泐裂痕左、右擺，（如「之」與「饒」字距大，「充」縮小右擺，「牣」亦右擺，） 饒 （「饒」漫漶，「食」撇畫中段之右面剝脫，「堯」之右有豎殘泐痕，「乚」筆劃末段泐殘，字刻跡略顯凌亂，可識） 充 （「充」崖面不整，右下面局部磨損，「乚」起筆滅，整字微縮小右擺，） 牣 （「牣」字往右擺，左半面有明顯豎泐痕，「牛」刻痕隱，右「刃」筆劃全，刻痕間面微拱，字跡依形約略辨識）， 川 （「川」，刻痕略隱，尚可識」） 内 （「內」，左豎畫模糊，橫折之橫跡被撇畫分左右兩，略有移位，撇畫其面蝕剝，刻痕略隱，） 四 （「四」，獨置一突出之石凸面，四方形，上橫筆刻痕清，其左、下、右由石凸邊緣作外輪廓痕，「兒」刻痕略模糊，其下有兩條很顯形如「厂」的石棱，） 民 （「民」左豎鉤筆劃上半段刻跡磨損甚，斜鉤之鉤畫末筆端略有泐殘）17／

第十八列： 富 （「富」上半崖面不整，寶蓋頭左豎畫泐殘，橫折之橫刻跡細，折處殘，「口」與「田」刻痕尚清晰，右臨風化泐痕） 實 （「實」崖面凹凸不平，右下一窪，刻痕多細，「貝」部件右豎畫泐殘，下兩點損）， 百 （「百」，「白」之短撇畫略隱） 牲 （「牲」，「牛」提筆較模糊） 息 （「息」橫折為彎轉非折轉，注「心，左點為刻長點，另兩點刻痕均為如小勺狀，臥捺尖起 U 口走刀，末端尖收，） 肩 （「肩」靠左風化剝脫，崖面略凹低，「月」橫折鉤之豎跡磨滅。）， 壯 （「壯」左半模糊，，右半刻痕清明，右下角連斜凸面，「壯」縮小至左上） 矣 （「矣」下半面有石痕形如「八」，撇畫下段與石痕重而隱，捺畫刻於石痕緣略殘） 自 （自）、 非 （「非」右連石隙，字向左擺，右豎色暗形隱，筆劃豐富，筆劃刻痕粗細長短均有變化） 思 （「思」，右連石棱，「心」之臥鉤末筆端殘） 埒 （「埒」U 型走刀，「夕」橫折之折處刻跡圓轉，「寸」，豎鉤之豎與鉤轉折處刻跡圓轉順接，） 班 （班） 爾 （「爾」刻痕模糊，隱約可識）， 籌 （「籌」「亅」蝕剝刻跡磨滅，餘下刻痕略細尚清晰） 等 （「等等」，「廿」部刻痕近滅，） 張 （「張」崖面略坑窪不整，刻痕尚齊結構可認） 蔡 （「蔡」，崖面粗糙略凹，刻痕局布不清，） 忠 （「忠」上下部件不同面，上凸下略凹，「中」左面更凸，左豎畫刻痕剝脫，餘下刻痕多

漶殘然形存，「心」部位凹面刻痕清，臥捺圓弧右上傾）公（「公」「厶」部清晰，「八」部撇刻跡順斜石棱行刻）忘（「忘」微漶，刻道明，「心」左點畫殘破，右點畫下連石凸）私（「私」，「禾」部豎畫略隱，左右部件間有豎條石痕），18 /

第十九列：何（「何」，「口」右下角連一小石凹）能（能能）成（成）其（「其」第一小橫畫左上脫層狀如▲）事（「事」上橫畫末段略蝕剝，「口」刻跡彎轉，「ヨ」橫折之橫起筆前有一小石凹，其豎跡剝脫）哉（「哉」，崖面小漫漶，左下「勹」部件略不顯）乃（「乃」周邊崖面蝕剝，其刻這依形勢收放筆劃，橫折橫折鉤，U口走刀，第二橫折刻跡漸行漸粗，末端彎轉，形如月牙，刻跡十分順暢），作（「亻」之撇畫順刻於石凹緣，「乍」下橫畫 U口走刀，刻痕略厚實圓潤，具有書寫性）銘（銘）曰（「曰」左豎順石凹緣刻痕 19 /

第二十列：龍（「龍」，「立」兩點模糊，「月」左撇亦隱，字左右部間間有一豎石痕，原本「乚」內加「三」現爲「二」省「一」）門（門）斯（「斯」，「其」左豎畫起筆殘，下橫畫起筆之上略有蝕剝，其與左豎畫交觸崩口如「◣」狀，「斤」，「丿」畫順折棱刻痕）鑿（「鑿」，上半局部刻跡不清，「金」部捺畫起筆上緣凸中段磨損），大（「大」刻痕清晰，捺畫順刻於石棱痕邊緣）禹（「禹」，上「口」橫豎接頭多彎轉，「内」部件，左豎畫末段左面凹低，橫折鉤之折處有書寫特色，即，橫畫 U口走刀，至折處右下圓轉，筆劃末端左出修圓成小勺形，「厶」撇、提、點等筆劃刻痕變化多樣）所（「所」，刻痕尚清晰，注，橫筆上有石痕形如「丷」）彰（「彰」，左上點順小石凸之緣刻痕）。茲（「茲」刻痕清晰，草頭「艸」中段有一石凸形如「⌒」，其左「十」與右「ナ」筆劃刻痕分別順石凸之棱形佈線）嚴（「嚴」刻痕結體均好）迺（「迺」同「乃」，見刻痕實爲「迊」即「乃」爲「辶」。「西」上橫畫順石棱刻，筆跡清晰，走之底「辶」之左刻痕亦順石棱行刻，刻痕稍模糊，其臥捺向右上徑直傾斜至筆劃末端尖收刀，刻跡險俊、勁挺）穴（「穴内」筆跡清晰，「兒」「丿」撇刻痕末段順刻於石凹緣）肇（「肇＝肇」，頂處左右崖面漶殘，刻痕模糊）自（「自」置一石凹，上橫畫及右豎畫分別順刻於石棱，）漢（「漢」置多面，草頭左豎順刻石凹緣，「夫」之「丿」畫順刻於石凸緣，其第二橫畫右段及捺畫刻跡均局部滅）皇（「皇」上撇畫隱，「日」左右豎刻

跡外拓，其與下橫畫交接處爲彎轉，「王」下橫畫如~，順石凸上緣刻痕，筆劃末端飾以雁尾，）。𦬊（「導𦬊」刻跡 U 型走刀，「道」的刻痕如筆墨書寫一般。「木」底下泐損，豎鉤之鉤位略殘破） 此（「此」，「乚」末段複刀修飾鉤腳，刻跡渾厚。） 中（中） 國（「國」崖面窪地漫漶，刻跡模湖，右上角殘破，結體隱略可辨），以（「以」隱約見刻跡爲「叺」。有一弧形「⌒」棱痕橫於字中，筆痕或滅或僅存零碎刻跡，難辯） 宣（「宣」左崖面略凹低，上點畫略隱，寶蓋頭左豎滅，其餘刻痕尚好）20 /

第二十一列：四（四）方（「方」上橫畫末段刻於石凸，下刻痕內面略低凹，下部件化「橫折鉤」爲「彎鉤」筆劃圓轉）。其（「其」右豎畫之右有一橢圓形略淺凹面，上橫畫末段刻於淺凹面上緣刻跡損，底下長橫筆末端泐殘） 功（「功功」，右崖面上凸下淺凹，刻痕、結體均清，「工」豎畫順刻淺凹緣，「刀」部撇畫起筆止於凸面） 伊（「伊」，「尹」撇畫刻痕末段修飾撇腳） 何（「何」本字有三小石凹分別位於「可」上橫畫中段及尾端，還有豎鉤之鉤處，只有橫畫中段受損餘下無恙） 既（「既」左右異面，主體刻痕在左凹低面，豎彎鉤末段在凸面，刻痕結體尚好，「旡」部撇畫起筆不顯，豎彎鉤刻痕具有自然的書寫性） 逸（「逸」處低凹面且起伏不平，左右均爲下傾面，「免」刻跡尚可，走之底之左順刻於斜面與正面之交線，漫漶，臥捺右下行刻跡隨凹凸面起落、末端圓收刀，無飾捺腳） 且（「且」上橫折畫之橫起筆一石花，第二三橫畫末筆端皆滅，底橫中段損，輪廓尚顯，可識） 康（「康」漫漶殊甚，上半刻痕橫糊，下半依形隱略辨之）。去（「去」下半「厶」點畫泐殘） 深（「深」漫漶，三點水及穴寶蓋刻痕略不清，「木」部撇處亦有殘破然刻跡尚可，約略辨識） 去（「去」置如三角形崖面，筆劃刻痕按形收放。下半「厶」撇筆劃不顯，主體結構形態尚存） 阻（「阻」，「阝」下耳面略凸，結體可識）， 匪（「匪」上半面剝落，左豎畫上半段刻跡滅，底橫畫末段殘破形如▲） 閣（「閣」左上面剝脫，左豎畫泐殘，） 匪（「匪」左豎畫外層剝落，刻跡外緣滅，中間兩豎刻痕磨損甚） 梁（梁） 西（西） 帶（「帶」置一獨立石凸面，順勢順形布局，刻痕略淺尚清晰，有書寫性） 汧（「汧」崖面低凹，勢斜，第二橫畫斷連，） 隴（隴古同通「壠」見刻痕爲「隴」漫漶殊甚，左右部件隱約可辯，中間部件難辨）21 /

第二十二列：東（「東」左下緊挨石窪，撇與豎畫都刻於窪沿，略有變形，

然不影響主體結構）控（「控」刻跡齊而淺）樊（「樊」左部觸及石凸，左「木」部件損，橫畫起筆殘連，）襄（「襄」石痕豎穿字左，數條橫畫起筆或斷或滅，下撇畫斷連，結體尚好，可辨識）。河（「河」殘泐殊甚，大片剝落，字外形略存，隱約可識）山（「山」左右異面，略有左低右高，中豎跡順石痕而行，爲掩泐痕刻跡超長，其左右豎畫刻道與外面平，整字輪廓尚清晰）雖（「雖」崖面凹凸紋路皺，刻痕尚齊，）嶮（「嶮」置略拱起的崖面，局部風化蒼茫，刻痕與崖紋溶爲一體，不知是刻痕還是石紋。依字的間架尚明爲「嶮」字），憑（「憑（漢）」風化殘泐殊甚，「憑」還是「漢」，難以確認，暫以「漢」論，待考）德（「德德」，崖面凸凹，石紋皺，雙人傍刻痕尚清，右部件有明顯的石痕從上穿下，石花在「四」右下，石紋、石痕、石花、刻跡交織，刻痕略顯雜亂，依輪廓約略可辨）是（「是」細殘痕豎串其中，字痕可識）強（「強」清晰，「雖」豎條出頭，其上橫跡與「弓」上橫跡順石棱緣刻痕）。昔（「昔」上半風化剝層只見殘破石花「艸」刻跡漫漶，下半橫畫及以下皆清晰）惟（「惟」上連殘痕形如「⌒」，左部豎心傍之豎筆殘連，中部單人傍之豎畫起筆磨滅，最右部件尚清晰）幾（「幾」右下角有一斜泐痕，斜鉤末筆端殘破，「田」內「十」刻痕模糊，其餘主筆痕尚清晰）旬（「旬」，殘泐，「勹」刻跡尚清晰，「田」外輪廓線尚明，「十」內剝落，豎畫滅，橫畫殘連），今（「今」，「人」部件，撇畫起筆略殘，其捺筆依石之裂痕行刻，上點畫末筆端刻跡滅，「フ」部件之折筆泐殘，整字可辨識）則（「則」，崖面風化，泐殘殊甚，「貝」之「目」刻痕滅，下兩點隱略可見，「刂」刻跡尚可見，本字極難識別）關（「關」置石窪，崖面不平，刻痕殘破不清）壇（「疆壇」，居石凸面，上臨大石凹，「土」之豎畫起筆殘破，右半刻跡尚清晰）。永（「永」位凹面，豎鉤畫下半段移位斷連，豎與捺畫之間面蝕剝，結體清明）懷（「懷」，居石窪，崖面漫漶，筆痕猶存，可識）22 /

第二十三列：古（「古」刻痕略淺，筆劃完整）烈（「烈」下四點尚清，「列」部件其刻痕隱隱可見），跡（「跡」其左上及右下方均臨石凹，「𧾷」實刻於相對獨立的左面，刻痕清晰，「亦」刻跡落於右邊石凸上，左右部件間有一裂隙，順勢附形，其「亠」刻痕能見，其下筆痕略隱）在（「在」，撇畫末筆端刻痕模糊，左豎畫亦不明，「土」上橫畫之上局部剝落）人（人）亡（「亡」下橫畫刻跡末端蝕剝）。不（「不」刻痕間架均清晰，撇畫刀口斜側，捺畫末端補刀修飾圓潤捺腳。）逢（「逢」，下半局部蝕剝，「夆」刻痕尚可識，「⻌」

豎筆末端滅，走之底左道模糊，下臥捺尚明晰，）**殊**（「殊」之「朱」，捺畫之上剝層之下凸起）**績**（「績」「糸」連同「貝」其下整片剝落，絞絲傍，隱約見第一筆「∠」，以下刻痕滅，「責」可見上半及「貝」之右上角，左下刻跡全滅），**何**（「何」之「可」上橫畫末端徑直衝刀至字外一豎裂隙止，豎鉤之豎跡略弧鉤筆圓轉。）**用**（「用」其刻於略凹石面，順形刻痕，間架完整，）**再**（「再耳」崖面局部蝕剝，斜石痕「\」穿其中，左豎畫末端磨損，其字右臨石裂及石凹，）**光**（「光」筆劃全，刻跡圓潤）。**水**（「水」左撇畫與中豎鉤之豎跡略模糊，右撇捺間面泐殘）**眺**（「眺眺」見刻痕為「眺」「目」刻痕口大，痕截面凸，刻跡略不清，「兆」部寫法如「珤兆」刻跡尚清晰，帶有行書化意味）**悠**（「悠」微漫漶，筆痕尚全，可辨）**晶**（「晶」崖面微不平，上「白」周邊蝕剝，其下兩「白」撇筆隱，「日」筆跡圓轉）），**林**（「林」石面稍不平，左豎畫末端刻跡模滅）**望**（「望」表面凹凸，「月」部刻微亂，「王」部二三橫畫間靠左有小石凸及小凹痕，第三橫畫起筆刀口略寬刻跡至中段殘連）**幽**（「幽」左豎畫外連凹痕，右豎畫外連裂隙）**長**（「長」置於黑暗泐凹地，上半部件刻痕隱約可見，長橫畫末段遇石凸受阻，下半豎提之豎殘連，撇、捺筆隱於石凹）。23 /

第二十四列：**夕**（「夕」字徑小刻痕尚清）**凝**（「凝」大部分刻痕略淺，可辨識）**曉**（「曉」左半「日」部見刻痕為「目」，右半上段刻跡泐殘，結體微不清，下段「兀」部件可識，）**露**（「露」，崖面凹凸不整，「雨」部左右各兩點變為各一點，「路」刻痕略模糊），**畫**（「畫」崖面平整，刻痕及間架均好）**含**（「含」見刻痕為「含」，撇畫刻於淺表漫漶層刻跡清晰，其餘筆劃刻痕及結構皆明晰，）**曙**（「曙曙」，左「日」部件左豎略漫漶，下右上「土「部「豎」筆劃隱）**霜**（「霜」崖面略皺，刻痕結體尚好）**秋**（「秋」上凹凸交界，「秋」與上字間距略下移，其字刻於一折崖斜面，隨勢附形，結體微變形，左半筆痕細，右半刻痕粗，捺刻痕飽滿，如顏體）**風**（「風」處崖凹一斜窄面，左連石凸面，右連石凹面，右上臨泐殘層，字輪廓刻痕順石痕線行進。筆劃全，形呆板，可辨識，字左擺）**夏**（「夏」崖面拱平不一，上橫畫末筆端斷，「自」刻跡略淺，下部件，長橫殘連。兩撇畫在微凸面，刻跡清晰，起筆處略隱，捺畫末筆端折殘，字略左擺）**起**（「起」，「走」，實見刻痕為：「赱」，崖面略拱且不整，左、右臨石凹，隨勢附形，臥捺刻跡圓起右行至末端修飾方形捺腳尖收刀）**寒**（「寒」刻痕及間架皆清晰，下橫畫圓起中段漸細末端

圓收，如筆墨書寫一般，撇捺及下兩點書寫意味均濃）鳥（「鳥」刻痕線條圓轉自然順暢，具有書寫性）春（「春」其上、左面均略凹低，石面稍粗，刻跡尚清，）傷（「傷」崖面凹凸不平，左半亻→彳，筆跡勒刻刀口淺，右半除「日」部件刻痕稍含糊外其他尚好，注右半面，長橫畫下有小石凸，另，右半之右臨泐層，與小石花、石凹、石凸接連）。穹（「穹」其較左右周邊面略高一層，「弓」下面橫折鉤筆劃其刻跡 U 型走刀且帶粗細變化，）隆（「隆」石面略粗糙，左耳傍「阝」勒刻略淺，右傍，「夂」第一撇畫蝕剝，其餘刻痕尚清晰，結體可識）高（「高」崖面粗，一石棱從上點畫入向左下斜穿，刻痕大體情況是——橫向刻痕細而深，豎向刻痕粗而淺，結構完善）閣（「閣」崖面粗糙，筆痕粗細深淺不一，可辨識），有（「有」上橫畫之右段與「月」之頂橫間截面凸，「月」左撇畫寬而不清晰）車（「車」崖面暗且黑石粒重重，然刻跡尚流暢清明）24 /

第二十五列：轔（「轔」，置於獨立、傾斜之石凸面上，「車」下橫筆斷連，右半「夕」部件殘破，）〵（上「轔」右下角隱約見重複號「〵」，以「〵」代「轔」字，）。威（「威」泐殘殊甚，其較顯之刻痕即「厂」之橫筆、其下之短橫畫，較隱的刻痕是「弋」，餘下盡是零碎筆劃，是「威」還是「咸」難以決斷，按詞意，本字下一字為「夷」，如是組成「威夷」是「逶迤」之意更合適）夷（「夷」，殘泐，隱約可辨識）石（「石」，「ア」，其刻跡沿石棱形狀行刻，撇畫略顯斷殘，「口」刻痕圓轉清晰）道（「道」，「首」上兩點刻痕如瓢匙，橫畫刻痕圓起圓收，如書寫一般，「目」左豎畫帶弧狀右豎畫略直，底下臥捺，圓起徑直斜下，筆劃末端方折略翹上修飾捺腳，其末筆端觸一豎石棱微殘，整字如筆墨書寫，盡顯儒雅風味。）駟（「駟」刻痕清晰，「馬」橫折鉤刻跡圓轉順暢）牡（「牡」見刻痕「牡」加一點，與上一字合「駟牡」指駕一車的四匹牡（公）馬。）其（「其」崖面凹低，右豎泐殘）駰（「駰」左半「馬」偏旁左豎斷連，右半為「囙」（「因」）上橫借殘痕為筆劃）千（千）載（「載」崖面泐，「車」部件豎畫末段刻痕滅，斜鉤之鉤與上斜畫不接痕）絕（「絕」，「糹」上半蝕剝刻痕不清，「巴」上半中豎及右小豎刻痕隱）軌（「軌」，「車」下橫畫順刻於石凸緣，田輪廓線圓轉「几」左「丿」刻痕略淺，右「乚」起筆遇石凸刻痕不暢，中末段刻痕顯明），百（「百」，崖面不平，橫折之折處有兩個痕，上為刻痕下為石痕，注：字上有三條凸石痕）輛（「輛」見字為「兩」石表略顯凹凸，）更（「更」字下方有石凸，殘痕形如「＿／」，刻跡

U型走刀，筆道圓潤完整）新（「新」崖面力吵整，左下「木」豎畫之末段泐殘）。敢（「敢」崖面稍粗糙，刻痕清晰）刊（「刊」石表層略顯凸凹，左傍清晰，「刂」短豎畫刻痕，）巖（「岩巖」石糙，刻痕齊全，結體完整）曲（「曲」泐殘，刻痕局部泐殘，約略可識）25 ／

第二十六列：以（「以叺」左傍刻痕模糊，「人」部件ノ撇畫刻痕淺淡，隱隱辨之，捺筆入風化層其刻痕幾近掩沒，）紀（「紀」，「系」上半刻痕模糊，下隱約可見，「己」上半刻痕淺淡，只「乚」末段刻痕順裂紋刻故特深而顯）鴻（「鴻」崖面漫漶，「氵」清晰，「工」豎筆不顯，「鳥」刻跡明晰，注，上小撇畫以橫畫代之，）塵（「塵」石表層風化殊甚，下臨石凹，能見尚完整刻跡是「廣」及底下「土」等，其餘部件刻痕若隱若現，約略辨之）。魏（「魏」）永（永）平（平）二（二）年（「年」一斜裂隙將第三橫刻跡泐殘，其餘筆痕尚存，約略可識，）太（「太」橫畫前半段刻於泐層略為模糊，撇畫起筆泐損，丶捺、點等刻跡均清晰）歲（「歲，」刻痕尚可，崖面微粗，略有微小石痕易與點畫混）己（「己」橫折之折刻痕粗且深）丑（「丑」，崖面略有凹凸狀，中間小橫畫斷連，基本刻跡尚完整）正（「正」下加「一」清晰）月（月）己（「己」橫折之折處有不太顯的殘面形如◥，折下痕跡也刻於含隱形▲之中））卯（「卯」刻跡局部不顯，「丿」畫上段模糊，全字隱約可辯。）朔（「朔√」之「屰」上兩點丷不顯，「凵」左右豎短而隱，「月」部件清晰，隱約可辨，）卅（卅）日（日）戊（戊）申（「申」豎痕末段刻跡不顯，字尚可辨）26 ／

第二十七列：梁（「梁」實看字為「㮚」，崖面高低不平，「氵」上點泐殘，「丑」橫折之折處蝕剝，「木」橫畫泐殘，左點及豎刻跡皆隱）秦（「秦」，石表層稍漫漶「禾」第二橫刻痕不清，）典（「典」實看刻字為「典」崖面漫漶，下兩點疑為順用天然石痕，注，左豎之左及左豎之上都存石痕右點錯位）籤（「籤」長橫、斜鉤等主筆刻痕尚清晰，其餘刻痕模糊不清）太（「太」泐甚，刻痕皆殘破，形存可識）原（「原」泐殘殊甚，隱隱辨識）郡（「郡」撇上半段之左面全滅，餘下刻痕尚好）王（王）遠（「遠」，走之底之左、刻跡略模糊，「袁」，上半刻痕不清，疑捺畫起筆及筆末順刻於小石凹，下豎鉤刻痕滅，還是省刻，）書（書）石（石）師（「師」右半「帀」部件之「冂」順一石凸邊緣刻痕，）河（「河」右崖面略凹低，橫畫末筆端泐殘，豎鉤之

豎跡刻痕略隱，鉤刻跡深而顯）南（「南」下框內右點稍隱，「冂」左豎畫Ｕ口匀速走刀，起收筆刀口修飾圓形，似筆調勻圓。橫折之橫畫Ｖ口走刀，表現細勁筆痕，折處轉為Ｕ口走刀，至筆劃末端向左加深加圓修飾如小勺狀，有書寫意味）郡（「郡」漫漶，「君」部件上半刻痕磨損，略模糊，下「口」筆劃結體皆實在，右「阝」下耳外輪廓尚顯，輪廓內面蝕剝，左豎痕略隱）洛（「洛」，「氵」偏旁上兩點顯，下點稍隱，其面微向左傾；隨勢刻痕，「各」行書筆調，部件刻痕或不顯或殘破，隱約辨之）陽（「陽」，「阝」所居面左傾陡度約70度，刻痕尚清，正視形變窄，「易」部件面正，橫畫及撇畫其刻痕口略大，結構明確）縣（「縣」其大多刻痕落入左傾面，崖面粗糙，刻跡局部殘破難顯，字形約略猶存）武（「武」石面微左斜且漫漶殊甚，但橫畫、戈鉤等主筆尚明顯，「止」部件刻痕模糊，整字辯識度低）阿（「阿」左右異面，崖面凹凸粗糙，「阝」置略斜面，刻跡泐殘，「可」在正面，字形猶存）仁（「仁」單人旁，撇畫尚顯，豎痕刻於石棱痕刻跡隱，「二」下橫畫起筆殘）鑿（「鑿」崖面粗糙，局部蝕剝，刻痕略漫漶，字形尚存）字（「字」刻痕結體皆尚好，字右臨一斜裂隙）27／

（六）石門銘小記

現場描述：

第一列：（本行有一大裂痕從崖面頂右端大約碑寬八分之一處向左下斜穿「本西」之右，接著損及「壁文後漢」，再由「永平中開」左端過）本（「本」崖面不整，右臨泐殘，左連蝕剝，上下橫畫起筆及撇畫末端均受損，主體刻痕尚清晰。結體完整。西（「西」微漫漶，筆痕結體尚可）壁（「壁」右「尸」輪廓可見，上框刻痕內面剝落，「辛」左邊蝕剝右連泐殘，其面略凸，刻痕漫漶，「土」，刻痕結體皆尚清晰）文（「文」細裂隙由上橫畫中段經撇捺交點而下，上點刻於石花，橫畫起筆略模糊，撇畫上段順刻於裂紋微損，捺筆刻跡順暢）後（「後」裂紋由上穿下，經左右部件之間隙，末傷刻痕，左「彳」上撇畫刻痕風化殘連，右傍「幺」局部蝕剝，刻跡斷續，「夂」筆痕尚清晰，捺畫末段殘）漢（「漢」左面風化殊甚，三點水滅；一豎裂隙居中，右面，草字頭略漫漶，餘下刻跡清晰）永（「永」兩長裂紋在其左上相交，豎向左下裂紋無傷刻痕，橫向斜上裂紋穿過橫折鉤之豎痕，刻跡殘連，左橫撇之橫刻跡略隱，右撇捺之撇痕略模糊，結體基本完整）平（「平」頂部蝕剝，橫

撇刻跡略漫漶，右長點微泐殘，下橫畫末端殘破右連橫向裂紋，結體基本存好）**中**（「中」漫漶，殘痕多，左豎及下橫畫起筆殘）**開**（「開」崖面蝕剝甚，刻痕局部或磨滅或斷殘，結體可辨）1 /

第二列：**石**（「石」刻痕清晰勁挺，結體完好，刻跡周邊略有淺淡石花）**門**（「門」有一淺淡殘痕從左上斜穿至右豎畫下端，筆痕局部漫漶，筆劃大多尚清），**今**（「今」刻痕清朗勁逸，捺畫末捺腳折處有一豎條略隱石痕）**大**（「大」一豎條泐殘痕與捺畫末段垂直交叉，刻痕略殘破，結體明晰）**魏**（「魏」崖面風化，「禾」刻痕漫漶，左下「女」及右半「鬼」刻痕雖磨損尚可辨）**改**（「改」崖面風化蝕剝殊甚，輪廓約略可辨，一斜裂紋斜穿「攵」捺筆末段，刻痕殘破）**正**（「正」崖面剝落磨損甚，上下刻痕淺淡，中間刻跡近滅，難辨）**始**（「始」風化殊甚凹凸不整，隱約見「女、厶、口」等刻痕元素，不易識別）**五**（「五」主體刻痕清晰，間架完整）2 /

第三列：**年**（「年」崖表面微風化，刻痕尚清晰）**為**（「為」第一橫折之折處上略蝕剝，底部橫折鉤刻跡末段殘連，其內面四點略模糊，結體尚清晰）**永**（「永」下面較上面微高一表層，上半刻痕尚可識，下中豎、左撇等刻痕斷殘，另，下半還有一殘痕斜穿其左撇畫與中豎鉤，整字結體可識）**平**（「平」刻痕完整）**元**（「元」，「丿」畫末端略模糊，「乚」彎處一斜石棱，其末筆端周邊局部蝕剝，刻痕略殘，間架尚清晰）**年**（「年」第一二筆略漫漶，第三橫畫右段殘連，餘筆痕尚清明），**餘**（「余」斜石棱穿過上部，左「食」偏旁撇、點等刻痕殘破，下半刻跡漫漶殊甚，右半「余」崖表蝕剝刻痕略淺，結體清晰）**功**（「功功」殘痕明顯形如「∧」，左「工」右「刀」刻痕皆殘損，加之崖面多處剝落，結體模糊，約略識之），**至**（「至」，「厶」點畫略模糊，字左、右邊泐殘，主體筆跡明晰）3 /

第四列：**二**（「二」右邊泐痕直穿，短橫畫末筆端損，長橫畫左邊蝕剝起筆略模糊，結體尚好）**年**（「年」左面泐，下兩橫畫略殘損，右一殘痕豎穿，上三橫畫微損，筆痕結體可識）**正**（「正」上下刻痕清晰，中兩點漫漶）**月**（「月」崖面不整，「丿、亅」刻痕泐殘，結休可辨）**訖**（「訖」崖面泐殘，局部剝蝕，刻痕尚完整）**乎**（「乎」崖面蝕剝，上右半刻痕略漫漶，豎鉤末段略模糊），**開**（「開」裂隙橫向斜穿其下半，崖面風化殊甚，刻痕淺淡模糊，隱約可辨）**復**（「復」，「彳」泐殘刻跡多滅，右上「丿、丶、日」等刻跡尚清

晰，底部「夊」刻跡漫漶）之（「之」其面有漶痕形如「Ｖ」，與筆痕交錯，刻痕皆受損，結體可識）4／

第五列：年（「年」左上蝕剝，其間刻跡略不清，左右有豎殘痕，底橫畫起收筆均受損，主體刻痕尚清晰字可識）同（「同」左豎畫起筆剝落，右豎鉤刻跡模糊，其下段內面漶殘殊甚，間架可辨）日（「日」崖面剝脫凹低，刻痕淺，左、右豎畫尤為模糊，結體尚好可識）永（「永」左及下成片風化，隱約見痕，餘下刻明晰）平（「平」第一橫折崖面剝落上段刻跡殘破，右半面風化甚，點及長橫畫略受損，結體可認），今（「今」風化層面不一，撇、捺及上點畫刻痕尚可識，橫折之橫畫斷續，折筆刻跡近滅）古（「古」崖面凹凸不整，長橫畫起筆殘破，右臨風化層一片，下有明顯斜裂痕）同（「同」上有斜裂痕，左右豎畫略漫漶）無（「無」崖面漶殘殊甚，刻痕不清，先前有人疑為「世」「鑿」「出」「無」等字，仔細觀察上隱約見 𠂉 一、中間局部蝕剝甚，可見幾條短豎、橫等刻跡。下見長橫與相當模糊的四點灬，依刻跡元素及結體走勢當是「無」字較合宜）5／

第六列：極（「極」崖面漶殘殊甚，「木」偏旁刻跡模糊，約見，「巫」部件風化甚，其右剝脫，整面凹低，刻痕漫漶，隱約辯識）矣（「矣」右半成片風化，上半刻痕可見，撇畫末端殘破，捺下段模糊）哉（「哉」左上崖面蝕剝，右臨大片風化層，捺筆不顯，餘下刻痕尚可見，）後（「後」左半「彳」，上短撇隱，長撇與豎畫其筆劃末端均略模糊，右半刻痕尚可見）之（「之」崖面蝕剝，橫、撇畫中段刻痕略模糊，捺畫刻痕前後段略殘破，結體大略可識）君（「君」石面風化，右上角甚，第一橫折漶殘，長橫畫末筆端蝕剝，間架尚清晰）子（「子」橫畫末段略模糊，字跡清晰）異（「異」上有裂隙，面部蝕剝甚，刻痕漫漶，隱約見輪廓）世（「世」崖面不整，右半有豎殘痕與上下橫畫交，上橫畫中段剝落，末段模糊；下橫畫大體刻痕清晰，結體可識）6／

第七列：同（「同」刻痕尚清晰，崖面殘痕頗多即左豎畫之左、左上斜穿至右豎鉤之鉤、「口」中及下面等）聞（「聞」成片風化，刻痕多殘破，間架隱約辯之）焉（「焉」漫漶，頂端刻痕及底下四點漫漶，餘下筆劃尚好，約略可識）。7／

第八列：賈（「賈」右下崖面不平，右點略隱，其他刻痕及結體尚清晰）哲（「哲」，「才」及「斤」撇、豎畫刻道略為模糊，「口」刻痕清晰）字（「字」

寶蓋頭右點蝕剝，上半面風化磨損刻痕多淺淡，結構可辨）三（「三」刻痕結體皆清晰）德（「德」崖表層風化殊甚，筆道略漫漶，結體可識）8 /

（七）三國 曹魏《李苞通閣道題記》

現場描述：

第一列：＊（有一字，刻痕不清），景（「景」上「日」左豎畫殘連，第一、二橫跡尚完整，第三橫畫右段蝕剝；長橫畫中段磨損，下「日」輪廓尚清晰，內面右下剝脫，下「小」刻痕略為模糊）元（「元」第一二橫畫刻痕尚明晰，撇畫起筆損、豎彎鉤刻痕磨損，隱約可見）四（「四」外框輪廓存，下橫畫刻痕殘破，中間「兒」刻跡不顯，其下有橫向裂紋，其右有右上方向斜形裂紋直通頂橫向界痕）年（「年」上半崖面風化殊甚，刻痕模糊，下半橫刻跡尚清晰，然刻跡時細時粗，時深時淺，豎刻痕殘連，字跡難識）十（「十」橫畫刻痕深而粗，豎刻痕淺而細，可識）二（「二」清晰）月（「月」左撇「丿」蝕剝模糊，右豎鉤刻痕明晰，其右面剝落略凹低，第其餘刻道尚好）十（「十」橫畫刻跡清明，其下局布蝕剝，豎畫刻痕模糊）日（「日」刻痕尚好，結體亦完整，其內表面右下蝕剝，「日」之右下端，由崖底橫向右約五分之二起斜向右豎近二分之一，斜向大面積深層剝脫，占崖面右下角）1 /

第二列：盪（「盪蕩」三點水「氵」崖面蝕剝刻痕模糊，「日」，輪廓明確，上半面剝脫，其下「勿」部刻跡磨損甚，「皿」，輪廓尚明確，上橫起筆蝕糊，下橫畫中段泐殘，中間兩豎不清）寇（「寇」漫漶殊甚，寶蓋頭「宀」上點與橫折刻痕尚可，左點略模糊，「元」刻痕隱約可見，「攴」豎畫刻跡不顯，短橫畫刻痕尚清晰，「又」筆劃泐殘形存，）將（「將」字下有一橫道長裂隙，「爿」兩橫跡尚清晰，豎及撇畫均模糊，右上部件輪廓清晰，內兩點隱，「寸」刻道可見）軍（「軍」上、下均有長橫向裂紋，寶蓋頭橫折之橫跡順上裂紋走刀，底長橫亦依下略隱裂紋勒刻筆痕，「車」其豎畫上段淺淡下段刻跡近滅，中間「田」輪廓形存，內面局部磨蝕）浮（「浮」崖面不整，間架尚明確，三點水下一點略殘，「子孚」橫向裂紋穿其，豎鉤殘連，橫畫略隱）亭（「亭」「亠、口」等部件刻痕尚清晰，「冖」橫刻跡清晰，左、右刻跡蝕剝略顯模糊，「丁」部件豎畫末端刻痕磨滅不清，結體基本形存可識）（「侯」崖面泐殘殊甚，大片蝕剝，刻痕迷糊，難辨）2 /

（八）山河堰落成記

現場描述：

南宋《山河堰落成記》摩崖現狀

第一列：紹（紹）熙（熙）（崖面折斷，「紹熙」二字滅）五（「五」右上角殘）丰（年）丰，山（山）河（河）堰（堰）落（落）成厼（成）（「厼」末筆「乀」刻痕滅）。1 ∕

第二列：郡（郡郜）杏（「夳杏」古同「太」或「泰」）守（守）章（章章）森（森）、常（常）、平（平）使（使）者（者旾）2 ∕

第三列：范（范）中（「中申」，「口」右半面蝕剝，其橫折之橫跡斷續，折豎痕磨滅）藝（藝瓲）。戒（戒爷）帥（帥）王（王王）宗（「宗」之「示」刻痕漫漶）廉（廉），以（以）3 ∕

第四列：（式（式））月（月）丙（丙）辰（辰）徠（來徠）勞（「勞」，右面局布蝕剝，「冖」橫折之折處與「力」的橫折鉤之折處均略模糊）工（「工工」上橫畫右段局部蝕剝）徒（徒）。堰（堰）4 ∕

第六列：別（別）、為（為）六（六，凡（凡）九（九）百（百）三（三）十（十）五（「五」右臨一豎條殘痕）5 ∕

第六列：丈（丈），釃（「釃釃」之「酉」底橫畫之左下蝕剝）渠（渠）四（「四四」，乚豎彎上蝕剝）百（百）式（式）十（十）丈（丈）。木（木）6 ∕

第七列：以（以目）工（「工工」下橫畫中段之上連半圓凹面，「工」刻痕乃明晰）計（計），七（「七」之「乚」V刻跡特明顯）十（十）二（「二」上橫畫末端之下細小蝕剝）萬（「萬」）四（四）千（「千」撇痕之下、長橫畫左段下端局部蝕剝，其間刻跡略漫漶）7 ∕

第八列：九（「九」細裂紋豎穿「乚」底部彎處，刻痕微損）百（百）有（「有」橫畫末端有一豎條細裂痕）奇「奇」石棱痕由上點末端斜穿至豎鉤之鉤處，其間刻痕微損，「口」右豎邊殘痕略顯。「可」豎鉤末段之下蝕剝甚）。工（「工工」橫畫末端略模糊，豎筆漫漶）以（「以」細裂紋從上豎穿撇與捺畫交點並延下一字，刻跡略損，捺畫末段下連一略粗條狀表層剝落殘痕）人（「人」捺畫中段一細裂紋豎穿下，末筆端與一表層石殘痕垂直相

交）**計**（「計」橫畫雁尾處垂掛著石殘痕，刻跡略損），**一**（一～）（波折處有小殘跡，之下還有一馬頭線刻）8 /

第九列：**十**（十）**五**（五）（「五」右豎痕局部微蝕剝）**萬**（萬）（「萬」「門」右豎痕刻跡略粗淺）**九**（「九」「乚」刻跡 V 型走刀明顯）**千**（「千」撇畫與橫畫末段，刀口呈 V 型）**八**（八）**百**（百）**有**（「有」撇畫起筆刻跡稍淺，其上豎殘痕略顯）**奇**（「奇」長橫畫與豎鉤其刻痕 V 型明顯，）。9 /

第十列：**先**（「先」上橫畫左段剝落，刻跡顯寬）**是**（「是」，「日」左豎刻痕局部微蝕剝，「疋」部件其兩點畫微隱，末筆臥捺刻跡 V 型顯）**四**（四）**秊**（「年秊」豎畫刻跡上細下粗變化明顯，上橫畫與底下橫畫刀口 V 型顯）**夏**（「夏憂」上橫畫 V 型刻跡顯），**大**（大）**水**（「水」捺畫末筆端外連小石凹窩），**六**（六）**堰**（堰）10 /

第十一列：**盡**（盡蠱）**決**（決）。**秌**（「秋秌」，「禾」上撇畫之上略有蝕剝），**使**（「使」單人傍、撇畫等刻跡 V 型走刀尤顯）**者**（「者」，「土」及「日」走刀刻跡明顯即中一刀再左右斜切）**被**（「被」，注：「夂」捺畫刻跡變化大，圓起斜上刻跡漸細，彎轉斜下刻跡漸粗，末筆端修飾捺腳，）11 /

第十二列：**旨**（「旨言」中「匕」與「日」之間一殘點），**兼**（「兼蕪」左上點及第一、二橫畫起筆處略漫漶，底橫畫前段刻痕較中後段略低）**守**「守」崖面小殘痕多，另注：寶蓋頭刻痕勻而圓，「寸」橫畫刻跡圓起尖收，刀口深而寬）**事**（事），**會**（會）**凡**（凡）**役**（役），**慨**（「慨」凡橫向筆劃刻痕相對粗）**念**（「念念」，「心」左點不顯）12 /

第十三列：**民**（「民」，注：捺筆劃刻跡 V 型走刀明晰）**輸**（「輸」一略粗裂隙從「車」偏旁之左徑直穿下，其上、下橫畫起筆損，中部左豎畫順刻於裂隙）**當**（「當」左緣一裂隙由上續下徑直穿，「⺌」左短豎順著裂紋行刻，共刻痕略損）**四**（「四」左面一由上而下之裂紋豎穿，上、下橫畫起段殘連）**倍**（「倍」裂隙從右部件之左緣下，「立」上下橫畫及左點均殘，「口」之左豎畫順裂痕刻，注：「亻」豎畫極纖細）**扵**（「扵於」裂隙由左右部件中間斜勢豎入）**每**（「每每」）**歲**（「歲」細裂紋略隱由「山」之右豎穿字底下）**之**（「之」注：臥捺之末筆端刻痕修飾飛白擬虛）13 /

第十四列：常（常），迺（「乃迺」走之底起筆略有蝕剝，注：臥捺之末筆端刻痕修飾飛白擬虛）宜（官）出（出）錢（「錢」左刻跡元素形態異於常，右下「戈」省個點）萬（萬萬）緝（緝）爲（爲）民（民）14 /

第十五列：助（「助」注：「月」撇畫尤其細，下長橫畫雁尾由細漸粗變化誇張）。查（查）沆（沆）賈（賈），嗣（嗣）祖（「祖」，「示」偏旁第一二橫畫起筆及撇、豎畫等刻痕均略模糊）、晏（晏）袠（袠）、張（張）15 /

第十六列：柄（柄），實（實）董（董）其（其）事（事）。16 /

附表：石門石刻信息匯總表

表 1.1　石門石刻信息匯總表（石門隧道中心區）

總體概況　石門隧道（石門洞），開鑿於漢永平六年至九年（公元 63～66），位於褒河西岸，並與褒河同向，呈南北走向。

石刻時期　漢至民國（公元 148～1938 年）近二千年，石刻總數 38（西壁 22，東壁 16），字體（楷）17，（隸）20，（行）1

序號	名稱	年代	所處位置	類別形制及狀況	石刻內容 注：「／」爲石刻行止〔1〕爲「或」符號	現存地品相
1	《石門頌》亦稱《故司隸校尉楗爲楊君頌》《楊孟文頌》《楊孟文頌碑》《楊厥碑》等「石門十三品」之一	東漢建和二年（公元148年）仲冬上旬	古石門隧道西壁	摩崖，其形制爲▯ 上爲題額，呈小長方形，高54釐米，寬35釐米，計二行十字，字徑：縱6至8釐米，闊10至13釐米。其下爲主體，呈豎立長方形。通高261釐米，寬205釐米；正文及落款共計607字，分二二行，每行大多爲30、31字，最多37字，最少3字，還有其他字數不等，字徑：縱4至5釐米，闊6至7釐米。王戒書丹，刻石者不詳。風格渾厚飄逸，是隸中極品。與《甫閣頌》《西狹頌》並稱漢三頌。	故司隸校尉楗爲楊君頌 惟坤靈定位，川澤股躬，澤有所注，川有所通。余（斜）谷之川，其澤南隆，八方所達，益／域爲充／。高祖受命，興於漢中，道由子午；出散入秦，建定帝位，以漢祇焉。後／以子午，途路澁（澀）難，更隨圍谷，復通堂光。凡此四道。垓鬲（隔）尤艱。至於永平，其有四／年，詔書開余（斜），鑿通石門。中遭元二，西夷虐殘，橋梁斷絕，子午復循。上則縣（懸）峻，／屈曲流顛；下則入冥（冥），傾（傾）寫（瀉）輸淵。平阿（泉｜淖）泥，常蔭鮮晏，木石相距，利磨確磐。臨危／槍碭，履尾心寒。空輿輕騎，滯礙弗前，惡蟲蔽狩，虵（蛇）蛭毒蝮。未秋截霜，稼苗夭殘／。終年不登，匱餒之患。卑者楚惡，尊者弗安。愁苦之難，焉可具言！於是明知故司／隸校尉楗爲武陽楊君厥字孟文，深執忠伉，數上奏請。有司議駁，君遂執爭。百／僚咸從，帝用是聽。廢子由斯，得其度經。功飭爾要，敞而晏平。清涼調和，烝烝艾／寧。至建和二年仲冬上旬，漢中太守楗爲武陽王升字稚紀，涉歷山道，推序本／原。嘉君明知，美其仁賢。勒石頌德，以明厥勳。其辭曰：／君德明明，燈煥彌光。刾（刺）過拾遺，屬清八荒。奉魁承杓。綏億衙彊。春宣聖恩，秋貶若／霜。無偏蕩蕩，貞雅以方。寧靜烝庶，政與乾通。輔主匡君，循禮有常。咸曉地理，知世／紀綱。言必忠義，匪石厥章。恢弘大節，讜而益明。揆往卓今，謀合朝情。醳（釋）艱即安，有／勳有榮。禹鑿龍門，君其繼縱。上	漢中博物館品相尚好

				順斗極，下答坤皇。自南自北，四海攸通。君子安／樂，庶士悅雍。商人咸憘，農夫永同。春秋記異，今而紀功。垂流億載，世世歡誦／。序曰：明哉仁知，豫識難易。原度天道，安危所歸。勤勤竭誠，榮名休麗。／五官掾南鄭趙邵字季南，屬襃中晁漢彊字產伯，書佐西成（城）王戒字文寶主／王府君閔谷道危難，分置六部道橋，特遣行丞事西成（城）韓朖字顯公，都督掾南鄭魏整字伯玉，後／遣趙誦字公梁，案察中曹卓行，造作石積，萬世之基。或解高格，下就平易，行者欣／然焉！伯玉即日徙署行丞事，守安陽長／	
2	《李君表》亦稱《右扶風丞李君通閣道表》《李君通閣道記》《李君通閣道表》《永壽殘刻》《李壽表》等「石門十三品」之一	東漢永壽元年（公元155年）	石門隧道西壁「石門」石刻之南側	摩崖，豎立長方形，通高36釐米，寬24釐米，額部正中有一「表」字，字徑5至6釐米，以下正文7行，每行大多為12字，字徑約3至4釐米。原有七十餘字，今存約五十餘字，字體漢隸。撰文、書丹及刻石者均不詳。此崖面布滿石花與泐痕，字跡不清。	表 右扶風丞犍為武陽李君，諱／禹，字季本（杰｜士），以永壽元年中始興／解大臺政，由其卑安平之處，萬民／懽（歡）喜，行人蒙福。君故牧益州從／事，再舉孝廉，尚苻璽郎，巴／郡朐忍令，換漢中城固令，遷宜／禾都尉／	漢中博物館個別地方泐損
3	《楊淮表紀》亦稱《楊淮、楊弼表紀》等「石門十三品」之一	東漢熹平二年（公元173年）二月	石門隧道西壁《石門頌》之南側	摩崖，豎立長形，通高216釐米，上沿寬67釐米，下沿寬50釐米，文七行，每行少則十幾字，多則三十餘字，字徑5至7釐米，今存一百七十餘字，字體漢隸，黃門卞玉撰文，書	故司隸挍（校）尉楊君，厥諱淮，字伯邳，舉孝廉，尚書侍郎，上蔡、雒陽／令，將軍長史，任城、金城、河東、山陽太守、御史中丞，三為尚書、尚書令、／司隸校尉、將作大匠、河南尹。伯邳從弟諱弼字穎伯，舉孝廉、西鄂長。／伯母憂，去官。復舉孝廉、尚書侍郎，遷左丞、冀州剌（刺）史、太醫令、下邳／相。元弟功德牟盛，當究三事，不幸早隕。國喪名臣，州里失覆。二君清／廉，約身自守，俱大司隸孟文之元孫也。／小黃門同郡卞玉字子珪，以熹平二年二月廿二日謁歸過此，追述勒銘，故賦表紀。	漢中博物館個別地方損泐

			丹與刻石者不詳。		
4	「石門」二大字 「石門十三品」之一	東漢建和二年（公元148年之後	石門隧道西壁（近北口）	摩崖，豎立長方形，高 82 釐米，寬 50 釐米，「石門」兩字豎向排列，字徑約 35 釐米。間距 16 釐米，筆劃清晰，字體爲隸書，書刻者俱無。	「石門」二大字	漢中博物館品相好
5	《石門銘》亦稱《泰山羊祉開復石門銘》其與《小石門銘》（《石門銘小記》)合爲「石門十三品」之一	北魏永平二年（公元509年）正月	石門隧道東壁	摩崖，橫立長方形，通高 175 釐米，寬 215 釐米。題爲石門銘，正文 27 行，每行大多 22 字，共五百六十餘字，字徑 5 至 6 釐米，魏楷。石質爲石英岩，崖面色澤豐富大體平展，微微的其間凹面與凸面自然銜接隱隱呈現起伏之狀。大小裂紋與泐層縱橫交錯。	石門銘 / (此）門盖漢永平中所穿，將五百載。世代綿迴，屯夷遞作，乍 /開乍閉，通塞不恒。自晉氏南遷，斯路廢矣！其崖岸崩淪，磵 /閣堙祧，門南北各數里，車馬不通者久之。攀蘿捫葛，然後 /可至。皇魏正始元年，漢中獻地，褒斜始開。至於門北一里 /西上鑿山爲道，峭岨縈迂，九折無以加，經途巨礙，行者苦 /之。梁秦初附，寔（實）仗才賢，朝難其人，褒藺（簡）良牧。三年，/詔假節龍驤將軍督梁秦諸軍事梁秦二州刺（刺）史泰山羊 /祉，建旗幡漾，撫境綏邊，盖有叔子之風焉。以天嶮難升，轉 /輸難阻，表求自迴車已南開創舊路，釋負擔之勞，就方軌 /之逸。詔遣左校令賈三德，領徒一万餘，石師百人，共成就 /其事。三德巧思機發，精觧冥會，雖元凱之梁河，德衡之捐 /蹠，未足偶其奇。起四年十月十日，訖永平二年正月畢功。/閣廣四丈，路廣六丈，皆填硤棧壑，砰嶮梁危，自迴車至谷 /口二百餘里，連輈駢轡而進，往哲所不工，前賢所輟思，莫 /不夷通焉。王生履之，可無臨深之歎；葛氏若存，幸息木牛 /之勞。扴（於）是畜產鹽鐵之利，紈錦罽毼之饒，充牣川內，四民 /富實，百牲（姓）息肩，壯矣！自非思坷班爾，籌等張蔡，忠公忘私，/何能成其事哉？乃作銘曰 /：龍門斯鑿，大禹所彰。茲巖迺穴，肇自漢皇。導此中國，以宣 /四方。其功伊何，既逸且康。去深去阻，匪閣匪梁。西帶汧隴，/東控樊襄。河	漢中博物館品相好

				山雖嶮，憑（憑｜漢）德是強。昔惟畿甸，今則關壖。永懷／古烈，跡在人亡。不逢殊績，何用再光。水眺悠皛，林望幽長／。夕凝曉露，晝含曙霜。秋風夏起，寒鳥春傷。穹隆高閣，有車／轔轔。威夷石道，馴牡其駟。千載絕軌，百兩（輛）更新。敢刊嚴曲，／以紀鴻塵。魏永平二年太歲己丑正月己卯朔卅日戊申／梁秦典籤太原郡王遠書，石師河南郡洛陽縣武阿仁鑿字。／	
6	《石門銘小記》亦稱《左援令賈三德開復石門題記》《賈三德復通石門題記》	北魏永平二年（公元509年）正月	石門隧道東壁《石門銘》之南	摩崖，豎立長方形，高98釐米，寬28釐米。正文7行，首行10字，末行3字，其餘每行均為9字，字徑5至6釐米，共計63字，魏楷。此崖面石花與泐痕交錯，字跡尚清晰。左校令賈三德撰文，疑為王遠書丹，武阿仁刊刻。	《石門銘小記》本西壁文，後漢永平中開／石門。今大魏改正始五／年為永平元年，餘功至／二年正月，訖乎開復之／年同日永平，今古同無／極矣哉！後之君子異世／同聞焉。／賈哲字三德／	漢中博物館品相尚好
7	宋俞伯謨等題名	北宋紹聖二年（公元1095年）	石門隧道西壁	摩崖，近方形，高44釐米，寬40釐米。文5行，每行6字，字徑4釐米，楷書，字跡清晰，俞伯謨撰文並書丹，刻石者不詳。	賈公直正之，俞／次皋伯謨，師庚／成之，何貴元素／，紹聖乙亥中春／望，同遊。伯謨題／。	沒於褒水
8	王士外等題名	北宋崇寧四年（公元1105年）	石門隧道西壁李釜等題名之上	摩崖，高70釐米，寬39釐米。字徑3至4釐米，文4行，每行3至7字不等。崖面石花、泐痕殊甚，筆劃多殘破，字跡模糊。字體為隸書。	王士外□□□□□／□□楊逵□□／同遊。崇寧乙酉閏／月九日／。	沒於褒水

9	文玉恩、鮮于翔等題名	北宋崇寧五年（公元1106年）	石門隧道西壁	原刻佚，豎長方形，高30釐米，寬23釐米。4行，每行6字，字徑4釐米，隸書，	府從事文玉恩／，邑令鮮于翔／，崇寧五年丙戌／，元月廿四日遊／。	沒於褒水
10	文岡等南宋淳熙題名	南宋淳熙十四年（公元1187年）	石門隧道東壁	摩崖，豎長方形，高88釐米，寬20釐米。字徑5至7釐米。文3行，每行13字。字體楷書。	郡丞潞國文岡，隄堰役。同邑尉（慰）舜／ 都張海、臨洮魏機、東嘉李熹，淳熙丁未仲春十有三日來遊。	沒於褒水
11	宋之源等題名	南宋淳熙十五年（公元1188年）	石門隧道西壁	摩崖，原石豎長方形，高72釐米，寬53釐米。4行，首行為時間款9小字，字徑4釐米。第二至三行各6大字，第四行2大字，計14字。字徑9至10釐米，碑字體均為楷書。	淳熙戊申中□□一日／宋之源、胡端愨／李師章、胡中正／來遊。／	沒於褒水
12	張伯山、閬中等南宋題名	南宋淳熙十六年（公元1189年）	石門隧道東壁	摩崖，豎長方形，高88釐米，寬22釐米。字徑5至7釐米。文3行，行10至11字，字體為楷書。	古郫張伯山，閬中郭彥輔，／晉原樊子南，長江趙仲成，／同欵石門，淳熙乙酉閏月拾（下缺）	沒於褒水
13	縣尉王等遊石門題名	疑為南宋慶元二年（公元1196年）前	石門隧道西壁石門頌之北側	摩崖，豎略長方形，高54釐米，寬44釐米。7行，每行6至7字，字徑5釐米，楷書，字跡漫漶。其5行、7行被覆刻覆蓋，原字無從得識，但見後刻「章邵	縣尉王□□□□／ 父叔同來□□□□／ □□石門奉／ 尊命圓坐並靜／ □□壁□大觀□／ □□章□□邵□□來／ □秋□□／	沒於褒水

			來」三個大字。字之長徑分別爲十三釐米、十釐米、十二釐米。短徑皆九釐米，呈豎高狀，楷書。		
14	章升之、趙旻等南宋慶元遊石門題名	南宋慶元二年（公元1196年）後不久	石門隧道東壁	摩崖，豎立長方形，高60釐米，寬24釐米。文2行，每行5字，字徑8釐米，楷書。	章升之重來。／資中趙旻來。／	沒於褒水
15	趙公茂等南宋慶元題名	南宋慶元二年（公元1196年）	石門隧道西壁	摩崖，豎立長方形，高52釐米，寬28釐米。文5行，每行7至9字，字徑6釐米，楷書。	慶元丙辰暮春止／餘三日，趙公茂、宋子／志、張壽卿、宋詠道□／公茂二子符拨同來觀／漢刻，三酌於此。／	沒於褒水
16	《李崟等題名》	南宋慶元二年（公元1196年）前後	石門隧道西壁緊接王士外題	摩崖，高54釐米，寬9釐米。文一行，共10字，字徑縱5釐米、闊7釐米，書體隸書，字跡清晰。亦無刻石者之名。	李崟、魏拱之、張應卯同來。	沒於褒水
17	范鼐等南宋慶元題名	南宋慶元三年（公元1197年）	石門隧道西壁	摩崖，豎立長方形，高73釐米，寬30釐米。文3行，每行6字，字徑8釐米隸書。	范鼐、任沂孫、李／揆，慶元丁巳重／陽後一日來遊。／	沒於褒水
18	宋之源等南宋慶元（石門）題名	南宋慶元四年（公元1198年）古歷三月三	石門隧道東壁	摩崖，橫立略長方形，高53釐米，寬60釐米。文4行，每行4字，字徑9釐米，楷書。	宋之源、李／師章、王譜，／來修山陰／禊事。／	沒於褒水

19	王還嗣等南宋慶元題名	南宋寧宗慶元四年(公元1198年)	石門隧道西壁	摩崖，豎立長方形，高70釐米，寬30釐米。文3行，每行9字，字徑8釐米，隸書。	慶元戊午中春，王還嗣、/范鼐、李師章、郭拱，因修/堰事來遊。/	沒於褒水
20	康衢等南宋慶元題名	約南宋慶元四年（公元1198年）	石門隧道西壁	摩崖，豎立長方形，高89.5釐米，寬54釐米。文4行，每行5字，字徑6至7釐米隸楷，字跡漫漶。	康衢、句桂孫、/程仲年，弟中/□攝令同徠。/戊午秋季。/	沒於褒水
21	程仲震等遊石門題名	宋待考	石門隧道西壁	摩崖，橫立長方形，高38釐米，寬60釐米。文4行，每行3字，字徑7至8釐米，楷書。	程仲震/，張奉先，吳貴，馬/嗣安載/酒同來/。	沒於褒水
22	安丙南宋嘉定遊石門題名	南宋嘉定二年（公元1209年）閏月既望	石門隧道東壁其北側為石門銘	摩崖，原石佚，清王森文《石門碑醳》錄：計三行，行八字，楷書。	嘉定閏月既望，太守/安丙同李侯眞來。孫/明孫□侯之二子侍。/	沒於褒水
23	郭仲辰等南宋嘉定題名	南宋嘉定四年（公元1211年）（重遊）	石門隧道西壁	摩崖，豎立長方形，高54釐米，寬27釐米。隸書，字徑5釐米。分上下兩段，上段3行，自左向右為序，每行4字；下段1行，4字，位於上段首行左下方。	依圖錄文，從右至左 家來遊 未清明挈 郭仲辰辛 章復之來	沒於褒水
24	劉參等南宋嘉定題名	南宋嘉定四年（公元1211年）	石門隧道西壁其位康衢	摩崖，豎立長方形，高25釐米，寬32釐米。文5行，自左至右為序，	依石刻圖錄文：行序從左至右 （首行）成都劉參希曾/嘉定辛未春閏/十有三日，挈家徠/遊。男兼善，孫記回/（末行）記喜侍行。/	沒於褒水

				題名之下	每行6至7字，末行4字。字徑3釐米。楷書。		
25	趙彥吶等題名	南宋寶慶元年（公元1226年）丙戌前熟食五日	石門隧道東壁	摩崖，豎立長方形，高95釐米，寬48釐米。文7行，每行15字，末行2字。字徑4～6釐米，隸書。	紀國趙彥吶敏若，視堰修祀事。閬中龍 / 隆之景南、普慈劉炳光遠、廣漢耿巽（巽）謙 / 叔、新沔程此厚伯威、左縣□平之西 / □、□繁彭順成季行、潼川白巨濟普叔，同 / 徠玩玉盆，楫廾（疾）潭，艤舟衰雪，步輦確，登 / 石門，拂古翰，從容瀹茗而去。衰雪舊有 / 亭，須復規度云。寶慶丙戌前熟食五日。 /	沒於襃水
26	白巨濟等南宋寶慶題名	南宋寶慶元年（公元1226年）五月	石門隧道西壁	摩崖，豎立長方形，高28釐米，寬20釐米。文4行，每行5字，末行2字。字徑3～4釐米。隸書，原石沒於水庫。	少城施強谷 / ，潼川白巨濟 / ，寶慶丙戌五 / 月來 / 。	沒於襃水
27	曹濟之等遊石門題名	南宋紹定二年（公元1229年）己丑熟食日	石門隧道東壁	摩崖，豎立長方形，高45釐米，寬35釐米。文3行，每行6字，字徑4釐米，隸書。	曹濟之、龐公巽 / 曹璋、李棐，紹定 / 己丑熟食日識。 /	沒於襃水
28	段从龍等遊石門題名	南宋淳熙十五年（公元1230年）	石門隧道東壁南	豎立長方形，高42釐米，寬28釐米。文3行，自左至右為序，行字分別為8、5、2字，字徑3至4釐米。隸書，字跡漫漶。	戊申春漢中段从龍 / 邑人李宗卿 / 偕行 /	沒於襃水
29	趙宗齊等南宋紹定題名	南宋紹定三年（公元1230年）	石門隧道西壁，文玉恩題名之右	摩崖，豎立長方形，高30釐米，寬15釐米。文3行，頭兩行7字，末行3字。字徑4釐米，隸書。	□□趙宗齊紹定 / 庚寅，侍家舅令丞 / □□來 / 。	沒於襃水

| 30 | 李一鰲遊石門題名 | 明萬曆三十九年（公元1611年） | 石門隧道西壁 | 摩崖，豎長方形，高 47 釐米，寬 41 釐米。首行「龍門」二字，字徑 12 釐米，隸書，二、三行分別爲 6 和 4 字，字徑 7 釐米，爲楷書。 | 明進士李一鰲 / 萬曆辛亥 / | 沒於褒水 |
| 31 | 《漢忠武侯諸葛公八陣圖注說》碑 | 清咸豐八年（公元1858年） | 石門隧道東壁 | 碑，無首無趺，呈豎立長方形，以其八面並立於石門隧道之東壁下方，每面高 118 釐米，寬 26 釐米，厚 8 釐米；文 4 行，每行 24 字，字徑橫 4 釐米，縱 2．5 釐米，隸書，羅秀書撰並書。 | 漢忠武侯諸葛公八陣圖注說

　　八陣圖傳於世者四，沔陽壹、新都式（一）彌车一、夔州之南江壹。惟 / 南江陣圖尙存，餘俱（失傳，竊有疑焉。意謂存者，天生之陣圖；失 / 者，武侯訪此以作駐軍之式，因久消滅故耳。何也？天下將泰，天 / 開文運於東北，圖書出於河洛，猷天星之有文昌、奎壁也。天下 / 將否，天示武備於西南，八陣圖現於夔江，猷天星之有參旗、攙 / 槍也。參爲白虎，即蜀分野。四面八方，似陣圖然。夔且當蜀衝，天 / 垂象於上者，地即成形於下，理固然也。夫八門九宮、六十四陣 / 後卻月陣二十四，天然布置，不假人爲。風雨不能蝕，波浪不能 / 激。非鬼神呵護，何能千古如斯？司馬懿至五丈原，巡視諸葛陣 / 壘，歎爲天才。足徵武侯駐軍之地皆有此圖。即《易》所謂天生神 / 物聖人則之之意爾。南江陣圖，今古萬代者，故示武備於天下 / 。俾聰明特達之人，觀象會意，以聖武拯民殺機之中，即寓生機 / 之理。武侯訪此，猷黃帝按九天以制軍，神禹授九疇以布陣也 / 。嘗考夔江陣圖，當頭陣也。用後天卦位，後天以尅爲用，決戰所 / 宜。乾曰天衝，坤曰地軸，艮曰雲屯，巽曰風旋，四奇陣也。坎曰蛇 / 蟠，離曰鳥翔，震曰龍飛，兌曰虎翔，四正陣也。沔陽、新都、彌车各 / 圖，安營陣也。用先天卦位，先天以生爲體，駐軍所宜。四正有天 / 地，無坎離；然坎離即天地之交。四隅有風雲，無龍虎；然震兌即 / 巽艮之反。況雲從龍，龍與鳥皆氣類同居。東南拮左，兵家以左 / 爲後。風從虎，虎與蛇皆氣類同居。西北拮右，兵家以右爲上。中 / 握奇以象太極。四層以象河圖。八方以象洛書。左 | 漢中博物館品相好 |

					右分六十四／陣以象重卦。騎兵共二十四陣以象節氣。內外相應，奇正互生／，變化無端，循環無窮。有輕重之權，有剛柔之節。有虛實之數，有／先後之宜。堅如磐石，觸之者碎。熾如烈火，當之者焚。安營對敵／，均賴陣圖。出奇制勝，得力騎兵。至於渾元陣、長蛇陣、六蒼陣、七／燿陣，盡從此法脫胎。地勢之闊隘不同，故也。武侯神而明之，以／此恢復中原，司馬仲達甘辱巾幗，而不敢輕動以致敗。晉馬隆／以之破樹機能，唐李靖以之勝突厥，皆用此陣；惟不逮武侯遠／甚。此即井田之法、王者之師歟？惜乎！五丈原頭將星弌隕，而陣／圖之精微識之者鮮矣！張子懋功，性嗜古，問陣圖說，故書此。／古關中羅秀書撰並隸。／	
32	萬方田等清同治遊石門題名	清同治十年（公元1871年）七月	石門隧道東壁	崖壁，豎立長方形，高60釐米，寬36釐米。文4行，行字數依次7、7、5、4字，字徑7到8釐米，隸書。	楚萬方田、周連升／，秦羅秀書同治十／年七月至此，／飲酒觀字。	沒於襄水
33	倪蘭畹《石門道記》碑	清同治十年（公元1871年）	石門隧道東壁	碑，呈豎立長方形，碑身高68.5釐米，寬160釐米，厚12釐米。正文、跋語、題款合計35行，滿行20字，字徑2至3.5釐米，隸書，倪蘭畹撰，莫增奎跋，羅秀書隸，王三寶監。	石門道記　　褒城縣治在連城山之陽，平地斗城。其東門外，兩山／夾弍溪，東曰漢王城，西曰雞頭關。關之東麓有洞曰石門／。夏烁（秋）水漲，沒溢崖岈（岸），不能問途。冬春始可挐舟而入／，不能徑達則捨舟而步。山徑溜滑，亂石縱橫，幾能／容足。蓋登陟之難如此，故斯洞爲人跡所罕到，其洞／南向，高一丈，闊稱之，深四丈，高二丈餘。南北通達，石／無斧鐫（鑿）痕。其東壁則王遠《石門銘》，剌（刻）於頑石，凹凸不／平，罅縫綻裂。西壁則楊孟文石門頌碑，後附刻王府／君造作石積，再後則卞玉表記楊伯邳、伯弼之生平／。余則來遊題名幾滿，皆宋人手筆也。洞之外南崖之／上，則潘宗伯、李苞題字。離數丈則晏袤釋文。稍東，則／紹熙五年晏袤修堰碑。再南半里，則酅君之碑在焉／。晏袤釋字、釋文附刻其下。按：釋字較原碑多數十字／。今觀酅君之碑，崖石已	漢中博物館品相好

					盡，不知所多之字鑴於何所／？或者山石傾圯所致。蓋時歷二千餘年，陵谷之變誠／有不可考者。碑皆記開通褒斜道事，則古無七盤嶺／之路，皆沿山治橋閣而行，今山石皆有孔云。返棹而／行，約三里餘，溪中有石一座，白如玉，其中凹，名曰玉／盆，宋人題字最夥。再南則乾道修堰碑及宋之源題／名，遂達於城外矣。謹按：洞之前後，石刻幾有四十餘／種，不爲不多。奈褒城久無乘志，即見於漢中府志者／，僅存王遠一銘，則散逸（佚）者久矣！壬寅之春，畢中丞採／入《關中金石記》。癸卯仲夏，三通館橄取入《金石略》。殘／碑斷碣久經湮沒，一旦拂拭出土，比於劍氣珠光，自／能焜燿千古。物之顯晦，洵有時哉／！ 　　辛未春，謝蔚青觀察調任潼商，瀕行囑搨石門／碑碣四十餘種。亟命匠梯山鑿壁，費極經營，僅／ 得三十一種。未覩全壁，竊以爲憾。適讀倪蘭畹／先生石門道記，由漢迄宋，詳載本原，始悟觀察／之言信有徵也。爰鐫記於石，以爲好古問奇之／士導先路云／。 褒城令山陰莫增奎跋司訓頻陽羅秀書隸 少尉鑑湖徐廷鈺校司廳岩渠王三寶監 同治十年巧月穀旦鐫石
34	羅秀書遊石門題詩	清同治十年（公元1871年）	石門隧道東（碑傍立壁下）	碑，呈橫立長方形，高38釐米，寬84釐米，厚8釐米。文13行，每行7字，字徑縱3至4釐米、闊5至6釐米，隸書。羅秀書撰並書丹，刻者不詳。	辛未季秌（秋），泛舟褒／溪，登石門，觀漢魏／古碣，老勁奇橫如／鍾鼎銘以詠誌遊／。石門剙（創）建永平年／，偉烈千秌（秋）仰屹然／。影漏褒斜雲外樹／，明通漢沔鏡中天／。龍潭遙憶高士隱／，鳥篆頻書太守賢／。此與郧，環堪比擬／，得臨福地即神仙／。關中羅秀書	漢中博物館品相好
35	張林等遊石門題名	民國八年（1919年）	石門隧道西壁北口	摩崖，豎立長方形，高40釐米，寬28釐米。崖面漫漶殊甚，隱均見4行，每行約10字，字徑3釐米，楷書。	照石門石刻大全錄文： 潼川□□□張林楊□□□□□□漢中□□石門□□□□□□□□遂寧（下缺）	沒於褒水

36	韓隱壺等清光緒遊石門題名	清光緒五年（公元1879年）	石門隧道東壁	摩崖，豎立長方形，高49釐米，寬20釐米。2行，每行5字，字徑5至6釐米。行楷，字跡漫漶。	光緒己卯冬 ／，韓隱壺來遊 ／	沒於褒水
37	潘矩墉《遊石門題記》碑	清光緒八年（公元1882年）七月上旬	傍立石門隧道西壁	碑，橫立略長方形，高42釐米，寬57釐米，厚7釐米，文24行，每行18字，字徑1至2釐米。行書。潘矩墉撰文，丁炳南書丹，未署刻者。	遊石門題記　褒邑北數里谷中，爲舊時棧道。兩山夾一溪，東 ／爲漢王城，西爲雞頭關。攷（考）縣志，漢永平二年，漢 ／中太守楊公孟文，督修棧道至雞頭關下烏江 ／西岸，山石阻徑，行旅苦於攀援，而石堅不受斧 ／鑿，楊公以火鍛鍊開鑿石門。其門高二丈餘，深 ／四丈餘，南北通達，竟成康衢。後爲洪波所衝斷 ／絕久矣。門之兩壁漢魏以次諸名人題刻幾遍，迄今歷（歷）二千餘年。附近又有二十四景，處處（處）可 ／觀。墉咸豐辛酉來漢上，每欲一遊，因事不果。今 ／復從公褒中，幸遂前志。於去歲秋間，約張道友 ／、李沛菴孝廉輩五人，出東門，登小舟，逆流而上 ／，沿路青山對峙，水勢急而不甚險。有山名萬笏 ／，誠如萬笏朝天；又有翠雲屏，最爲奇（奇）秀，屏對雞 ／頭關，與漢王城、連城山亦相聯絡。玉盆、袞雪兩 ／石皆在清流激湍中。鄐君碑刻於崖半，去石門 ／無百步。既入石門，漢魏頌銘左右列，獨無唐人 ／遺跡。南宋題名甚夥（多）。洞之前後，恠（怪）石林立，秋花 ／亂開，俯仰之間，神清氣爽，俗慮一空。深悔曩交 ／臂失之也。邑人張茂功，精音律，能毡臘，善與人 ／交。家在石門對岸，茅屋數椽，樹木周匝，殊覺幽 ／雅。約往少憩，具雞黍餉客，更出琵琶而侑酒，雖 ／非流水高山，然亦足以移情矣。／關中潘矩墉題砦梁丁炳南書 ／大清光緒八年歲（歲）輪壬午巧月上澣日。	沒於褒水
38	摹刻《石門銘》碑亦稱《縮臨石門銘》	民國二十七年（1938年）	立於石門隧道東壁	碑，豎立長形，首身一體，無趺，高147釐米，寬68釐米。文18行，滿行39字，字徑2至2.5釐	石門銘 ／此門盖漢永平中所穿，將五百載。世代綿廻，屯夷遞作，乍 ／開乍閉，通塞不恒。自晉氏南遷，斯路廢矣！其 ／崖岸崩淪，磵（澗） ／閣壍褔（福），門南北各數里，車馬不通者久之。攀蘿捫葛，然後 ／可至。皇魏正始元年，漢中獻地， ／褒斜始開。至于門北一里 ／西	漢中博物館品相好

| | | | | | 米，楷書。張萬傑書，章尚志、潘海亭鑿字。 | 上鑿山爲道，峭岨槃迂，九折無以加，經途巨礙，行者苦／之。梁秦初附，寔（實）仗／才賢，朝難其人，褒茼良牧。三年，／詔假節龍驤將軍督梁秦諸軍事梁秦二州刺（刺）史泰山羊／祉，旟旐嶓漾，撫境綏邊，盖有叔子之風焉。以天嶮（險）難升，轉／輸難阻，表求自廻車已南開創舊路，釋負擔之勞，就方軌∥之逸。詔遣左挍（校）令賈三德，領徒一万人，石師百人，共成其事。三德功（巧）思機發，情（精）解冥會，雖元凱之梁河，／德衡之損／躡，未足偶其奇（奇）。起四年十月十日，訖永平二年正月畢功。／閣廣四丈，路廣六丈，皆填礛（溪）棧壑，／砄嶮（險）梁危，自廻車至谷／口二百餘里，連輈駢轡而進，往哲所不工，前賢所輟思，莫／不夷通焉。王生履之，／可無臨深之歎；葛氏若存，幸息木牛／之勞。於是畜產鹽鐵之利，紈錦罽毹之饒，充仞（牣）川內，四民／富實，百／性（牲姓）息肩，壯矣！自非思坅班爾，籌等張蔡，忠公忘私，／何能成其事哉？乃作銘曰：∥龍門斯鑿，大禹所彰。茲巖迺穴，肇自漢皇。導此中國，以宣／四方。其功伊何，既逸且康。去深去阻，匪閣匪／梁。西帶汧隴（壟），東控樊襄。河山雖嶮（險），憑德是强。昔惟畿甸，今則關壃（疆）。永懷／奇（古）烈，跡在人亡。不逢殊績，何用／再光。水眺悠皛，林望幽長／夕凝曉露，晝含曙霜。秋風夏起，寒鳥春傷。穹隆高閣，有車／轔轔。威夷石道，駰／牡其駟。千載絶軌，百兩（輛）更新。敢刊巖曲，／以紀鴻塵。／15

我來漢中由此過，洗筆題名留山河。千古山川傳以人，王遠揮毫地亦卓。生平心愛訪古作，今到石／門幸如何。門銘之書眞卓犖，對此令人感慨多。可恨岩曲已殘缺，久後遊者更嫭惆。因此重繕原文／意，得便延陵人揣摩。歲在戊寅夏初七月一日昌樂張萬傑書漢中章尚志、潘海亭鑿字 |

表1.2　石門石刻信息匯總表（南一區：石門隧道南崖褒水沿岸區）

注：石門隧道南口沿岸石刻區，主要指「石門南口」至「雞頭觀」間，呈南北走向，石刻包括褒河及東、西兩崖，其石刻群形成時間爲漢至民國即公元66至1936年，近兩千年，石刻數共計33個（西岸25，東岸8），字體包括（楷）8，（隸）18，（行）3，（篆）1，（草）1，還有字體不詳2。

序號	名稱	年代	所處位置	類別形制及狀況	石刻內容 注：「／」爲石刻行止「1」爲「或」符號	現存地品相
1	《大開通》亦稱《鄐君開通褒斜道摩崖》《鄐君碑》《鄐君開通褒斜道石刻》等 石門十三品之一	東漢永平九年（公元66年）四月	石門隧道南口外約270米崖壁	摩崖，石質爲雲母片岩，崖面凸凹不平，橫形，總寬276釐米，期間從右至左分三段高即80釐米、103釐米、125釐米，文十六行，每行五至十二字不等，字徑大小不一，字體爲古隸，今存百餘字。字、字跡漫漶，書、文者不詳。	永平六年，漢中郡以／詔書受廣漢、／蜀郡、巴郡徒／二千六百九十人，／開通褒余（斜）道。／太守鉅鹿鄐君，／部掾治級、王弘、史荀茂、／張宇、韓岑等典功作，／太守丞廣漢／楊顯將隕用，／始作橋格六百廿三間，／大橋五，爲道二百五十八／里，郵、亭、驛、置、徒司空、／褒中縣官寺並六十四所／成。凡用功七十六萬六千八百餘人，／瓦卅六萬九千八百四／……	漢中博物館品相尙完整
2	「玉盆」大字 石門十三品之一	東漢	石門隧道南口外1500米）褒河巨石	摩崖，橫勢巨石，形凹如盆，色白似玉，勒以「玉盆」。字徑30至35釐米，橫刻，書、刻者及時間俱不詳，傳爲東漢張良手筆。	「玉盆」二大字	漢中博物館字隱約可見
3	「石虎」大字摩崖 石門十三品之一	東漢	石門隧道南口外褒河東岸石虎峰下山崖	摩崖，豎立長方形，高約100釐米，寬50釐米，字徑30釐米，「石虎」兩大字豎刻，書體爲隸書，其左下刻有「鄭子眞書」四小字，疑爲後人所爲。 （鄭子眞爲西漢高隱士）	「石虎」二大字，左下「鄭子眞書」	漢中博物館品相好
4	「袞雪」二大字	東漢	石門隧道南口外，玉	摩崖，橫勢立，通高約607釐米，寬148釐米，橫刻，字	摩崖隸書「袞雪」，其左題「魏王」	漢中博物館品相好

	石門十三品之一		盆之北褒河激流巨石上	徑 35 至 36 釐米。傳爲曹操手筆，書體爲典型的八分書，風格造作（有失「魏王」之風範，疑宋人詐書），其左題「魏王」二小字隸書，亦疑爲另一人附上。	
5	曹魏《李苞通閣道題記》	三國曹魏景元四年（公元263年）	石門隧道北口上方東側峭壁	摩崖，豎立長方形，崖石崩裂而斷，其殘刻高 36 釐米，寬 24 釐米，遺文二行，字跡漫漶，可識十五字，字徑 2 至 3 釐米，字體爲曹魏隸書。	（殘石）原刻 □景元四年十二月十日，/ 盪寇將軍浮亭 /……	漢中博物館摩崖已斷殘字跡漫漶
6	晉《潘宗伯、韓仲元造橋閣題記》與晉重刻曹魏《李苞通閣道題名》	西晉太始六年（公元270年）	石門隧道南口外崖壁	摩崖，其大小、形制以及撰文、書丹、刻石者俱無從稽考。	西晉《潘宗伯、韓仲元造橋閣題記》 及晉人重刻《（曹魏）李苞通閣道題名》（清時發現此爲重刻） 上兩題刻參考前人著錄並與原刻比照錄如下： 潘宗伯韓仲元以泰始六年五月十日造此石□冰□。/ 景元四年十二月十日盪寇將軍浮 / 亭矦譙國李苞字孝章將 / 中軍兵石木工二千人始通此閣道 /	末見到實物待考
7	掌禹錫《遊石門題詩》亦稱《唐卿石門崖壁詩》石刻	北宋英宗	石門隧道南口外崖壁	此石刻已堙沒，其形制，計幾行、每行幾字及字徑等皆無考。	掌禹錫《遊石門題詩》即《唐卿石門崖壁詩》石刻，其文云：峭壁矗雲三峽裏，急湍翻雪五湖邊。何年造物施神力？移到褒中小有天。	沒於褒水
8	南宋《大開通釋文》亦稱南宋晏袤《鄐君開通褒斜道摩崖釋文》、晏袤	南宋紹熙五年（公元1194年）	石門隧道南口附近崖壁大開通摩崖下方	摩崖，豎長方形，通高 270 釐米，寬 220 釐米，四周有凸出的 10 釐米的邊。字徑 5 至 6 釐米，隸書，字字均勻，布局豎有列，橫有行。崖面漫漶。	南宋晏袤《釋大開通》 鄐君□□□閣道碑字 永平六年，漢中郡以詔書受廣漢、蜀郡、巴郡徒二千六百九十人開通褒余（斜）道。太守鉅鹿鄐君、部掾治級、王弘、史荀茂、張宇、韓岑弟（第｜等）典功作，太守丞廣漢楊	漢中博物館品相尚好

| 釋《鄐君開通褒斜道摩崖》、《漢鄐君開通閣道碑》釋文、《鄐君碑釋文》、南宋晏袤《釋大開通》等 | | | | | 顯將隕用，始作橋格六百二十三間，大橋五，爲道二百五十八里，郵、亭、驛、置、徒司空、褒中縣官寺並六十四所。凡用功七十六萬六千八百餘人，瓦卅六萬九千八百四器，用錢百四十九萬九千四百餘斛粟。九年四月成就。益州東至京師，去就安穩。

漢中郡太守鄐君修橋閣碑壹百五十有九字，漢明帝永平六年刻於褒余（斜）谷中，其紀號先巴官鐵盆銘一歲。紹熙甲寅三月甲子，南鄭令晏袤以堰□□□至褒谷，獲此刻於石門西南險側斷崖中。先是癸丑夏秋積雨，苔蘚剝落，至是字畫始見，字法奇勁，古意有餘，與光武中元二年《蜀郡太守何君閣道碑》體勢相若。建武、永平去西漢未遠，故字畫簡古嚴正，觀之使人起敬不暇。昔高皇帝興王漢中，出散入秦，道由子午，途路岨難，自秦取蜀之石牛道開通石門，史雖不書，靈帝建寧五年，衡官掾仇審頌太守李翕《鄐閣碑》云嘉念高帝之開石門元功不朽」，則石門雖基於秦而開於高帝明矣。至威帝建和二年，漢中太守王升鑴碑石門中，紀永平四年司隸校尉楊孟文以詔書鑿通石門，則又從而廣之。通道幾五十年，至安帝永初元年，西夷虐殘，橋梁斷絕，復循子午。凡十五年。至順帝延光四年，詔益州刺史罷子午道，復通褒余，則此路自秦漢以來通塞屢矣。今碑刻於永平六年，載漢中郡以詔書受廣漢、蜀郡、巴郡徒二千六百九十人，開通褒余（斜）道，太守鉅鹿鄐君，部掾治級、王弘、史苟茂、張宇、韓岑弟（第｜等）典功作，太守丞廣漢楊顯，始作橋閣六百廿三，大橋五，爲道二百五十八里，九年四月成就，刻石 |

				紀工器、錢粟之數於崖壁中，去石門不百步。惜乎崖傾碑斷，字有亡闕，今所鑿棧道石竅俱存，乃知楊孟文治石門於四年辛酉歲，鄐君、楊君治閣道於六年癸亥歲，而王升建和二年紀石門之功，以不及此橋格事，今乃遇□壹千一百三十三年之後，物之顯晦，蓋有定數。如此鄐君、楊君為民興此閣道，三年而後成，曾不諱勞，而史逸其名。非若蕭封護，至今必為風雨所剝，此名隨滅摩滅矣！敬書碑陰，俾來者有以取信焉。夏四月旬有六日，臨淄晏袤書。	
9	南宋晏袤《山河堰落成記》摩崖	南宋紹熙五年（公元1194年）	石門隧道南口外崖壁	摩崖，橫立長方表，通高226釐米，上沿寬510釐米，下沿寬506釐米。崖面曲形外鼓，經人工琢磨，較為光平，四周有陽刻的邊子，邊寬15釐米。文16行，每行9字，字徑縱13至15釐米，橫20至24釐米。隸書，晏袤書，勒石者姓名不詳。鑿遷稱其重15噸，石材巨豐，為石門摩崖之冠。	《山河堰落成記》：紹熙五年，山河堰落成。／郡夳（太）守章森、常平使者／范中藝、戎帥王宗廉，以／弎月丙辰，徠勞工徒。堰／別為六，凡九百三十五／丈，醞渠四百弎十丈。木／目（以）工計，七十二萬四千／九百有奇。工以人計，一／十五萬九千八百有奇／。先是四年夏，大水，六堰／盡決。烋，使者被／旨兼守事。會凡役，慨之／民輸。當四倍扮（於）每歲之／常，迺官出錢萬緡，為民／助。查沇、賈嗣祖、晏袤、張／柄實董其事。／	漢中博物館 品相好
10	南宋晏袤釋《晉，潘宗伯、韓仲元造橋閣題記》及《晉重刻，李苞通閣道題名》摩崖	南宋紹熙（公元1195年）	石門隧道南口崖壁間，方位為西晉潘宗伯韓仲元造橋閣題記之下方	摩崖，豎長方形，通高120釐米，寬95釐米，文分兩部，前部，《潘宗伯韓仲元李孝章碑字》即晏袤照錄「西晉《潘宗伯韓仲元造橋閣題記》和西晉重刻《曹魏《李苞通閣道題名》，文4行，首行，21字，可見字18字。後3行較第一行低4格，計三十八字。	南宋晏袤《釋「潘宗伯、韓仲元造橋閣題記」及「李苞通閣道題記」》潘宗伯韓仲元李孝章碑字：潘宗伯韓仲元以太始六年五月十日造此石橋／景元四年十二月十日，盪寇將軍浮／亭矦譙國李苞字孝章將／中軍兵石木工二千人始通此閣道／潘宗伯韓仲元李孝章通褒斜閣道碑陰：潘宗伯韓仲元記造橋閣十九字，紹熙甲寅始見於石門／南崖，其泰字下一字不顯，止有	漢中博物館 品相尚好

			楷書，字徑二至三釐米。後部係《潘宗伯韓仲元李孝章通褒斜閣道碑陰》即晏袤爲潘、韓、李苞題刻的考釋，文 15 行，每行 22 字，字徑 4 釐米，隸書。南鄭縣令晏袤撰並書，未署刻石者之名。字跡皆漫漶，約略辯讀。	六年以下字至此字下 / 三字又不能識，微有偏傍。漢魏兩晉以泰紀年者凡七，惟 / 魏明帝有泰和六年，晉武帝有泰康十年，餘皆一二年或 / 四三年，則知此魏泰和六年明矣。是歲，蜀建興十年，先是 / 泰和四年，魏司馬懿伐蜀，五年，蜀諸葛亮圍祁山，魏詔司 / 馬懿拒之。秋七月，亮復軍。明年，亮休士，作木牛流馬。故魏 / 人得入褒谷治橋閣矣。後題景元四年三十八字者，魏陳 / 留王年號，自泰和六年至此，凡三十有三年，則此二號皆 / 魏之紀年無疑。其書盪寇將軍云者，蜀張嶷亦有此將軍 / 號。魏盪寇將軍浮亭矦（侯）李苞字孝章復通此閣道於景元 / 四年，即蜀炎興元年冬十一月，魏鍾會、鄧艾率眾伐蜀，至 / 江油降馬邈，至綿竹斬諸葛瞻，劉禪詣艾降，巴蜀皆平。十 / 二月，魏分益州爲梁州，褒余（斜）閣衙（道）於是乎通矣。慶元元年 / 中秋日，南鄭令臨淄晏袤書 /	
11	章邵等南宋慶元題名	南宋慶元二年（公元1196年）	石門隧道南口外 250 米大通》下方	摩崖，橫立長方形，高 55 釐米，寬 144 釐米。文 9 行，每行 4 至 5 字，字徑 8 至 10 釐米楷書，字跡漫漶。	章邵、李崟、魏拱之、張應卯、章升之、趙 / 曼、章復之，以 / 慶元二年 / 立夏前一日 / 來。邑令張寅，/ 尉李師章，/ 載酒相從。	佚
12	南宋安丙遊石門題詩	南宋	石門隧道南口外崖壁	摩崖，豎立長方形，高 65 釐米，寬 37 釐米。文 4 行，每行 7 字，計 28 字，行楷。	凌晨走馬過花村，/ 先玩玉盆到石門。/ 細想張良燒斷處，/ 崖間佇立欲銷魂。/ 皛然山叟	佚
13	宋積之等南宋慶元遊石門題名	南宋慶元三年（公元1197年）夏	石門隧道南口外崖壁	摩崖，豎立長方形，王昶《金石萃編》，稱其「高五尺一寸，廣三尺五寸，八行，行十一字、十二字不等，行書。	依石門石刻大全錄 成都宋積之攝褒中令，廣漢章以初、彭城貟公肅、渭南任子飛、資中□□從訪之。爲石門之遊，□□□□□上觀玉盆，夷猶極□□□□□□□石門漢刻。酌酒□□而歸。任明□章龍父子□□□□□□也。慶元丁巳夏四月十有（下闕）。	佚

14	郭公緒等南宋嘉定題名	南宋嘉定三年（公元1210年）清明前一日	石門隧道南口外崖壁	摩崖，豎立長方形，高140釐米，寬50釐米。文3行，自左至右爲序，每行8字。字徑9釐米，楷書。	依圖重錄文，繁簡體依碑字 第一行左起——郭公緒、張伸、范子進、 第二行——郭中珪，嘉定庚午清 第三行——明前一日同來。	佚
15	鮮于申之等南宋嘉定題名	南宋嘉定三年（公元1210年）三月	石門隧道南口外崖壁	摩崖，豎立長方形，高140釐米，寬60釐米。文4行，每行16字。字徑4釐米，隸書。	嘉定三年三月辛丑，唐安鮮于申之少謨，/祝堰山河，沂褒水，登石門。幕客眉山史明/誠父，成都李廷允德文、李伯午潛叔，普慈/張汝嘉亨可，全郡趙應龍辰父偕來。/	佚
16	南宋范氏等題名 李炳文等題名	疑爲南宋	石門隧道南口外崖壁	摩崖，依王昶《金石萃編》錄其高三尺三寸，廣一尺七寸；二行，行六字，隸書。依存留拓片：，其文1，3行，每行5字，隸書，共14字。	范季和、李壽/之、黃仲可、呂/□父來遊。/	佚
17	元《石門林升題名》《元泰定林升題名》	元泰定四年（公元1327年）孟秋	疑在古石門隧道附近，待考。	摩崖，形制、字數、字體、書刻者均不詳，待考。	原刻無存。圖片亦無，內容不詳，待考。 說明：見《石門石刻大全》第六十七頁：清陸增祥《八瓊室金石補正》附載《八瓊室元金石偶存》一書，原刻今已無存。其錄文云：郡知事□仲林升，以□修磊□□□工來此。泰定四年孟秋十日。友人鄭復初□宰曹子成。 ……泰定四年林升等登臨石門，勒石以記之，	佚
18	明崔應科遊褒谷題詩	明萬曆四十四年（公元1616年）	石門隧道南口外崖壁	摩崖，橫立長方形，高60釐米，寬70釐米。文12行，滿行14字，字徑3至4釐米，楷書。崔應科撰並書，刻石者不詳。	遊褒谷題詩 詩之一： 　不佞以漢守叨轉楚臬，往辭/上官，過褒，覽褒谷勝蹟漫賦。/ 　守漢六年始晉官，乘舟逆溯雞頭關/。兩山對峙恍名畫，一水中流翻異灘/。石鏡分明雲日見，玉盆篆刻龍蛇蟠/。前行更有石門洞，天下景奇如此觀/。	佚

					詩之二 　　詠鄭子眞 遊觀褒谷尋賢豪，鄭子當年在此韜 ／。王鳳權奸難幣聘 ／，江龍瀨石比醇醪 ／。功名富貴弗庸數，道德清眞誰可撓 ／。試想古今窮達客，將臺豈比釣臺高 ／？萬曆丙辰吉天中崔應科識 ／	
19	清道光重刻「袞雪」摩崖	清道光十八年（公元1838年）十月廿一日	石門隧道南口外褒水西岸的崖壁	摩崖，橫立長方形，高56釐米，寬120釐米。橫刻「袞雪」二字，係隸體，「袞」字縱50釐米，闊60釐米；「雪」字縱38釐米，闊62釐米。鄭氏（疑爲鄭雲錦）重摹，刻者不詳。	「袞雪」二大字	佚
20	清道光重刻「袞雪」摩崖題記	清道光十八年（公元1838年）	石門隧道南口外崖壁	摩崖，方形，高、寬皆47釐米。文13行，每行12字，字徑2.5釐米，隸書。鄭雲錦撰文，張紹勳書丹，刻者不詳。	褒邑石門洞多古錄，余春夏命 ／ 工人搨摹各種竝親往觀焉。洞 ／ 內大小開通、水中玉盆、懸崖山 ／ 河堰、河邊袞雪，皆歷歷可覩。比 ／ 秋九，公暇，復尋往事，忽見袞雪 ／ 二字被劣石工鑿截，僅留少許 ／。余不勝髮指，既責石工，爰取搨 ／ 就龍藏者重摹上石，雖不如原 ／ 刻之圓健、古逕，然其形似猷仿 ／ 佛不失，用以補盛蹟之缺云爾 ／。道光十八年十月廿一日，知褒 ／ 城縣事山右鄭雲錦重摹竝跋 ／。山陰張紹勳書丹 ／。	佚
21	清萬方田白石土地祠題刻	清同治十年（公元1871年）七月	雞頭關對面的山腰間土地祠裏殘存	兩根漢白玉柱，各高一八〇釐米，見方三四釐米，鑴有對聯一副，上下聯各10字，隸書，字徑縱一〇釐米，闊一七釐米。上聯右側有小楷一行九字；下聯左側亦有小楷一行七字：字徑皆三至四釐米。	對聯，上聯：「白玉與白人與化石何的」，下聯：「土生也土長也立地成仙」。上聯右側書：「同治辛未年七月上浣」；下聯左側書：「楚黃萬方田敬題」	漢中博物館 品相好

22	清同治《祈雨記》摩崖	清同治十一年（公元1872年）	石門隧道南口外崖壁	崖壁，豎立長方形，高 174 釐米，寬 39 釐米。文 5 行，滿行 32 字，字徑橫 5 釐米，豎 2 至 3 釐米，隸書，羅秀書撰並書，趙一琴、張鳳鳴、李秉信、徐瑞麟、張啓祥操辦並鐫石。	參前賢著錄，依石門石刻大全圖更正誤字重錄文： 同治壬申夏旱禾槁，邑侯莫公憂之。命予恭率士民虔祈龍湫，閱三旹（時），不應。以 / 自責者自思，龍湫雖靈終不逮河神之尊。祀湫者又先祀河，禮也。 因詣河濱奠 / 雨祀之。俄焉，濃雲四合大雨傾盆，民人欣悅，遂志其異以告後之禱雨者。 / 欽加同知銜侯銓知縣卓異加一級襃城儒學正堂頻陽羅秀書 / □□？沐手識並書 / 郡廩生趙弌棽、附生張鳳鳴、武生李秉信、鄉約徐瑞麟、張啓祥鐫 /	佚
23	趙祖康題刻，「虎視梁州」	民國二十五年（公元1936年）正月	襃河東岸「新石門」	摩崖，豎立長方，豎刻四字，字徑約 20 釐米，楷書。	題刻「虎視梁州」，右款「中華民國二十五年正月」左款「趙祖康」。	新石門品相好
24	「新石門」	民國二十五年（公元1936年）十月	襃河東岸「新石門」	摩崖，豎立長方形，豎刻「新石門」三字，字徑 20 至 25 釐米。楷書「新石門」三字為「趙祖康」題，葉恭綽書。	題刻「新石門」，右款「民國二十五年十月」，左款「趙祖康」（楷書），葉恭綽書。	新石門品相好
25	趙祖康題刻「石虎」	民國二十五年（公元1936年）十二月	襃河東岸「新石門」崖壁	摩崖，豎立長方形，豎刻「石虎」二篆書大字，「石」字縱 30 釐米，闊 25 釐米，「虎」字縱 40、闊 25 釐米。	題刻「石虎」篆書趙祖康	新石門品相好
26	葉恭綽題刻一段：	民國二十五年（公元1936年）冬十二月	襃河東岸「新石門」崖壁	摩崖，橫立長方形，小字 15 行，字徑 3 至 5 釐米。行楷。	葉恭綽題刻：「石門舊有漢 / 鄭子眞所書石 / 虎二大字，趙君 / 祖康奉命開闢，西安至漢中公路，至此，特爲保存並 / 爲念，別書二字 /，勒石。余書不足 / 道，□趙君愛護 / 名跡之意有不 / 可沒者，因爲 / 記之。 / 中華民國二十五 / 年冬十二月 / 北□□葉恭綽 /。」	新石門品相好

27	于右任題刻「進步」	民國三十年（公元1941年）	襃河東岸「新石門」	摩崖，豎立長方形，其正中爲草書「進步」，字徑縱25釐米，闊15釐米。下款5字。	題刻草書「進步」，下款「三十年」／「右任」。	新石門品相好
28	鍾體道等遊石門題名	民國八年（1919年）清明後	石門南口外崖壁	摩崖，橫立長方形，通高68釐米，寬97釐米。文9行，每行8字，字徑6至9釐米，隸書。	陸軍中將、陸軍弟（古同「第」）二／十二師師長成都鍾／體道涵盦（讀ān），提兵駐漢／。偕幕友江油張政梓／忠，西充黃綏元貢，副／官隆安陸萬升德階／，襃城令桂林秦善澤／誠孚來遊。民國八年／清明後一日記／。	佚
29	張兆平等三人遊石門題名	民國八年（1919年）己未夏日	石門南口外崖壁	摩崖，豎立長方形，通高47.5釐米，寬23釐米。文3行，依次6、6、4字，字徑6至7釐米，行書。	己未夏日，張兆／平、馮次韓、陸德／階冒雨遊／。	佚
30	馮紹韓偕同鄉遊石門題詩摩崖	民國八年己未（1919年）夏	石門南口外崖壁	摩崖，橫立長方形，高60釐米，寬86釐米。五言詩計6行，每行7字，字徑6至8釐米；落款計4行，字數不等，字徑5至7釐米；小注一行，7字，字徑與落款同。馮紹韓撰並書，未署刻者。碑字體皆爲行書。	有約石門遊，臨江／豁遠眸。河聲天上／落，山色望中收。棧／道連雲鄉，狂瀾撼／石頭。不勝今古思／，容與一孤舟／。 　己未夏日，偕同鄉／張兆平、陸德階，泊／舟於此。嶺南／馮紹韓／ 　「第四行漏一雲字。」／	佚
31	榜書「古道雲橫」摩崖	疑爲清	石門隧道南口外崖壁	摩崖，橫立長方形，高56釐米，寬76釐米。「古道雲橫」分兩行豎刻，隸書，「右至左，「古」字縱20、闊28釐米，「道」字縱23、闊25釐米，「雲」字縱橫同爲23釐米，「橫」字縱23、闊24釐米。落款：六字分二行即5字、1字。字徑8至10釐米。楷書。	榜書「古道雲橫」落款：「時吳旭寰同／舟」	佚

| 32 | 榜書「禮動潛龍」摩崖 | 疑為清 | 石門隧道南口外崖壁 | 摩崖,豎立長方形,高 155 釐米,寬 55 釐米。豎刻「禮動潛龍」四字隸書,「禮」字縱 32、闊 49 釐米,「動」字縱 28、闊 43 釐米,「潛」字縱 29、闊 47 釐米,「龍」字縱 34、闊 50 釐米。無署年月及書、刻者。 | 榜書「禮動潛龍」 | 佚 |
| 33 | 榜書「別有天」摩崖 | 無年月待考 | 石門隧道南口左上方額 | 摩崖,橫刻「別有天」三字隸書。「別」字殘缺,「有」字縱 28、闊 27 釐米,「天」字縱 24、闊 32 釐米,年月及書、刻者皆不詳。 | 「別有天」 | 沒於水庫 |

表1.3　石門石刻信息匯總表（南二區：雞頭關區 石門南崖特區之一）總22品

序號	名稱	年代	所處位置	類別形制及狀況	石刻內容 注：「／」爲石刻行止	現存地品相
1	榜書「雞壁淩空」摩崖	明弘治十六年（公元1503年）十二月	漢中褒谷雞頭關附近崖壁間	摩崖，近方形，高98釐米，寬97釐米。「雞壁淩空」陰刻雙鉤，豎刻2行，「雞壁」居右，「淩空」居左，大字字徑40釐米左右，其兩側爲款各一行，上款：十三字，下款：十字，字徑2至3釐米，本摩崖刻字皆爲楷書。	榜書「雞壁淩空」，上款：「欽差□□陝西監察御史李□書」，下款：「□□弘治癸亥冬十二月」	佚
2	党崇雅《賈漢復撫秦修棧詠》	清康熙三年（公元1664年）	漢中褒谷雞頭關	碑，豎立長方形，高156釐米，寬72釐米。額部有「碑陰」二篆字，字徑11釐米。文6行，滿行16字，字徑7釐米，楷隸書。党崇雅撰並書，刻石者不詳。	聽說從來棧衛（道）難，馮虛直上入雲端。似緣／似息猿回顧，旋集旋翔鳥刷翰。磴石如何／火化爐？懸崖又見斧隨刊。不知心旨參箋／墜，弋轉橫開萬里寬。／ 大司馬膠翁賈老公祖撫秦修棧詠／康熙甲辰冬岐周党崇雅／	西安碑林
3	清賈大司馬修棧記	清康熙三年（公元1664年）	漢中褒谷雞頭關	碑，豎立長形，高165釐米，寬80釐米。首形仿圭，方趺。額部篆字「皇清」，字徑10釐米。正文，共22行，滿行60字，字徑2釐米，楷書。党崇雅撰文，漢、鳳二郡紳士兵民刊刻。	賈大司馬修棧記 康熙三年秋九月尙書公奉／天子命巡視漢南城垣。渡渭入棧喟然曰：是昔魏武所謂五百里石穴者也。行人騎畜經其地者，大則有性命之虞，小亦有顚僕之患。自五丁粗開山徑以後，數／千年於茲矣。降至明季，逆闖橫肆，秦蜀梗塞，羊腸一線，僅有猿狐出沒。幸／天祐／皇清，我／□□□□□□□□出無辜於水火之中，奠元元於衽席之上，爰登大寶，傳及／聖明。天下一統。而西服朝宗，勢必以棧道爲咽喉。顧乃深洞隘	漢中博物館 品相好

窮，使億萬年皇華馳驛之路，弗克共游蕩平。余心滋戚，務使巉岈盡削，關成坦途。庶幾無負壙／撫之任。雖然吾不忍以逸人者勞人，必也計口授食，計食授錢，乃克有成功。因捐金募工，指授方略，進關南巡使範工而謀之。乃命參戎李君司李曾君□／董其事。於是修險礧凡五千二百丈有奇，險石路凡二萬三千八十九丈有奇，險土路凡一千七百八十一丈有奇；修偏橋一百一十八處，計一百五十七／丈；去偏橋而疊石以補之者，自江面至岸高三丈許，共長六十五丈二尺，凡十五處；修水渠一百四十五道；煆石三十二處，共一百五十六丈六尺；去當路／山根木石二百八十九處；疊修木欄杆一百二十三處，凡九百三十八丈有奇。合營兵、驛夫、人夫各匠，積六萬九千八十三工。是役也，不三月而告竣。成功／之速，若有神助。夫自有雲棧以來，閱歷數千載，其間豈無豪傑自命之士，痛昔行路之難，思欲平險爲夷？然皆逡巡，未敢施工者，以雲棧地連雍梁二郡，寶／鳳、褒三邑，綿亙六百里，高者出層霄，下者臨無地，置足靡所，舉平□□，乃欲寸寸□治之，尺尺而易之，嘻，其難也！尚書公獨不以爲難，奮焉圖之，一舉而二／郡三邑，六百里蛇盤粗杙之區，無尺寸不坦若康莊，誠不朽盛□□也。□□去京兆數百里，尚書公開府尊重，設非奉／敕南巡，必不遠歷棧礧。是查城之役，天實假之，以令尚書公竟億萬年未竟之業也。夫人之勳業□□澤及一時，猶戞戞然難之。尚書公一巡行間，體□□／君愛國之心，開萬古蕩平之績，其志慮爲何如乎？余老矣！不能復遊褒斜，深幸億萬年難竟之業，賴尚書公克底厥成。又尚書公功德之隆與天地同其悠／久，而余以野老頌揚嘉績載名其上，榮莫大焉。因記其事而刻諸石，一置雞頭關，一置煎茶坪，志功所自始與所自成也。尚書公姓賈諱漢復，字膠侯，別號／静庵，山西曲沃人。范公諱發愚，河南河內人。李君諱承恩，北直大興人。魯君諱王孫，浙江秀水人。／特進光

				祿大夫太保兼太子太傅內翰林國史院大學士前戶刑二部承恩存問通家治生党崇雅頓首拜撰 時 / 康熙三年歲次甲辰季冬穀旦 / 漢鳳二郡紳士兵民勒石 /	
4	清王士禛詠漢中詩（九首）碑	清康熙四十一年（公元1702年）	漢中褒谷雞頭關	碑，橫立長方形，高 63.5 釐米，寬 219 釐米，四周飾以雷雲紋花邊。文 23 行，滿行 22 字，字徑 2 釐米，行書。王士禛撰文，魏壽期書。刻石者未署。	清王士禛詠漢中詩（九首） 　褒斜十日路，白髮忽侵尋。紅葉下江水，始知秋已深。馬驚初出谷，閉城不聞砧。何處天河影？浮雲只自陰。_{閏七夕抵褒城縣}（一首）褒斜夢故園，今朝風物似中原。平羌蹀躞連錢馬，近郭參差橘柚村。萬疊雲峰趨廣漢，千帆秋水下襄樊。只愁明日金牛路，回首興元落照昏。_{漢中府}（二首）絳灌當時伍，黥彭異代看，竟成隆準帝，不屑沐猴冠。磊落真王氣，蒼茫大將壇。風雲今寂寞，江漢自波瀾。漢臺（三首）三寸黃柑水浸渠，一林紅桂映棕櫚，鉤簾恰對中梁色，正好高眠（視）讀道書。_{盧谷庵其一}（四首）太息黃楊樹子前，琳宮歲歲飽風煙。交柯接葉真憐汝，未似先生厄閏年。_{盧谷庵其二}（五首）黑水梁州道，停車問土風。沔流天漢外，蠻家夕陽東。處處棕櫚綠，村村穲稏紅。更須參玉版，修竹賤如蓬。南鄭至沔縣道中（六首）朝過女郎道，遙望女郎祠。溪水疑環佩，春山學黛眉。千林丹橘熟，一徑碧苔滋。日暮神靈雨，西風滿桂旗。_{女郎廟}（七首）天漢遙遙指劍關，逢人先問定軍山。惠陵草木冰霜裏，丞相祠堂檜柏間。八陣風雲通指顧，一江波浪急潺湲。遺民衢路還私祭，不獨英雄血淚斑。_{謁諸葛忠武侯祠}（八首）竹條娟娟靜，江流漠漠陰。至今籌筆地，猶是出師心。遺恨成銜璧，元聲有故琴。千秋弦指外，彷彿遇高深。_{武侯琴堂}（九首） 　康熙壬午入蜀作，丙子重過追錄刻石 /經筵講官戶部左侍郎濟南王士禛阮亭題 /賜進士出身南鄭縣知縣姑孰魏壽期敬書 /	佚

5	清果親王題詩碑	清雍正十三年（公元1735年）	漢中褒谷雞頭關	碑，首與趺均佚，碑身存，呈豎長形，高132釐米，寬61.5釐米。邊框（寬）6釐米，線刻二龍戲珠及雷雲、波浪等紋邊。（五言）題詩三行，一、二行均9字、三行2字，合計20字，字徑7至8釐米；三行2字後空一格落款計6字，字徑5至6釐米。	《果親王題詩碑》： 不送千門曉，昂然七曲／山，何如鸚鵡語，伴客過／重關。果親王題□／□／	漢中博物館 品相好
6	清關帝廟碑記	清乾隆四十三年（公元1778年）十月十九日	雞頭關關帝廟內	碑，首佚，方亦趺，碑身呈豎長方形，高149釐米，寬67釐米，厚12釐米。文15行，每行38字，字徑2至3釐米，字跡漫漶。撰文及刻石者不詳，褒城縣知事金之佩立。	依石刻大全錄文 關帝廟碑記 　　褒，漢中屬邑也。□隸陝，明以前隸蜀。北峙崇山，名七盤。當川陝往來要衝，橫亙南北。舊□□□山麓／石門通焉。□建和中楊厥嘗為作頌也。徑久廢，今道出山□益險□□□關號雞頭，廟□□□□□／□□□□□□□□考廟□無廊，廡殿以外即通衢。黃冠輩常設茶亭於廟東，偏其間／□□□□□□□□者、執□者、肩輿者，上下喘息咸於是憩足焉。豈□□神靈□觀瞻／哉！癸巳多，□□□□□□□而心嘅之，通川□不靖檄書旁午，時不暇給。越三年，秋，我太守□使君／道經於此，晉見廟□□□□曰：今西師告捷，海內太寧，妥神靈而肅觀瞻，固予之夙願也。□□謀所／以邡護之，捐奉金百，命予理工事。予迺相度之，移茶亭於西北隅，即殿前奠定基址，置前廡三楹，廡／外巨石□□□以山神、土地祠各一，外築牆垣，周匝鞏固。別鑿山徑十丈許以通行旅。於是障護始／共，庶幾神靈安、觀瞻肅□雖然憩息者亦少有間矣，究弗能盡屏也。向予嘗躡屐齒□山□徑行石／門故道中，躬踐蒙茸□會勘其形勢，蓋驗知久廢者之不難以復通也。用敢繪圖繾說呈上，□以□□／進止	漢中博物館 品相好

				更修，遂所□□□□□□□□江渚。仰觀廟貌，雖是士大夫，歲時登□敬以將□致其□□／不復令□□□□□□□□□□□□□道□□彷彿漢建和中故事。俾神人且咸有禆焉□亦□／帝之靈所（下缺數字，無跡可尋）／乾隆四十三年歲次戊戌十月丁巳知褒城縣事太倉金之佩立		
7	清楊太守存愛碑記	清道光十年（公元1830年）九月二十八日	漢中褒谷雞頭關	碑，僅存碑身，爲豎長形。高284.5釐米，寬71.6釐米，厚14.3釐米。文19行，每行53字，字徑2釐米，字跡漫漶。「漢中府合屬紳庶等立」其「紳庶」下6排人名，每排5名，計30名，字徑1釐米，全不可識。撰、刻者不詳。	依石門石刻大全錄文 楊太守存愛碑記 誥授朝議大夫前任陝西漢中府楊太守存愛碑記 　聞之太上有立德、□□、立功，其次立言，此之謂不朽。三者有一於此，遂足以不朽。必求皆備，更戛戛乎其難之。即國三者之中，各有一二事久／而不廢者，自足以不朽也哉／。太守楊□之治漢南也，念斯士卅載之間，三遭兵燹，懇懇勤勤，以培養元氣爲先□□去其所已□□，還其所固有，得民□漸漬淚復其元／斯亦可以觀其德。□見境內多曠土，可樹桑勸□，五年已成六七十萬株，養蠶織絲者，增百千戶，不啻歲遺民間□百萬□之利。□□昔司／南褒城洋四縣水利，得其要害。時邑令講求工費樽節，而溝渠疏通。爭□□□□而年□登豐。禁殺耕牛，貧民皆得賣刀買□，土地資／以□□其所以衣之食之者，均非目前旦夕之謀也。既富，方穀植，選各書院主講，領□端堂程子學，則白鹿洞朱子學規以教之，咸知端品／篤學。□修漢南書院附廓□眾，別建中梁書院以居之。考棚湫隘，重輯以宏規模。醵金四千置田以□□□會試卷金。採訪節烈二百數十人／，建坊□□以維風化。於城之中樞特建層樓以培風脈。其所以□翼而作興之心又無微不致也。有匪邪竄入寧羌，公擒厥渠魁，澳其餘／黨，民賴以安。聞略陽水患，先發銀□千，親往撫恤；請幣六萬三千餘金，擇地建城，民免於溺。留垻西鄉偶遇偏災，捐□救濟，各得其所。新／設□□□□損，集夫二萬，開通捷徑以便挽輸。定遠、沔縣等處□倉鳥□難□條□定於□□永□無虞。川兵征西，	漢中博物館

				道出寧略，時公權□ /篆□□得宜，所過民不知兵。其他除暴安良，矜貧保富，□無留牘獄無冤民，悉□之有，不能終□□功不誠偉哉！益其條□誥諭，洞察民情／切中時弊，讀之者莫不怵然。而懲其作奸之隱，惻然而動，其爲善之心，蓋治術必矣。□經傳□經濟而發爲文章□□入人之深也。□公之 /德、言、功，自各有其不朽者□。 /	
				觀調任首郡□雲□之不得□□□□其事得詩□百九十有七篇，名爲《存愛集》，□□□□□□作於軍時堂額有存□□□云今合郡士民，懷 /公遺□□□□□存之□□□□泐之於石，永垂不朽。愛即以名詩者□名之 /。公名□□□□蜜峰雲□□□□□龍州舉人，嘉慶十四年任郡參事，道光元年□□□令□酈州牧，二年守漢□□內憂土□闋，復奉 /	
				□旨補授漢中□年兼護陝安道，卓異調任西安府 /。道光十年□□庚寅九月二十八日漢中府合屬紳庶……等同立 /	
8	清《祈晴記》碑	清道光二十五年（公元1845年）	漢中褒谷雞頭關	據原刻拓片，碑身高141釐米，寬68釐米。文6行，行13字，字徑8至10釐米，隸書。沈寶錕、楊翰、沈寶昌、吳師祁等人同操辦撰文、書刻等事。	《祈晴記》碑文 道光癸卯，自蜀應京兆試至褒谷 /，天雨斷絕閣道不可行，禱于□神 /，越日，雨乃止。共感□神之靈爽焉。 /是年，沈寶錕、楊翰舉孝廉。甲辰，沈 /寶昌、吳師祁舉孝廉。乙巳，楊翰登 /進士。刻石紀名，以昭□神貺 /。	佚
9	果親王五世孫奕湘題詩碑	清咸豐元年（公元1851年）	漢中褒谷雞頭關	碑，已佚，依拓片，知碑身爲豎立長方形，高115釐米，寬44.6釐米。文4行，一至四行其字數依次爲12、12、8、23字。詩文28字，字徑5至6釐米；署年號4	果親王五世孫奕湘題詩文 　　醇儒大雅自風流，將相全才掌 /握收。一片丹心扶漢業，名垂奕 /世萬年秋。咸豐辛亥 /果親王五世孫成都將軍陞仕禮部尙書鎭國公奕湘敬書。 /	佚

				字，字徑 4 至 5 釐米；落款小 字一行，字徑 2 至 3 釐米。碑字 均爲楷書。		
10	榜書「功高漢室」碑	清咸豐三年（公元1853年）	漢中褒谷雞頭關	碑，已佚，依拓片，爲豎立長方形，高 116 釐米，寬 63 釐米，正中豎刻「功高漢室」四字，字徑 13 至 19 釐米；上款 9 字，下款 10 字，字徑皆 5 至 7 釐米。皆爲楷書。	正中「功高漢室」，上款：「咸豐癸丑孟冬月敬立」，下款：「西蜀侯令華亭陸觀濂書」	佚（有碑圖）
11	清「濮少霞修棧道」碑	清咸豐五年（公元1855年）	漢中褒谷雞頭關	碑，已佚，依拓片，碑豎立長方形，高 141 釐米，寬 74 釐米。文 10 行，滿行 28 至 30 字不等，字徑 3 至 4 釐米。楷書。褒城縣候補知縣徐德淳撰並書。刻石者不詳。	「濮少霞修棧道」碑文： 　　盖聞除道成梁上古之遺風，具在急功好義，如今之雅量堪師。茲有南山 /棧道暨雞頭關一帶。鵲橋傾圮，鳥路崎嶇。錢塘（空十字） /濮少霞太守，於甲寅夏五，由川入都道經褒邑，慷慨道會何禮昌修理，閱三 /月鳩工告竣。洵一勞而永逸，自千古之不磨，從此利便往來，庶免望洋之 /歎，惠周遐邇鮮歌行路之難。用特碑銘以垂久遠，又從而贊之曰： /秦棧連雲亙古今，囊金解助實關心。平坦易載馳驅過，鞏固頻經歲月深 /。鱗砌層層膏黍雨，羊腸曲曲遍棠陰 （下空十四格） /。濮公惠政成碑口，到處行人頌德音 /。署褒城縣事候補知縣徐德淳撰並書 /。咸豐五年歲次乙卯新正吉日勒石 /	佚（有碑圖）
12	榜書「無遠弗被」碑	清咸豐六年（公元1856年）	漢中褒谷雞頭關	碑，已佚，依拓片，碑爲豎立長方形，高 109 釐米，寬 48 釐米，居中豎刻「無遠弗被」四大字隸書，字徑 18 至 29 釐米。左右兩側爲款，上款 8 字，	榜書「無遠弗被」居中豎刻，上款：「咸豐丙辰正月既望」下款：「同知銜知四川合州事桂林陳琠敬酬」	佚（有碑圖）

				字徑 6 至 7 釐米；下款：15 字，字徑 3 至 5 釐米。款爲楷書。知四川合州事陳琠書，刻石者不詳。		
13 飛白書	清「如影隨形」碑	清咸豐七年（公元1857年）	漢中褒谷雞頭關	碑，已佚，依拓片，碑身爲豎立長方形，高125釐米，寬66釐米。「如影隨形」四字居正中，字徑 21 至 30 釐米。筆劃絲絲露白「飛白書」。上款：10 字，下款，14 字，字徑 4 至 5 釐米，皆爲楷書。	「如影隨形」四大字，上款：「咸豐七年歲次丁巳仲夏」，下款，「誥授都闡府弟子呂英發薰沐書叩」	佚
14	清同治白石土地廟碑記	清同治十二年（公元1873年）秋	雞頭關白石土地廟壁	碑，斷爲四塊合後呈橫立長方形，高55釐米，寬85釐米，厚10釐米；邊寬6釐米。陰刻回曲紋飾，文25行，滿行15字，字徑 2 釐米。褒城縣知事莫增奎撰文，刻者不詳。	照石門石刻大全錄文如下 白石土地廟碑記 　白石土地廟碑記／褒城縣誌載，銅鼎山有白石，形如老翁／。相傳漢時土地神運水寨項者。考史，高帝／元年正月，沛公爲漢王。四月就國，王送／張良至褒中，使良還燒棧道。夫褒當隘／口，駐重兵。棧道絕水，道艱。漢王以漢中／，開四百載丕基。山川風雨，百靈呵護。土／神送水，殆其時與水其人，而不得見白／石老翁形。惟肖恍然，悟神助靈爽式憑／之，與留侯遇黃石公事相類。是／白石土地之神，漢初迄今，二千有餘載矣／。漢唐棧道興廢不一，宋元閣道盡毀，改／經七盤嶺，即今雞頭關，遂成滇黔秦蜀／孔道。褒人築廟嶺上，禱祀勿絕。凡輶軒／節鉞、文武員弁、征人、旅客之過此者，莫／不肅然起敬，焚香叩首。同治十年，漢／中鎮李輝武軍門，築石亭於銅鼎山白／石之前，翼然對崎，勒碑記靈感。增奎庚／午冬，來攝褒篆，將近三載，水旱晴雨、疾／病災祥，虔禱輒應。捷於影響，仰荷／神之默祐，懼無以上答／神貺也，不揣鄙陋，敬	（有碑圖不清晰）

					述其事而爲記／。大清同治十二年，歲在癸酉，仲秋吉日／同知銜同知直隸州用襄城縣事／山陰莫增奎謹撰／。	
15	連城山虎圖岩畫及其題刻三段	清光緒五年（公元1879年)(己卯之夏月）	雞頭關附近連城山雷公祠近側崖壁	摩崖連城山虎圖岩畫，通高160釐米，總闊88.5釐米。畫有一斑紋猛虎，勁尾高聳，回眸直立。三段題刻：之一：畫的左上側有題刻，豎刻5行，每行10至12字不等，字徑4至5釐米，行書。之二：畫的右側有題刻爲豎刻3行，行30字左右不等，字徑3釐米，行草。伍元登題之三：畫的中部題刻位於虎背與翹尾間之彎部，豎刻8行，每行6至8字，字徑2釐米，楷書。王昶乾題畫的右、中部題刻，字跡不清且有殘損。	照石門石刻大全錄文如下連城山虎圖岩畫及其題刻三段題刻之一文：文炳大人象韜略太公符時光緒己卯之夏月偶畫於京師東華門外寓。知四川井研縣事王琅然指墨題刻之二文：雲溪明府爲南皮相國門下士，令行有聲，善繪事，尤工畫虎，相國極稱之。此其作／於都門者，或曰宜趨虞也。將其□□□雷公祠山。夫蜀位於西，金精勝此爪牙／，得望威鎮邊疆，其爲之兆歟！臨邛伍元登題。／題刻之三文：一嘯風生谷，睡／臥草木驚。此君／深隱處，麋鹿盡／無聲／。時光緒己卯仲冬上浣／觀於／京師乾清門官舍／□□王昶乾題。／	尚存原地
16	清榜書「福陰孔昭」碑	清光緒七年（公元1881年）	漢中褒谷雞頭關	碑，圓首方趺，其身爲豎立長方形，高151釐米，寬66釐米。首部邊飾纏枝蔓草紋，兩側及足部邊寬7釐米，飾回曲紋，正中「福陰孔	榜書「福蔭孔昭」上款「光緒七年四月穀旦」，下款「鎮蜀將軍輔國將軍宗室恒訓敬立」	佚

			昭」，字徑 25 至 34 釐米，楷書。上款 8 字，下款 14 字，字徑 6 至 8 釐米，皆爲楷書。		
17	清南鄭縣境市集米糧油交易章程告示碑	清光緒二十一年（公元1895年）九月二十日勒石	漢中褒谷雞頭關	碑，圓首方趺，身呈豎立長形，通高 150 釐米，寬 72 釐米。首部豎刻「皇清」二字，字徑縱 8 釐米、闊 5 釐米，其背面飾滿龍鳳紋。碑身邊寬 4 釐米飾以回曲紋。碑文 16 行，滿行 42 字，首行與後三行字徑 3 至 4 釐米，其餘各行字徑皆 2 釐米。碑字均係楷書。	清南鄭縣境市集米粮油交易章程告示碑　欽加鹽運使銜署理漢中府（下缺）記錄十次劉 /照案示喻以垂久遠事。案查，前據南鄭縣紳民李維新、鄧安玉、宋永茂等□□□□□□□□李慶云□□ /市病民等情，懇恩定立章程，到府歷經批行南鄭縣究斷。□□□□嗣據該□民□□□□□□本□□ /訊悉各情斷令：嗣後大米、各項雜粮，凡在城間市集之上□□者，俱令斗□□□□□斗□□□□□□ /賣大米壹斗，給用錢伍文，賣雜粮壹斗，給用錢四文，俱由賣家照數□給□□□□□□□□□量過□ /米粮顆粒歸賣主收回，該斗行不准如前藉口收用，取人剩粮剩□。□□□□□□不得違此章程，再以剩餘粮 /米給該斗行作用；更不得違章短給斗行用錢壹文。該斗行準在城間市集過斗，一律槩（概）平斗面，不得手抹斗 /面，任意高低；更不許在鄉村路攔擋零星升合米粮，籍行拉索勒罰、擾累。當堂判定，該原被各□道結飭縣遵 /照府斷出示曉喻外，茲據該縣四路斗粮□懇請印銜並酌正示文前來除批示外合行示諭，爲此示仰□□ /以及斗行及各賣粮米之人，務各恪遵□□斷□。凡係買賣米粮，俱由斗行提用官斗，公平過量，各賣米粮之 /人，遵照此次斷定章程出給行用，不得增減□□□間收租以及擂磨燒油等房，彼此掉換粮食，俱□買賣米 /粮可比，自應聽其各用各斗，自行過量以歸、減價□□□□。自示之後，永遠遵行，各存公道以免爭訟。□□□ /農爾等共體此意，毋違。切切特示。 /右仰通□ /告示押 /眾紳粮商□等（以下署名不清 /光緒二十壹年九月二十日勒石 /。	漢中博物館

18	清光緒摹刻「石門」二字碑	清光緒二十七年（公元1901年）	漢中褒谷雞頭關	碑，圓首方趺，首下呈長方形，高 172 釐米，寬 74 釐米，其正中豎向摹刻「石門」隸書，「石」字縱 26 釐米，闊 38 釐米；「門」字縱 31 釐米，闊 45 釐米。上下款均 4 字，字徑 10 至 14 釐米，均係楷書。	（摹刻榜書）「石門」（隸書）右款「辛丑七月」左款張祥齡臨	佚
19	登雞頭關題詩碑	清光緒二十七年（公元1901年）	漢中褒谷雞頭關	豎立長方形，高 95、寬 40 釐米。	詩內容待考	
20	清榜書「雲梯初步」摩崖	清宣統元年（公元1909年）	雞頭關附近連雲道上的崖壁	摩崖，橫立長方形，高 70 釐米，寬 105 釐米。自右至左橫刻「雲梯初步」四大字，字徑縱 22 釐米，闊 18 釐米，楷書。右側款豎刻一行 6 字；左側豎刻一行 5 字：字徑皆約 4 釐米，楷書。	榜書「雲梯初步」右款「宣統元年仲春」；左款「昭陵武夫題」，	佚
21	江朝宗遊雞頭關記碑	清宣統元年（公元1909年）	漢中褒谷雞頭關	形制待考。	內容待考	
22	阻戰紅軍北上碑	民國（1912至1949）	雞頭關下方崖壁間立	碑，已殘，略呈三角形，其邊長分別爲 35、39、40 釐米，殘文 8 行，每行 3 至 12 字不等。楷書。	阻戰紅軍北上碑 殘碑幸存之字： 匪傾巢北犯連陷寧、沔，猛撲褒／佔時余適宰是邦，凜守土之責／捍禦血戰十數次將其拿破／漢中各邑樂得語／方軍長孫蔚公旅／攻之也匪崩潰／相見蒙致／與景惠／	殘碑

表 1.4　石門石刻信息匯總表（南三區：玉盆景區石門　南崖特區之二）

「玉盆」石刻以宋爲主共計 15，疑爲東岸。字體：（楷）8，（隸）6，（字體不詳）1。

序號	名稱	年代	所處位置	類別形制及狀況	石刻內容　注：「／」爲石刻行止	現存地品相
1	「玉盆」大字摩崖	東漢	石門隧道南口外三里許的褒河巨石（靠東岸）	摩崖，橫勢巨石，形凹如盆，色白似玉，勒有「玉盆」隸書，形書合一，古冠以「玉盆」之名。其高約 61 釐米寬 103 釐米，字徑 30 至 35 釐米，橫刻，書、刻者及時間俱不詳，傳爲張良手筆。現字跡隱約可見（其右上、左上兩處暨刻略小隸字「玉盆」及題名爲宋人所作）	「玉盆」壁窠二大字	漢中博物館　字隱約可見
2	文同「玉盆」詩刻	北宋神宗（趙頊）熙寧間（公元 1068 ～ 1077 年）	「玉盆」石刻的旁山崖	刻石形制不詳，詩二十八字，字體、字大小，布局亦俱不詳，待考。	其詩題爲：「凌晨走馬過花村，先玩玉盆到石門。細想張良燒斷處，崖前佇立欲銷魂。」	
3	張元翊等北宋崇寧題名	北宋徽宗（趙佶）崇寧時（公元 1102 至 1106 年）	「玉盆」以北	依《金石萃編》「玉盆題名十二段」記，其「橫廣四尺四寸四分，高三尺七寸六分。七行，行 5 至 6 字。左行，正書，在褒城縣」。即爲橫立長方形，約高 100 釐米，寬 130 釐米多。	崇寧□元□二十有□□臺張元翊，成□袁武震、岐下□師敏同遊。窮谿壑之勝，刻玉盆之陽。	佚
4	李若道等北宋宣和題名	北宋宣和四年（公元 1122 年）十月二十八日	玉盆景區	原刻已佚，近正方形，全文 5 行，頭 4 行，每行 5 字，末行 3 字之後接有兩行 10 個小字，注明時間，行文係自左至右。楷書。	（左起首行）昇山李若道／弟顧道、任道／臨邛黃次平／同遊石門／巘／舟登此／宣和壬寅十／月二十八日／	佚

5	李彥粹等南宋建炎題名	南宋建炎三年（公元1129年）	玉盆景區	刻石佚，《金石萃編》記有原刻「高二尺五寸，寬一尺九寸五分。七行，行十字十一字不等。左行，正書。」	河南李□彥粹遊石門，登玉盆。預行者定武□□子實，開封王師顏希賢、徐師民叔瞻，秦亭李師古□從，馮翊傅汝礪彥正，洛陽□中直子正，建炎己酉歲清明前一日行記。男松年侍。	佚
6	晏德廣等南宋淳熙玉盆題名	南宋淳熙十一年（公元1184年）	玉盆景區	摩崖，石刻及拓片均佚，依《金石萃編》錄，原刻「高三尺一寸，廣二尺九寸。二行，行六字、七字不等，隸書」。	晏德廣、段□□（下缺）師命禱雨升潭□（缺）而去。□熙甲辰（缺）。	佚
7	石邵等南宋淳熙題名	南宋淳熙十一年（公元1185年）	玉盆景區	摩崖，石刻及拓片均佚，依《金石萃編》錄，原刻「橫廣三尺一寸三分，高三尺三寸五分。六行，行七字八字不等。隸書。」	依石門石刻大全附圖重錄文如下 石邵、段雄飛、晏袤 / 夀旹目（以）禱雨艤舟玉 / 盆側，誌歲月而去。乙 / 巳清明前十日，以董 / 堰復來同登。汎掃 / 縱觀，方羊久之。 /	佚
8	閭丘資深等南宋慶元玉盆題名	南宋慶元二年（公元1196年）	「玉盆」故址同一巨石，位其右上側	摩崖，漢隸「玉盆」之上占空間：高47釐米，寬30釐米，仿「玉盆」豎刻二字，字徑18至23釐米並題名留記三行，每行7至8字，字徑7釐米。隸書。	據原刻錄文如下： 仿漢隸橫刻「玉盆」為豎刻並在其下題名留記三行如下： 閭丘資深、田德夫 / 章德梂，慶元二年 / 二月壬申因际堰徠。 /	漢中博物館品相好
9	曹濟之等南宋紹定遊玉盆題名	南宋紹定二年（公元1229年）己丑清明日	在漢「玉盆」題刻左上側	摹刻的「玉盆」二隸字，豎刻，字徑縱3.5至4釐米，橫8至9釐米；下有三行小字，字徑縱5釐米，橫3至5釐米；隸楷	據原刻錄文如下： 曹濟之、龐公巽、曹璋、 / 李稟，紹定己丑清明 / 日識。 /	漢中博物館品相好
10	郭嗣卿等南宋慶元玉盆題名	南宋慶元四年（公元1198年）	玉盆景區	摩崖，豎立長方形，其「高2尺，廣僅存1尺5寸5分。3行，每行4字，正書。」	依《金石萃編》錄文： 郭嗣卿、陳季時、程清叔，慶元戊（缺）	原刻石與拓片均佚。

11	车節甫等南宋開禧玉盆題名	南宋開禧二年（公元1206年）	玉盆景區	摩崖，豎立長方形，《金石萃編》稱其「高一尺九寸五分，廣一尺五寸四分。四行，行四字五字不等。正書」	依《金石萃編》錄文：開禧二年人日，车節甫、劉林靜來。	原刻與拓片皆佚
12	安丙等南宋嘉定遊玉盆題名	南宋嘉定二年（公元1209年）閏月清明日	玉盆景區	摩崖，原石及拓片均佚，《金石萃編》錄：「其高一尺八寸八分，廣一尺五寸三分。四行，行七字八字不等。正書。」	依《金石萃編》錄文：晶然安丙子文，抱孫、明孫與李□（侯）貴同來。嘉定己巳閏月清明日。	佚
13	何武仲等南宋嘉定題名	南宋嘉定四年（公元1211年）中秋後十日	玉盆景區	摩崖，原刻及拓片均佚，《金石萃編》錄：「高一尺九寸五分，廣一尺五寸五分。七行，六字七字不等。正書。」	依《金石萃編》錄文：邑令何武仲拉資中黃元英、廣漢沈德明、普慈周伯光、黃養源來，同二子祿孫、和孫侍行。嘉定辛未中秋後十日。	佚
14	李士熊南宋嘉定玉盆題名	南宋嘉定十七年（公元1224年）五月六日	玉盆景區	摩崖，原刻佚，存有清人摹本，《金石萃編》錄：其全文「三行，行三字，隸書」	李士熊□□來嘉定甲申端午、壹日	佚
15	李一鰲明萬曆遊玉盆題名	明萬曆三十九年（公元1611年）之後	玉盆景區 李一鰲刻字覆蓋了虞甡弟喆李士熊、陳棐忱等石刻之字	摩崖，原刻已佚，《金石萃編》錄，其高四尺六寸四分，廣三尺七寸。五行，行四字。正書。	依石門石刻大全描字圖重錄文：石盆應有意，要洗貪者廉。前（描圖中不見此前字）進士郡（「守」或「丞」字）李一鰲	原刻及拓片皆無存

表 1.5　石門石刻信息匯總表南四區：山河堰區（河東店、山河廟）總 12 品

序號	名稱	年代	所處位置	類別形制及狀況	石刻內容 注：「 / 」爲石刻行止	現存地品相
1	唐孫樵《興元新路記》	唐大中四年（公元850年）六月	（褒谷口原漢隱士鄭子眞祠內）	碑文由孫樵記，石刻佚，其形制、計幾行、每行幾字及字徑等皆不詳。待考。	依《宋蜀刻本影印》圖錄文 唐孫樵《興元新路記》 　　入扶風東皋門十舉步，折而南，平行二十里，下念濟坂。下折而西，行十里渡渭。又十里至郿。郿多美田，不爲中貴人所并，則藉東西軍居民百一繫縣。自郿南平行二十五里，至臨溪驛。驛扼谷口，夾道居民皆籍東西軍。出臨溪驛有步，南登黃蜂嶺。平行不能百步，又步登潢嶺。盤折而上，甚峻。（原注：潢潢嶺北並硐可爲閣道，平出潢潢嶺南，可罷潢潢路。）下潢潢嶺，嶺稍平。二嶺之間，凡行十里。自臨溪有支路，直絕澗、并（原注：滿浪歹放此。）山，復絕澗，虵（蛇）行磧上十里，合於大路。（原注：秋夏此路當絕。）下黃蜂嶺，復有支路並澗，出潢潢嶺下，行亂石中，五六里與澗西支路合。（原注：秋夏此路亦絕。）由大路十里橋無定河，河東南來，觸西山不隳，號怒北去。河中多白石，磊磊如斛。又十里，至松嶺驛。逆旅三戶，馬始食茅。自松嶺平行三里，逾二橋（橋），登八里阪，其峻。下阪行十里，平如九衢。又高低行五里，行連雲驛。自連雲西平行二十里，上五里嶺，路極盤折。凡行六七里及嶺上，泥深滅踝。（原注：行者多苦於此，可爲棧路以易之。）路旁樹往往如桂塵縷，纖纖而長，從風紛然。訊於薪者曰：此泥楡也。豈嶺長泥而樹有此名乎？凡泥行十里，稍稍下去。又平行十里，則山谷四拓，原隰平曠，水淺草細，可耕稼，有居民，似樊川間景氣。又五里，至平川驛。自平川西，竝（並）澗高下行十里，復度嶺。（嶺東度澗可謂爲閣路，平行五十里出嶺西，亦古道。）上下嶺凡五里，復平。不能一里，復高低，有閣路。行七八里，扼路爲關？（閣？）。北爲臨洮，關南爲河池。自黃蜂嶺洎河池關，中間百餘里，皆故汾陽王私田。嘗用息焉，多至萬蹄，今爲飛龍租入地耳。入關行	佚有《宋蜀刻本影印》圖

十里，皆閣路。並澗閣絕，有大橋，蜿蜒如虹。絕澗西南去，橋盡，路如九衢。夾道植樹，步步一株。凡行六七里，至白雲驛。自白雲驛西，並澗皆閣道。行十里，嚴（岩崖）上有石刻，橫爲一行，曰：「鄭淮造」，凡三字，不知何等人也。（人多以淮爲準字，蓋視之誤。）又一十三里，至芝田驛，皆閣道，平高下，多碎石。自芝田至仙岑，雖閣路，皆平行，往往澗旁谷中有桑柘。民多聚居，雞犬相聞。水益清，山益奇，氣候甚和。自仙岑南行十三里，路左有崖，壁然而高出，其下穀（斅）其有聲如風怒薄水，里人謂之鳴崖。豈石常鳴耶？抑俟人而鳴耶！又行十五里，至二十四孔閣（古閣名也），閣上嚴甚奇，有石刻。其刻云：襃中典閣主簿王顒、漢中郡道閣縣掾，馬甫漢中郡北部督郵迴通、都匠中郎將王胡典知二縣、匠衛績教蒲池石佐張梓等百二十人，匠張羌教襃中石佐泉疆等百四十人，閣道教習常民學川等三人（一本作川五人），凡七十字。其側則曰：太康元年正月二十九日。案其刻乃晉武平吳時，盖晉由此路耳。又行十五里，至青松驛。驛自仙岑而南，路旁人煙相望，澗旁地益平曠，往往墾田至一二百畝，桑柘愈多。至青松即平田五六百畝，谷中號爲夷地，居民尤多。自青松西一二里，夾路多松竹。稍稍深入，不復有平田。行五六里，上小雪嶺，極峻折。嶺東多泥土，疎而黑；嶺西九峻，十里百折。上下嶺凡十八里，四望多叢竹。又高低行十里，至山輝驛。居民甚少，行旅無庇。自山輝西高低行二十里，上長松嶺。極峻。羊腸而上，十里及嶺上，復羊腸而下，十五里及嶺下。又高下行十里，至迴雪驛。自迴雪驛南行，三里上平樂阪，極盤折。上下凡十五里，至福溪。（自福溪有路並自山下由大雪嶺平行五里，上長松嶺北，與山輝大路合。盖古所通，乃坦途也。裨將將開此路，都將賈昭爭功且欲抑之，遂開古松嶺路。）又高下行十里，至黃崖。崖南極峻折。上下黃崖六七里，至盤雲驛。西行，復並澗行二十里，即背絕小嶺。上下凡五六里，稍平。又行十里，至雙溪驛。（自盤雲驛西，有路並澗出白城，又

				平行三十里至城，又行六十里至興元。亦古所通，尤坦途也。城固之要道，出其縣，遂略開路長開天嶺路也。自雙溪南，平行四里至天苞嶺。羊腸而上，凡十五里，極峻折，往往閣路。至嶺上，南望興元，煙靄中也）。下嶺尤峻折，凡三十里至文川驛。自文川驛南行三十五里，至靈泉驛。自靈泉平行十五里，至長柳店，夾道居民。又行十五里至興元西，平行三十里至襃城縣，與斜谷舊路合矣。（議者多以謂此路不及襃斜，此言不公耳？樵嘗淑中襃斜，一經文川。至於山川險易，道途迤，悉得條記，嘗用披校，蓋亦折衷耳。苟使賈昭盡心於滎陽公，如樵所條注，誠愈於襃斜路矣。）孫樵曰，故人尚謀新，仍曰何必改作？利不十世不變。豈謀新亦未易耶？滎陽公為漢中以襃斜舊路修阻，上謂開文川古道以易之。觀其上勞其將，下勞及卒，其勤至矣。其始立心，誠無異於古人將濟民於艱難也。然朝廷有竊竊之議，道路有唧唧之歎，豈滎陽公始望耶？洗謀肇乎賈昭，事昌平李俅。役卒督王者不增品秩於天子，則加班列於滎陽公。滎陽公無毫利以自與，而怨咎獨歸滎陽公，豈古所謂為民上者難耶！	
2	南宋吳玠山河廟題詩碑	南宋紹興（南宋建炎二年公元1128年至南宋紹興九年公元1139年）期間	襃谷口河東店山河廟內	詩碣砌壁，字數58字。	本書照錄石門石刻大全文 南宋吳玠山河廟題詩碑 此詩載於《襃谷古蹟輯略》，注云：「山河廟在河東店，詩碣砌壁上。」 詩云： 早起登車日未曦，蕪煙萋草北山村。木工已就山河堰，粮道要供諸葛屯。 太白峰頭通一水，武休關外憶中原。寶雞消息天知否？去歲創殘未殄痕。	佚
3	南宋《漢中新修堰記》摩崖 亦稱《楊絳山河堰記略》待考	南宋乾道元年（公元1164年）至南宋乾道三年（公元	襃谷南段東岸俗稱婆婆炕處的崖壁間	摩崖，豎立長方形，高八尺五寸八分，廣七尺四寸。文26行，每行33字，楷書。原刻修公路時被堙沒，依	南宋《漢中新修堰記》漢中新修堰記 郭榮章依《金石萃編》所記，述其全文，本書照錄 乾道元年，四川宣撫使判興州吳公朝行在所上寵嘉之。□拜上□□爵眞王，仍以奉國節髦移鎮漢中。粵自用武而來，戎馬充斥，民事寢緩。公至則曰：國基於民，而民以食為天。凡所以飽吾	佚

		1167年）	《金石萃編》記，全文約756字，可識計663字，似□示缺字93。	師、強吾國者，民也。民事顧緩而恬不加卹，是不知本之甚也。其可乎哉！乃申飭僚吏件□　詔令之忠厚愛民與夫政事之偏而不起者，次第實行之。給和糴之緡，而人無□□，停俞時之賦，而困窮以蘇。兼並均□□□弗貸，嚴而不□，寬以有制。至若□蠹除害，澤惠流佈，家至戶到，咸知樂業。明年春，農務□□□，公□□□內漑浸之源□□者，無若漢□國曹公山河堰，導褒水□□木石，□□而疏□□□而西者，□注於褒城之野，行於東南者，悉歸南鄭之區。其下支分派別□□□□□□田疇之渠，百姓饗其利。惟時二邑久□怠作，每歲鳩工度財以鉅萬計，□□□□□□狡獪者贏其材，僥倖者嗇其工□以異時小夫賤隸染污習熟□丁□□□□為奸，以故無告蒙害，澤不下究。公□然念之，銳意改作，與提典刑獄兼常平使者秘閣張公商榷利病，先事設備，皆詣堰所。擊鮮格神，涓日起役。畚鍤如雲，萬指齊作。乃檄通判軍府事史祁俾總督之，僅兩浹日斷手。凡用工若材際曩為省，而□牋護□之堤又數百丈。祁會邑宰宣勞殫力，往來其間，申畫畔岸，以杜紛爭，檢校精□以□勤惰。　　如公指麾，人自知畏，不□而辦。先是光道□積弊隳廢逾廿年，而□□下□□供豪右輪□之用。異時沃野皆化□□，民實病之。　　公又躬即其處，相方度宜□□□□料簡卒徒，官給材用，分□方略，逸道使之，刻期而就。凡以工計者，又十萬有□□□□□雖廣能周檠三萬餘畝，復□上腴，訖事而民弗預抑又□焉。欽惟我公□□□□□□□社稷之衛，而司全蜀之□者，歷三犯矣。逮茲保釐，功崇位極，乃復推□□□□□□事為　朝廷固不拔之基，與黔首垂無窮之福，□非識慮□□者之所能為也。□異代創業之輔□□□實今日　中興之佐，先後相望於千有餘歲。其愛人利物之心及所成□不約而同，可謂盛德事也。召父杜母，何足擬倫？褒中之石，幸可磨鐫，詞□不腆，絳職在是，庸敢直書，昭示來世。乾道二年六月十五日，門生□□政郎充利州路提舉常平司幹辦公事楊絳記並書。

| 4 | 南宋《重修山河堰記》碑 | 南宋乾道元年（公元1165年）至乾道九年（公元1173年）期間 | 褒谷口河東店山河廟內 | 已佚，碑，形制、字經、書刻者均不詳，撰文者城固縣令閻蒼舒。 | 碑文載於清嘉慶版《漢中府志·藝文志》，茲依石門石刻大全錄文如下：
南宋《重修山河堰記》碑
山河堰在興元褒城縣北山下。圖志載，水出太白山，山在鳳州梁泉，南流入斜谷，下入褒中，又南入漢江。父老相傳，此堰曹相國作。考之於史，漢元年四月，漢王就國，留蕭丞相收租給軍。五月，王引兵出梁雍，建成侯爲將軍，從還定三秦。三年，王與諸侯鄭侯守關中。則此堰疑非蕭曹所親臨。詔云：蜀漢民給軍事勞苦，復勿租稅二歲。三年，關中大饑，令民就食蜀漢，則漢中饋餉亦夥矣。平土上腴，必資水利。三堰之興，安知不出於二公乎？由漢迄今，維梁爲巨鎭，世宿重兵，取足南畝，稅事宜力，國朝有山河軍，嘉祐三年，提舉常平史照謂游手擾人，罷之。歲用食水，民計畝出工。官爲董，齊其役，疏利害，鏨蠹弊，新簿書，嚴賞罰，條而上之。是時，富公、韓公、曾公當國。奏下都水，植碑褒城，至今遵用。紹興三年，漢中被兵，民多驚擾，而堰事荒矣。既而復業，稍尋舊役，則戶版凋稀，功緒鹵莽，堰既疏漏，渠亦洿淺。每秋潦猥盛。即敗堰堙渠，下民告病。田收十六七，旱歲尤甚。乾道五年，上命參知政事相臺王公宣撫四川。明年，移府漢中。一日，行堰上，顧視慨然，乃命知興元府利州路安撫使禦前諸軍都統治吳侯拱商度之。圖以獻曰：謹酌民言，堰敗，當自外增二垠；渠垤，當競力通之。異時野水衝激，當浚以新港出水槽，俾不爲渠病。顧規模宏深，非常歲比乞用，紹興累降旨，發工徒，出官幣修之，冬十月，公命大出後府錢幣，募兵市財積，岸躋山。明年春正月丁酉，厥役告成。合六堰，袤一千二里，五十步外，增修二垠。皆精堅，可永勿壞。二渠若新港，一萬一千九百四十步，悉力浚之，因得桐板若角石狀，而渠遂復。視比歲所修，深廣倍之。使伐石十板，復置渠下，以爲識用。長歲水夫四千四百六十八人，發官軍民兵合九千六百八十一人。用堰渠料工凡材木若干人夫，總五十三萬五千八百七十八工。自行府出錢鳩材饗犒及帥司賞給有差，合計用錢三萬一千二百 | 待考 |

| | | | | 六十緡。其渠港分流爲筒跋者，九十有九，凡溉南鄭、褒二十三萬三千畝。是役也，公嘗一再臨視，謂賓客曰：漢河防之役，將軍以負薪競塞之。天下事功苟以身先，無不濟者，不特水事也。於是守帥、郡使者、賓寮、吏屬、將騎熊羆之士皆在，而工徒人卒雲興椎鑿，雷動歡謳之聲，響撼一川。耆老孺童遮迎馬首，舞躍歌呼。再拜投謝曰：父兄子弟聞之，先民未嘗睹斯役，公之功德遠矣！豈敢忘賜？帥吳侯囑蒼舒記之，不得辭。維秦漢以來，言水利者日益眾，其最著則鄭、白二渠。鄭國起前，白公繼後，相距才百五十二年，民得其饒而歌之。今我褒渠，自漢丞相開跡，迨今千三百七十有三年，公始以副丞相臨之，而後興其工，斯民之詠歌，宜哉！蒼舒以諸從事辱公命，是役皆所經見，於是書之無愧辭。 | |
| 5 | 南宋《山河堰賦》摩崖 | 南宋紹熙年間即南宋紹熙二年（公元1191年）至紹熙五年（公元1194年） | 褒谷口河東店山河廟內 | 摩崖，原石已佚，僅存清人摹本。 | 其文字僅見於《褒谷古蹟輯略》，注云八分書。茲按石門石刻大全錄文：
南宋《山河堰賦》
山河堰蓋漢相國酇侯、肆（當是懿）侯之所肇創。昔高皇帝分王漢中，撫愛百姓，勵志兵食。公因設水利，纘禹之績，隨山濬川，爲萬世利。卒致儲偫豐牣，軍需大備，以能輔佐大業，克成厥勳。遷固作傳，文實闕如，而耆舊相傳，□經俱載，碑記可考，斑斑不誣。自漢迄今，民賴其賜。是堰也，圍之以木，聚之以石，每歲孟陬，鳩工聚材以繕修之。雖出於人爲，補造化之闕，然盛衰興廢物理之常。以逸待勞，有備無患。紹熙四稔，工役不便，夏潦暴漲，六堰盡決，田疇幾荒，民用戰粟。常平使者張史君、司漢郡范公，顧瞻吁嗟克廣德心，捐錢千萬，助民輸木。勸農史者連帥關學，侍郎廣漢章公實主盟之。集材於癸丑之冬，明年春，大役工徒，日以萬計。畚鍤運斤，如列行陣。進退作止，枹鼓相應，皆有準繩，桁樑犾楬，數以千萬輩。作於仲春之乙未，告成於三月之申子。南鄭令臨淄晏表實司是職。竊以二公心平愛民，先事備具。此所謂先天下而憂其憂，後天下而樂其樂者也。其用大矣！請紀成績而爲之賦云：
閱漢中之形勝兮，實古梁之奧區；挖斜 | 佚 |

					谷之衝要兮，兼褒中而與俱。山連大散兮，勢若奔萬馬；江從太白兮，濫觴而纖徐。不捨晝夜兮，盈科而後進。鏜鎝澎湃……	
6	高迅南宋嘉定題名	南宋嘉定四年（公元1211年）	河東店附近河谷中	摩崖，豎立長方形，此題名僅見於陸增祥《八瓊室金石補正》稱其「高二尺七寸，廣五寸，二行，行十九字，字徑二寸許，正書」	高迅南宋嘉定題名 歲次辛未閏二月，制置大使司提撅修造官高迅□□軍匠修葺山河三堰。共用□役玖仟餘工記。	佚
7	明郭元柱《謁山河廟題詩》。	明萬曆十七年（公元1589年）	河東店山河廟內是否刻於牆壁待考	原刻已毀。	《褒谷古蹟輯略》有其錄文，石門石刻大全有錄文，今照錄於下： 明郭元柱《謁山河廟題詩》。 暇日行部視水利，謁二公祠，悵然有感，因書以爲司民牧者勸。 漢祚炎隆四百秋，蕭曹事業冠群侯。當年將相今何在？惟有山河堰水流。 明萬曆己丑重午之吉 川南朝石郭元柱題	原刻已毀
8	清《山河堰溉田用水協約》碑	清嘉慶七年（公元1802年）五月立（公元1979年）冬出土。	漢中褒谷口東側河東店境內出土。（河東店東街）	碑，圓首方趺，周邊飾纏枝蔓草紋，通高146釐米，寬67釐米。額部「皇清」二字，字徑縱8釐米，寬5釐米，正文8行，滿行39字。署名者37人，列爲4排，一至四排人數依次爲8、10、11、8人。署名與正文字徑同即2釐米。末行署年月共8字，字徑縱4釐米，橫2釐米。碑字皆楷	全文照錄石門石刻大全： 清《山河堰溉田用水協約》 粵稽漢志山河官堰爲／蕭曹創建，橫截龍江，直以長椿□□□□鉅石爲主，瑣石爲輔。溉沔、褒田四萬五千頃。並無第三堰水分，惟／有滲溢之水，爾等聽用。至嘉慶□□七月內，偶逢天道炕焊，河源水竭，忽有第三堰栽田人戶，不遵舊制，挖掘山河堰堤，以致山河官堰□庶具控。水利道憲朱暨府憲樊查明舊例，出示禁止，永不／許第三堰掘挖官堰。嗣奉護理□□趙、飭委候補鄭縣陳朱，會同南鄭縣班褒城縣呂赴堰勘驗，查閱漢志，並無第三／堰水分。勸今山河官堰士庶，如遇天旱水缺，將官堰題坎仍照舊例橫截，通以石砌，草土堅築，止留五／丈許，用石橫截，不得草土堅築；五丈之外，仍以草土堅築。自立碑以後，官堰不得將所留五丈漏水草土堵塞，三堰亦不得擅行掘挖，妄起事端。從此建碑，永垂不朽云。／□□歲貢王多士撰，	漢中博物館 碑出土時斷爲兩節，修復後略有殘缺

				書。王多士撰文，朱孔陽書寫，孫駿烈書丹，王多士、丁震川等三十七人立石。	生員孫駿烈書丹……生員朱孔陽書（共卅七人，其餘從略）嘉慶七年五月敬立。／	
9	清山河堰水利管理協議碑	清嘉慶九年（公元1804年）五月立（公元1979年）冬出土	河東店境內出土（河東店東街）此碑與《山河堰溉田用水協議碑》同在一地出土	碑，出土時碑首及碑身右上角斷失，殘高105釐米，闊66.5釐米，厚12釐米，文23行，滿行44字，字徑2釐米，楷書。歐陽文學撰文，鄭兆祥、張瑞香書寫，閤堰士庶公立。	照石門石刻大全錄山河堰水利管理協議：□□□□□□□□百者不謀新，如吾褒之山河堰，務剔除積弊，重建章程。是己粵自國初以來，水利久隷府／□□□□□□□□設堰長一名，小甲一名，工頭二十二名。驛分八工，內設堰長一名，工頭七名，外設船夫二名，神／□□□□□□□管堰法非不盡善也。自乾隆二十一年，移署留壩，水利無專司之員，節年假手堰甲，弊竇叢生／□□□□□□□及按限臨頭移東嫁西、指鹿為馬，有鑽當之徒，希圖度日及包攬到手，碑首及碑身右上角斷失，捉風捕影、載鬼張狐最難／□□□□□□□混淆水同溝澮，而南褒恭褉，或堰下合而灘數不投，或數投而年限迥異，犬牙互錯，有廢業已／□□□□□□故主有受業已經多年，而堰簿未填約名，或姓氏同而田畝不對，或田畝對而錯落懸殊，殊眞偽難分／。□□□□□□牽牲告廟，船夫備舟運石，今田戶屑徵幫費，意在脫身了局。堰甲概行梘扞，計存浸漁軋沒。及動工／□□□□□□存一葉誰駕，□視，徒苦夫役。原額堰甲遠至百年一周，田多不過三十畝。工頭近至十年一周，田／□□□□□□久則弊生。田少則幫重，有栽田幾世幫堰將臨而田預早出廢者；有置業數月，勺水未注而幫適猝臨／。□□□□□□之候彼此混賴，鼠牙頻興，屈直莫辨，疑信無憑，以上諸弊，不勝枚舉。今閤堰人等公議，無論民田驛業／，□□□□□分工照沉溝鱗次查田，經界正而水分清也。每歲用堰長一名上堰督工，小甲六名下鄉催夫，裁一冗而／□□□□□也。改易工頭，加增長夫八十四名，添一夫而多一力易成功也。堰甲七年一輪，按土堰順次滾、當長夫逐／□□□□畝橫推挨管，俱周而復始，年限近自輪流速而工不亂也。堰長一工攤田五百畝，小甲一	漢中博物館

				工攤田五百畝，俱 /□□□□次過。四十長夫攤田七十畝，每畝不過三十。田畝多自議幫輕而人易從也。如此庶漏幫者水落石出，無所 /□□□□錢當者路盡途窮亦無所施其伎倆矣。眾議僉同，遂稟請□□□ /□□陳 /□□大人於百□□批允，隨即遵照辦理，今已重新簿書，余分纂晰輯注詳明，爰勒貞瑉以垂永久。是舉也絕隱昧之弊 /□□□之害，息爭訟之端。雖不利於一二人，而利於億萬人，不便於一時，而便於千百世，詎不善始善終哉！經始於嘉慶 /□□，終事於越歲甲子之夏月日也。是爲記。 /邑人歐陽文學謹撰 /□庠鄭兆祥　張瑞香　敬書 /□□九年歲次甲子四月初一日閻堰士庶公立 /	
10	清吳榮光山河廟詩碑	清嘉慶二十四年（公元1819年）四月	河東店山河廟內牆壁上碑砌廟內	碑，其刻題詩分四段，每段四句，每句7字，每段以空格分開。碑已佚，碑大小形制、布局不清，南海吳榮光書、字體行書。	清吳榮光山河廟詩碑，此碑全文亦載於《褒谷古蹟輯略》，今照錄如下 無數青山與道迎，路人知我繡衣行。連朝好雨新渠足，喜見田間話泰平。自春徂夏節頻移，慰汝辛勤畚臿施。衣食有源須記取，萬家煙火贊侯祠。卻憶吾家上將才，軍屯瀦溉萬塍開。如今坐享農田利，只合催耕使者來。綠柳陰中水利圖，幾回相度費工夫。不知飽吃行廚飯，可對南山父老無？ 　　偕樂園太守、吉人明府、崇峰郡佐巡閱山河堰。作堰利始於漢蕭相國，復興於宋吳武安王兄弟，故第二三章及之。嘉慶己卯四月陝安觀察使者南海吳榮光書	佚
11	民國鄭子眞故里碑	民國二十五年（1936年）丙寅仲夏	褒城城內（河東店西原城褒城內）	碑，呈豎長形，圭形首，高174釐米，寬78釐米。正中豎刻：「漢隱士鄭子眞先生故里」10字，字徑十10至16釐米，楷書。上款15字；下款三行，首行字跡漫漶不可識，次行及三行：7、9	民國鄭子眞故里碑 依圖重錄 「漢隱士鄭子眞先生故里」，上款：「中華民國二十五年歲次丙寅仲夏月」，下款：……次行「褒城縣行政公署」、「褒城縣第一高級小學」	漢中博物館待考

			字，字徑5至7釐米，款皆為楷書。		
12	民國《褒河大橋創修記》碑	民國二十九年（1940年）八月褒河大橋落成不久	河東店河褒大河橋碑嵌於橋孔之內壁	碑，嵌於橋孔之內壁。呈豎立長方形，高31釐米，寬130釐米。文37行，滿行10字，字徑1.5至2釐米，楷書，永陽錫侯章光彩撰文，書者、刻者均未署名。	《褒河大橋創脩記》　褒河為陝南名鉅津，源發 / 太白山，經褒谷奔騰四百 / 餘里，至褒城而勢益激，河 / 底積砂夾石潛流奔湧，言 / 建橋者難之。漢寧築路設 / 渡以濟民。廿六年，抗日戰 / 興，中樞西移，川陝一線視 / 如命脈，而期斯橋之成者 / 遂日亟。光彩以廿八年秋，始 / 受命督建石拱橋，繼奉令 / 改建石臺桁梁橋，從事部 / 署相定橋位於城之東渡 / 口上約百三十公尺，橋之 / 下有古山河壩，所以擁水 / 灌渠資溉田也。施工必先 / 開壩放水，水放渡廢又必 / 先策臨時交通以維行旅 / 。遂於壩之南搶修便橋十 / 六孔，便道四百公尺。既成 / ，迺（乃）開壩，並與渠民約期次 / 年清明用水前規復。十二 / 月，大橋開工，循序兼進 / 畧（略）無後時，以廿九年七月吉 / 日告成通車。橋凡八孔，總 / 計長一百五十二公尺，共 / 用國幣壹拾玖萬元。承造 / 者，同成、天成兩公司。與此 / 役者，有史政、顧震球、焦今 / 昔、陳其昌、郭作謨、顧相端 / 、劉克禧、孟德華、張光漢諸 / 君。乃為圖記，分鐫於左右 / 兩壁以誌斯工之盛。多賴 / 羣策羣力，與光彩得相以有 / 成也。 / 民國二十九年八月穀旦 / 永陽錫侯章光彩謹撰 / 。	佚

表 1.6 石門石刻信息匯總表南五區：褒城驛漢中府區　總 3 品

序號	名稱	年代	所處位置	類別形制及狀況	石刻內容　注：「／」為石刻行止	現存地品相
1	唐劉禹錫《山南西道新修驛路記》有《三絕碑》之盛譽	唐開成四年（公元839年）	原址不詳	《全唐文》卷六〇六刊文，錄計505字。因石碑早佚，原刻碑形，計幾行、每行幾字及字徑等皆無稽考。劉禹錫撰文，柳公權正書，唐文宗（李昂）題額「山南西道新修驛路記」石碑。因碑之撰文，書寫、題額皆出自名家之手，故有《三絕碑》之盛譽。	唐劉禹錫《山南西道新修驛路記》 開成四年，梁州牧缺。上玩其印，凝旒深思曰，伊爾卿族歸氏，以文儒再世居喉舌。今天官貳卿，融能嗣其耿光。嘗自內庭歷南臺尹轂（gǔ）下政事，以試可爲元侯。乃付印綬，進秩大宗伯兼御史大夫，玉節獸符鎮於嫣墟。公拜手稽首曰：臣融敢揚王休於天漢之域，既泣止，諮於群執事，求急病者先之。咸曰：華陽黑水昔稱醜地，近者嘗爲王所，百態丕變。人風邑屋與山水，俱一都之會，自爲善部矣。惟驛遽之途欹危束，其醜尚存。使如周道，在公頤指耳。於是因年有秋，因府無事，軍逸農隙，人思賈餘。乃懸墾山刊木之傭，募其力揆攢鑿撞秘之用，庀其工具异輦畚插之器，厝其要鼜鼓以程之，糗醪以犒之，說使之。令既下，奮行之徒坌集我之提封，踞右扶風觸劍閣千一百里。自散關抵褒城，次舍十有五，牙門將賈黯董之。自褒而南，逾利州至於劍門，次舍十有七，同節度副使石文穎董之。兩將受命，分曹星馳，並山當蹊，頑石萬狀，坳者、垤者、兀者、銛者、磊落傾欹，波翻獸蹲。熾炭以烘之，嚴醯以沃之，潰爲埃煤，一篲可掃。棧閣盤虛，下臨谽谺，層崖峭絕，柄木互鐵，因而廣之，限以鉤欄。狹徑深陘銜尾相接，從而拓之。方駕從容急宣之騎，宵夜不惑。郊曲稜層，一朝坦夷。興役得時，國人不知。繇是駛行者忘其勞，吉行者徐其驅，拿行者家以安，貨行者肩不病，徒行者足不蹟，乘行者蹄不刓，公談私詠，溢於人聽。伊彼金其牛而誘之以利，曷若我子其民而來之以義乎？既訖役，南梁人書事於牘，請紀之以附於史官地理志。

唐劉禹錫《山南西道新修驛路記》有《三絕碑》之盛譽。《全唐文》卷六〇六刊有其文，石刻大全有錄文，以上照錄此 | 早佚 |

2	唐孫樵《書褒城驛壁》	唐（文宗李昂）開成五年（公元840年）	唐褒城驛內即小柏鄉刻於驛壁，或崖壁今柏鄉街	孫樵撰文，刻於驛壁，已佚，其形制，計幾行、每行幾字及字徑等皆無考。	文載於《孫可之文集》卷二和明嘉靖《漢中府志》卷十，現據石門石刻大全活字印刷圖文錄文	佚
					書褒城驛壁	
					褒城驛號天下第一。及得寓目，視其沼則淺混而污；視其舟則離敗而膠。庭除甚蕪，堂廡甚殘。烏覩其所謂宏麗者？訊於驛吏則曰：忠穆公嘗牧梁州，以褒城控三節度治所，龍節虎旗，馳馹奔軺，以去以來、轂交蹄劘，由是崇侈其驛以示雄大。蓋當時視他驛爲壯；且一歲賓至者，不下數百輩，苟夕得其庇，飢得其飽，皆暮至朝去，寧有雇惜心耶！至如棹舟，則必折篙破舷碎鷁而後止；魚釣，則必枯泉汨泥盡魚而後止。至有飼馬於軒，宿隼於堂，凡所以污敗室廬、糜毀器用。官小者，其下雖氣猛可制；官大者，其下益暴橫難禁。由是日益破碎，不與曩類。其曹八九輩，雖以供饋之隙（xì 隙）葺治之，其能補數十百人殘暴乎？語未既，有老甿笑於旁，且曰：舉今州縣皆驛也。吾聞開元中天下富蕃，號爲理平，踵千里者不裹粮，長子孫者不知兵。今者天下無金革之聲，而戶口日益破；壃（疆，字意同）場無侵削之虞，而墾田日益寡，生民日益困，財力日益竭，其故何哉？凡與天子共治天下者，刺史、縣令而已。以其耳目接於民，而政令速於行也。今朝廷命官既已輕任刺史、縣令，而又促數於更易，且刺史、縣令遠者三歲一更，近者一二歲再更，故州縣之政，苟有不利於民，可以出意革去其甚者，在刺史曰：明日我即去，何用如此？在縣令亦曰：明日我即去，何用如此？當愁醉濃，當飢飽鮮，囊帛櫝金，笑與秩終。嗚呼！州縣眞驛耶！矧更代之隙（xì 隙，之意），黠吏因緣，恣爲奸（奸，字意同）欺，以賣州縣者乎？如此而欲望生民不困、財力不竭、戶口不破、墾田不寡，難哉。予既揖退老甿，條其言書於褒城驛屋壁。」	

| 3 | 清汪灝《棧道雜詩》碑 | 清康熙四十四年（公元1705年）春 | 當時立於考院，即今漢中軍分區院內 | 詩鑴於三碑，皆爲橫立長方形，三碑高均爲67釐米，寬分別爲118、99、116釐米。厚17釐米。全碑凡495字。共計51行，三碑依次爲18、16、17行。滿行9至10字，字徑4至6釐米。行書。內閣學士、禮部侍郎汪灝撰文。鑴詩十首，字爲行草。 | 現據原刻石圖，及郭榮章先生錄文，修正重錄如下

棧道雜詩十首，

（一）煎茶初聳目，縹緲棧雲通。／密樹爭峰竦，奔流觸石／磶。人行鳥道外，天在水／聲中。可惜春還淺，繁花／未放叢。

棧路自煎，茶坪始險

（二）回互峰巒／遠，縱橫澗壑紛。蟻緣千仞／壁，馬踏半空雲，鳥影垂／鞭看，林風隔水聞。險夷／無定勢，憂喜亦平分／二（三）突兀凌霄上，驚心首重回／，輕身依鳥過，揮手撥雲／開。風向空中御，人從天際來／，連山飛一瞬，騰躍倚龍媒。三（四）兩日微平道，萬山／圍一身，杉楓深結霧，熊／虎亂窺人。峯暗天愁暮／，橋多水厭頻。稍欣山驛／近，頓遞減勞辛。四（五）留侯歸隱處，紫柏秀參／差。山自何年買？官能決／志辭。皇華垂老厭，丹藥／大還期，日者數前定，春／風勞夢思。五余弱冠時遇術士談數，有句云：「耳順雲遊又一峰。」余堅求解，謂至期當有異人授辟穀法。今乃遇子房歸隱處，又恰值耆歲，益歎數言奇中。（六）蜀秦分幾代，雲棧久經年。／危險還終古，蒼茫只一天。／陳倉空蔓草，紫柏亦荒／煙。覷破人間世，浮名盡／可憐。六（七）絕巘沉淵上，盤紆／勢易傾。山輿勞卒挽，崖／樹護人行。幾處水桃綻／，數聲黃鳥鳴。驚魂方未／定，耳目忽添清。七自武關至馬道（八）秀絕觀音碥，圍天紫翠／寬，江浸崩堰湧，馬佪突／幟盤，高峽奔雷轉，浮嵐／閉？日寒。不因于役迫，坐／臥飽奇觀。八（九）磴傍青雲起／，旌從碧漢懸。峯迴無淺／地，路折漸低天。失足驚猿／落，高飛羨鳥還。同旋懸崖／能撒手，猛欲學逃禪。九（十）褒城城下路，砥矢慰勞筋／。南北峰遠接，巴秦界已／分。近收來漢斾，遙謝入川雲。酌酒醻前棧，高吟醉夕／曛。十乙酉季春／

提督山陝學政內閣學士兼／禮部侍郎東郡汪灝／ | 漢中博物館
品相好 |

表 1.7　石門石刻信息匯總表北一區：天心橋區　　總 5 品

序號	名稱	年代	所處位置	類別形制及狀況	石刻內容 注：「／」為石刻行止	現存地品相
1	洋州《射虎圖記》碑	南宋紹興十四年（公元1144年）立石	雞頭關北天心橋	碑，近方形，高121.5釐米，寬118.5釐米。文13行，滿行18至20字，字徑6至8釐米，末行下有3行落款小字，字徑3釐米。字體為楷書。丁佳什撰文，碑面石花多，刊刻、立石者字小辨識難。	《洋州射虎圖》碑 運使丁公佳什，／ 總管太尉楊公偕／ 劉參贊行饒風嶺，有虎突出叢薄間，／ 挾一矢殪之，傍觀流汗辟易，真古所／ 謂英偉豪傑之士歟！因作長句以紀其事。／ 晉原丁／ 猛虎眈眈威百步，一矢殪之侯甚武。當時得雋驚倒／人，此事今無聞往古。孫郎登車方控弦，千鈞竹弩伏道邊。終日獲彪何足數？中石沒羽還徒然。豈如／跳哮負林谷，躍馬彎弓洞胸腹。須知勇銳敵萬／人，下視虓虎同麋鹿。聲名籍籍喧／上都，邊頭何憂羌與胡？願憑顧陸丹青手，畫作／洋州射虎圖。 落款小字下三行： 紹興甲子十二月丁酉石匠□成立獨孤坯刊／ 武經朗撥諸□□兼提轄衛兵□超／ 武經大夫□參左使兼提轄衛兵□□成立石／	佚
2	榜書「天心橋」碑	清咸豐元年（公元1851年）九月	雞頭關北天心橋	碑，圓首方趺，首下為豎立長方形，高157釐米，寬75釐米。正中豎刻楷書「天心橋」三字，字徑24至44釐米。右款8字，左款25字，字徑3至8釐米，全碑鐫刻楷書。	天心橋 正中豎刻大字「天心橋」，右款「四川總督部堂徐建」左款「大清咸豐元年九月督院貢房李廷英、蘇光贊、吳暄、嚴定邦監修」	佚

| 3 | 《天心橋記》碑 | 清咸豐元年（公元1851年）辛亥仲冬月吉日立 | 雞頭關北天心橋 | 碑，呈豎立長方形，已毀，依拓片略知其高130釐米，寬75釐米，文15行，滿行34字，字徑在3至4釐米，全文約五百多字，楷書。 | 《天心橋記》碑
　嘗讀謫仙詩云：嗚呼！噫嘻！蜀道之難難於上青天。自幼習聞而未之見也。辛亥夏，奉檄沔／陽，路經雞頭關，上仰丹嶂下顧流灘，飛瀑三道橫截衝途，激發之聲如風如鼓。詢之土人／云，此處舊有天心橋，傾圮久矣，基址亦湮沒無存。因思適值天氣晴明，波恬風靜，商旅文／報屬揭而行，雖然病涉，尚無阻隔。若當夏末秋初大雨時行，山水漲發澎湃奔騰，遇有緊／急，何以飛渡？攬轡躊躇，頗爲宰斯邑者虞。中秋後，欣聞／四川督憲徐梅橋先生痌瘝（tōngguān 疾苦）在抱，難釋天下有溺之懷，特捐廉俸，遣蘇、吳、李、嚴四校尉來／褒修理鳩工庀材，閱三月而蕆（chǎn）事。仍其舊名曰天心橋，並自橋迤北至鳳嘴崖，迤南至白／石土地廟等處，培修坍塌石路八段，添修攔馬牆十六段，補修攔馬牆十二段。蘇君等又／以廩餼所餘，於北關灣構一小橋，名曰廩餘。工竣之日，適逢變代庖褒邑，仰見我／先生之胞與爲懷，視天下爲一家，與古聖賢同心，而蘇、吳、李、嚴四校尉，又能樂善從公，於／正工之外推廣餘恩，誠千秋之盛事也。欽佩之極爰不揣固陋而爲之記，聊以誌我／先生之惠澤旁敷不分畛域，蘇君等不憚勞勣盡力經營，與此橋傳聞宇內並垂不朽云／兼理褒城縣事署沔縣知縣北平梅墅李廷燮謹撰／大清咸豐元年歲次辛亥仲冬月吉日立／ | 佚 |
| 4 | 張祥齡登七盤道題刻孫樵《出蜀賦》句 | 清光緒二十七年（公元1901年） | 雞頭關北側七盤道（無設點）順歸雞頭關北側天心橋 | 摩崖，橫立長方形，高135釐米，寬89釐米。六豎行，正文「登七折之峻阪，陟雞幘之險巇」12字，字徑18至20釐米，款字12字，字徑10至12釐米，楷書。 | 張祥齡登七盤道題刻孫樵《出蜀賦》句
　登七折／
　之峻阪陟／
　雞幘之／
　巇巇光緒辛丑／
　唐孫樵賦／
　張祥齡書／ | 佚 |

| 5 | 榜書「七盤山」碑 | 清光緒二十七年（公元1901年）光緒辛丑年十一月建石」 | 雞頭關北側七盤山、順歸雞頭關北側天心橋 | 「七盤山」碑，圭形首，頂斷一壑，趺無存，下部正中尚留一榫頭。碑身呈略長方形，殘高105釐米，寬93釐米，厚9釐米。「七盤山」樣書居中豎刻，「七」字殘損，「盤」字縱30釐米，闊26釐米；「山」字縱18釐米，闊27釐米。上款：「光緒辛丑年十一月建石」，下款：「□□署知縣王世鎮書」，上下款字徑7至9釐米，碑字皆楷書。 | 榜書「七盤山」
榜書「七盤山」，上款：「光緒辛丑年十一月建石」，下款：「□□署知縣王世鎮書」 | 佚 |

表1.8　石門石刻信息匯總表　北二區：連雲棧道南段特區

（石門以北為主亦含少許石門以南，總7品）

序號	名稱	年代	所處位置	類別形制及狀況	石刻內容	現存地品相
1	明《修古佛銘記》摩崖	明弘治十七年，甲子年（公元1504年）	鐫於石門以北連雲棧上	摩崖，高六〇、寬五三釐米，（字體不詳）	修古佛銘記	
2	榜書「蜀道登天」摩崖	清代（公元1644～1911年）	同上	摩崖，高二五〇、寬一一〇釐米，（字體不詳）	榜書「蜀道登天」	
3	清「岩疆利賴」碑	清代（公元1644～1911年）	同上	碑，高一六五、寬七六釐米，（字體不詳）	「岩疆利賴」	
4	清榜書「足底生雲」摩崖	清代（公元1644～1911年）	同上	摩崖，（字體不詳）	榜書「足底生雲」	

5	清榜書「古漢清流」摩崖	清雍正八年（公元1730年）	同上	摩崖，高八五、寬三〇四釐米，（字體不詳）	榜書「古漢清流」	
6	清榜書「有龍則靈」	清嘉慶十八年（公元1813年）	同上	摩崖，高七〇、寬一五四釐米（字體不詳）	榜書「有龍則靈」	
7	清榜書「梁益襟喉」	清同治三年（公元1864年）	同上	摩崖，高二四〇、寬一三三釐米，（字體不詳）	榜書「梁益襟喉」	

表1.9　石門石刻信息匯總表　北三區：觀音碥區

（青橋驛、萬年橋）總15品

序號	名稱	年代	所處位置	類別形制與狀況	石刻內容 注：「／」爲石刻行止	現存地品相
1	榜書「江流華渚」榜書	明隆慶二年（公元1568年）	萬年橋	形制、大小、字體均不詳	「江流華渚」	佚
2	榜書「登臨從此無患」	明代（公元1368～1644年）	萬年橋	形制、大小、字體均不詳	「登臨從此無患」	佚
3	榜書「賈中丞煆石開道處」	清康熙時代康熙元年至康熙六十一年（公元1662至1722年）	萬年橋	摩崖，高一八〇、寬一七〇釐米	「賈中丞煆石開道處」	佚
4	梁清寬《棧道歌》碑	清康熙六年（公元1667年立石）	觀音碥嵌於山崖	石碑（嵌於山崖），碑石爲豎立長方形，通高150釐米，寬76.5釐米，自上而下等分爲五段，每段高30釐米，每段文16行，合計	梁清寬《棧道歌》 丁未冬，奉／子命祭江瀆入／棧道，經／賈中丞煆石闢／路處，特作歌以／贈之／。君不見棧道高／去天尺五，馬盡／縮足人咸傴。山／前白骨野火燐／，江岸積骸泣無／主／。中丞巡邊心惻／肰（然），濬川煉石何／今古。誰云天險／不可移？五丁曾／爲施巨斧。積薪／一炬石爲坼，錘／鑿既加如	佚

				80行。梁清寬《棧道歌》在上，占42行，滿行6字，字徑3至4釐米，楷書；下爲王豫嘉《棧道歌》康熙六年（一六六七年）十二月十三日張夢椒立石，晉文煜上石，卜□、卜昇、楊玉□鐫石。	削腐／。隘者已闊阨者／平，寇蓋利涉雜／商賈。晉（昔）日百里／無人煙，行役更／多豺虎苦／。中丞極意盡經／營，伐木成棟茅／作宇。鳳嶺、雞關／似坦途，中夜酣／憩爲安堵。回車／不用愁王陽，開／關功足補大禹／。吁嗟乎！天下險／阻寧止此？人心／巉巉（岩）難悉數。對／面戈矛不可避／，翻手爲雲覆可／雨。吁嗟乎！安得／中丞此大力，盡／平世間嶮巇之／處長無迍。·吏部左侍郎第／梁清寬題／	
5	王豫嘉《棧道歌》碑	清康熙六年（公元1667年立石）	觀音碥嵌於山崖	嵌於山崖的石碑，爲豎立長方形，通高150釐米，寬76.5釐米，自上而下等分爲五段，每段高30釐米，每段文16行，合計80行。其上樑清寬《棧道歌》占42行，其下王豫嘉《棧道歌》，文占37行字徑2至3釐米，行書。立石鐫石者同上。	《棧道歌》君不見秦隴山危／越嶽五，雲棧連綿／行役區。崖懸澗邃／聚遊魂，五夜春閨／夢有主。天爲斯民／生／中丞，思大力雄功／逾古。平將手足治／山川，秉鈇能施巨／靈斧。兩儀判後容／此石，火攻金克視／若腐。閻羅已易觀／音名，士夫坦行樂商／賈。騎能聯轡車／能通，驅馳不畏傾／覆苦。當年髏積／斷炊煙，此日人居多／棟宇。羊腸鳥道蕩／平平，碑樹巍衢觀／環堵。煉石自不羨／女媧，鑿龍之後佐／神禹。吁嗟乎！秦豫／人氏率類此，兵火／岾□不忍數／。中丞撫綏備經營／，豫土望塵秦沐雨／。我願／中丞相／聖（碑不見聖）朝，盡錫天下□平／之福永無迍。／ 棧道歌步／梁少宰韻／。 右扶風王豫嘉／具草／。 康熙六年丁未歲十二月三日 陝西掌印都司張蕪椒立石 西安府庠生晉文煜奉勒上石 卜□卜昇楊玉□	佚
6	宋琬《棧道平歌》石碑	清康熙十一年（公元1672年）七月之前	石碑（嵌於觀音碥山崖絕壁	《棧道平歌》，係宋琬撰文沈荃書寫。鐫於一石碑，碑呈豎立長方形，（嵌於山崖），計	其文載於《褒谷古蹟輯略》照錄宋琬《棧道平歌》碑文： 君不見梁州之谷斜與褒，中有棧道干雲宵。仰手可以捫參井，下臨長江浩瀚洶波濤。大禹胼胝恐未到，帝遣五丁開神皋。巨靈運斧地維坼，然後南通巴蜀西羌髶。虵盤縈	佚 康熙十一年前陷落而佚

				三段，與「梁清寬與王豫嘉《棧道歌》」一碑五段。合計八段，故宋琬《棧道平歌》與梁清寬《棧道歌》、王豫嘉《棧道歌》合稱「八個碑」。	繞六百里，千回萬曲緣秋毫。懸車束馬弗克以徑度，飛騰絕壁愁猿猱。漢家留侯眞婦女，烈火一炬嗟徒勞。噫嘻！三秦之人困征伐，軍書蜂舞如蜩毛。銜枚荷戈戟，轉粟窮脂膏。估客爾何來？萬里競錐刀。須臾失足幾千仞，猛虎蝮蛇恣貪饕。出險灑灑酒始相賀，燐燐鬼火聞呼號。泰運開，尚書來，恩如雨露威風雷。一呼集畚鍤，再呼伐薪柴。醇醴澆山萬夫發，坐看巉崖削盡爲平埃。噫嘻乎！益烈山澤四千歲，火攻莫救蒼生災。昔也商旅魚貫行，今也不憂狼與豺。昔也單車不得上，今也康莊之途足以走連輈（zhū）。樊童巴舞貢天府，桃笙賨布輸邛崍。歌豳風，擊土鼓，賈父之來何晚哉！豐功奕奕垂萬祀，經濟不數韋皋才。中朝袞衣待公補，璿璣在手平秦階。西望劍閣高崔巍，側身欲往空徘徊。大書深刻告來世，蛟龍灵業磨青崖。金穿石泐陵谷徙，我公之功不與伏波銅柱同塵埋。	
7	榜書「漢崟四秀絕」	清代（公元 1644～1911 年）	鑴於萬年橋。	摩崖，高一六〇、寬六〇釐米，（字體不詳），疑爲楷書。	榜書「漢崟四秀絕」	佚
8	榜書「山半紅榜」	清代（公元 1644～1911 年）	鑴於萬年橋	摩崖，高三九、寬一三〇釐米、（字體不詳），疑爲楷書。	榜書「山半紅榜」	佚
9	榜書「觀音碥」	清代（公元 1644～1911 年）	萬年橋	摩崖，高四〇、寬一二六釐米，（字體不詳）疑爲楷書。	榜書「觀音碥」，	佚
10	「雲棧首險」摩崖	（時代不詳）疑爲清代（公元 1644～1911 年）	觀音碥及萬年橋古橋址不知所在	摩崖，字體不詳）因是榜書，疑爲楷書。	「雲棧首險」	沒於褒水

11	榜書「萬年橋」題刻	民國二年(1913年)重建「萬年橋」	觀音碥及萬年橋	摩崖「萬年橋」三大字，上款豎刻三行，頭二行7字，第三5字；下款：一行5字。	「萬年橋」三大字，上款「民國二年春重建、褒城縣知事石泉、彭素葵並題」；下款：「邑人錢士口書」	沒於褒水
12	「臥雲長虹」題刻	民國二年(1913年)	觀音碥及萬年橋古橋址居右	摩崖「臥雲長虹」四個大字上款：7字，下款僅隱隱可見3字，楷書。	大字「臥雲長虹」，上款：「民國二年多立石」，下款「譚璋隆」	沒於褒水
13	「別有洞天」大字摩崖、	（時代不詳）疑為清代	觀音碥及萬年橋古橋址	摩崖（楷書）	「別有洞天」	佚
14	「峰回秀絕」石刻，	（時代不詳）疑為清代（公元1644～1911年）	觀音碥	摩崖（楷書）	「峰回秀絕」	佚
15	「二斧浮雕」	（時代不詳）疑為清代（公元1644～1911年）	觀音碥	摩崖，（字體不詳）疑為楷書。	「二斧浮雕」	佚

表 1.10　石門石刻信息匯總表北四區：馬道驛區　總 5 品

序號	名稱	年代	所處位置	類別形制及狀況	石刻內容	現存地品相
1	《馬道驛樊河橋記》	明嘉靖十一年（公元1532年）	馬道鎮樊河橋畔	碑，原碑佚，李良漢撰文並書丹，356字。	碑文載於《漢中府志·藝文志》（清嘉慶時編修） 馬道驛樊河橋記 清李良漢 　　馬道驛之北，舊有樊河橋，乃漢將樊噲所建也。歲久傾圮，行人病之。居民恒架茅其上，隨構隨覆，如是者百餘年。 　　嘉靖庚寅歲，分巡關南憲副蒲坂劉公，每巡歷茲地，見山高水險，匪橋弗濟，遂憮然有修建之意焉。既而謀協太守孫公，遂捐贖金六金，命驛丞閭柯營辦以考其成。至辛卯冬，時和年豐，閭閻間暇，柯集坊民之有行誼者募工經營。採石於山，採木於林，諏日舉事，董課章程。越明年壬辰春，事方就緒，而劉公受擢大參，逮西充馬公繼巡茲郡，爲振作而此橋告成，且礱密鞏固，足垂永久。由是以通蜀秦。以利商賈，民甚便之。 　　嗚呼！是舉也，用度有數不傷財也，興作以時不勞民也。聚其所欲，順民望也。樊公建功於千百年之前，二公繼功於千百年之後，先後蓋重光矣！夫豈偶然者哉？是歲秋，予以事至此，睹其橋巍然，煥然制度一新。感二公之績不可以弗傳也，遂援筆而記，姑述其大略如右云。 注，碑文載於《漢中府志·藝文志》（清嘉慶時編修）	佚
2	《蕭何追韓信至此》	清乾隆八年（公元1743年）立清咸豐五年	馬道鎮樊河口北側，其在「新建樊河鐵索橋德政碑」與「寒溪夜漲碑」	碑，圓首方趺，碑身呈長方形，高105釐米，面寬88釐米，正中刻有「漢相國蕭何追韓信至此」十大字，字徑9至11釐米；右側	正中刻有「漢相國蕭何追韓信至此」十個大字，右側「大清乾隆八年知褒城縣事萬世謨立」，左側「大清咸豐五年馬道士庶人等重刊立」	樊河橋畔

		（公元1855年）重刊立	之右	款 11 字，左側款 15 字，字徑均 5 至 7 釐米。碑字體皆為楷書。		
3	《恭記邑侯賀太老爺新建樊河鐵索橋德政碑》	清道光 15 年（公元1835年）	馬道鎮樊河口北側		《恭記邑侯賀太老爺新建樊河鐵索橋德政碑》碑文（網上下載） 　　吾邑馬道，為秦蜀通衢，近街迤北，舊有橋，志傳西漢樊舞陽侯所建，故以樊河名。至前明，本道憲副馬公重修焉。嗣後，亦有續葺者。而山高水險，旋建旋頹，橋之廢弛，多歷年所。設舟楫則急溜難持，架輿梁則砥柱難立。每際狂瀾澎湃，巨石奔騰，行者有病涉之艱，居者有望洋之歎，鼉深未駕，羈旅興嗟以矣！維我邑侯賀太老爺，心存濟世，念切民瘼，抱人溺己溺之懷，建槓成梁之議，下車伊始，即往履勘，覽河流之險阻，並砂石之飛騰，撫曰：「宜乎石墩木橋之，難以永固也，若不變而通之，何益？」因創浮橋，橫排鐵索，其式以鐵鏈成環，勾連成索，盤列石幢，幢列兩岸，而橋身中空焉。美哉，良法！既不與水爭衡，復不為石所擊，何憚而不能以遠耶？維時庠生伍清海與聞德政，踴躍急工，自樂捐錢二百緡，以裏善舉，我邑侯捐兼數百緡，以武生董問其事，興工於仲春，告成於閏（六）月，共費錢一千六百緡有奇，甚盛舉也。於戲，滾滾洪波，端資利涉；茫茫彼岸，誰指迷津？乃我邑侯，蒞茲數月，即興巨工，成人所難成之功，施人所難施之惠；而且頻分鶴俸，不煩眾百姓之脂膏。從此永奠拱橋，普渡千萬人之利濟。土庶等躬被仁慈之德，共慶安瀾，泐諸琬琰之中，永傳奕葉，是為記。 　　道光十五年桂月望五日立。	樊河橋畔
4	「寒溪夜漲」碑	清嘉慶十年（公元1805年）	碑立於馬道鎮北樊河口北側，其在「漢相國蕭何追韓	碑，圓首方趺，豎立長形，碑身高 110 釐米，寬 58 釐米。正中刻「寒溪夜漲」4 大字，字徑約 20	正中刻「寒溪夜漲」，右側「漢鄭侯追淮陰侯，因溪夜漲，至此，故及之」，左側「嘉慶十年旀蒙赤奮暮春吉日馬道驛丞黃綬立」	樊河橋畔

				信至此」碑，之左	釐米；右款 16字，左款 19字，字徑皆 6 釐米。碑中刻字均爲楷書。	
5	修北棧道記	清嘉慶十五年（公元1810年）	鐫於武曲鋪	高七〇、寬三五釐米，（字體不詳）	修北棧道記石刻大全不見此文待考	疑在武曲鋪

表 1.11　石門石刻信息匯總表　北五區：褒水源流區　總 5 品

序號	名稱	年代	所處位置	類別形制及狀況	石刻內容 注：「／」爲石刻行止	現存地品相
1	《晉太康修棧道》摩崖	晉太康元年（公元280年）	陝西省留壩縣柏梨園鄉紅岩河西岸崖壁	摩崖，據留影，豎立長方形，楷隸，原刻石已毀，其大小、字徑以及撰文、書丹、刻石者俱無從稽考。	1《晉太康修棧道》摩崖 依《文物》一九六四年十一期《褒斜道南段調查簡報》刊有此摩崖之照片，依石門石刻大全錄文如下 [徵]西府遣將 [等]三人詣漢中郡受節 [治]余（斜）谷道教習常民學川等三人。 匠張羌教褒中石佐泉疆等百卅人 匠衛續教蒲池石佐張澤等百廿人 都匠中郎將王胡字仲良典知二縣 漢中郡北部督郵迴通字叔達 漢中郡道閣府掾馬甫字叔郡 褒中典閣主簿周都字令業 □□典閣主簿王顯字休詣	佚
2	唐開元造像及摩崖題刻	唐開元28年（公元740年）七月	褒河上游今陝西省留壩縣柏梨園鄉紅岩河西岸崖壁間	摩崖，佛龕正面下部有唐開元摩崖刻字一方，近橫方形，高 20釐米、寬 24釐米。刻字 7行，郭錄 5行，每行 4 至5 字不等，字	按摩崖圖刻字照錄如下： 開元廿八年／庚辰□寅／七月十三日化／錢□千百姓／□□主事	紅岩河西岸崖壁間

				徑1。5釐米，楷書，崖面凹凸粗造，字跡漫漶殊甚。文、刻者不詳。		
3	明嘉靖四十年「督憲碑示」	明嘉靖四十年（公元1561年）十月十四日立	太白縣王家楞鄉鄉政府院內	石碑，圭形首，趺不存，碑身豎立長方形。高157釐米，寬79釐米，厚10釐米。題額有「督憲碑示」四字，字徑8釐米；正文22行，滿行52字，字徑2至3釐米，皆係楷書。（因現場無法椎拓，故無拓片，僅有錄文）	明嘉靖四十年「督憲碑示」 　　欽命兵部尚書兼督察院右督御史總攬陝甘青處地方軍務兼理粮餉並兼領甘肅巡撫事兼理茶馬松□□／禁止積蔽以厚民生事。照得民爲邦本，本固邦寧。我皇上馭宇以來。至仁如天。愛民猶子。本部堂領承／恩命，節制陝甘，無時不以民瘼爲念，每於公餘之暇，延見神耆，訪查疾苦，有利必興，有害必除。慈據留垻廳士庶李月鑒以□□等詞，控署涼州府沈守轉呈到本部堂，據此查詢內中情節，雖系歷來陋規，該廳龍丞到任後有因有違，但雜派木於劍禁□□廳□內桑／遭賊匪往來滋擾，死亡轉徙，民不安生。若不嚴行禁止，則何以醒民困而靖地方？合行飭禁爲此牌，仰廳屬人等查照。黏單內事理刊立碑石，觀行□／除，俾胥役各守功令而閭閻不致擾爾。官清民樂，共慶升平，本部堂實有厚望也。／	太白縣王家楞鄉鄉政府
4	重修瘦牛嶺碑	清道光十五年（公元1835年）乙未孟多月	留垻縣南河鄉黑楊壩村境內的瘦牛嶺	碑，豎立長方形，高104釐米，寬69釐米。文20行，每行27字；字徑3釐米，楷書，前8行記事頌功，後2行署年月及撰、書、刻者之名，其餘10行署操辦與捐贈者。劉平遠撰文，劉治榮書丹，段應升鑴石。	照石門石刻大全錄文 重修瘦牛嶺碑 　　人之功德莫大於修路（下缺），瘦牛嶺崎嶇甚矣。往年／雖經培補，亦不易行。今歲之水（下缺）大，古云蜀道之難難於上／青天，而此尤難於蜀道□。然是路（下缺）衝尚有可緩，乃上／通秦川，下達蜀漢□之（下缺）必經。倘非重新修／理，仍以履險如夷□。幸有前（下缺）貲夯化大興，劈石之功，削除巉岩之勞，不可（下缺）日之□手扒岩當不爲／患矣。則是首事之勇，□爲善與□□□樂於勸成，其功德俱未可量也／。爰舉姓名刊列於左，予樂以是□／。（所刊五十一人姓名從略） 城固縣生員劉平遠撰增廣生員劉榮治書 大清道光十五年歲次乙未孟多月吉日立 石匠段應昇鑴刊	佚

| 5 | 清道光《修路碑記》 | 清道光十六年（公元1836年）（丙辰孟冬月吉日立） | 留壩縣南河鄉以北1.5公里褒水西岸 | 碑，圓首，跌佚，身裂彌合。呈豎長形，通高180釐米，寬96釐米，厚13釐米。蔓草纏枝紋花邊。額部正中爲「皇清」二字，字徑5釐米，「日」、「月」分刻其兩側，字徑4釐米。下文27行，滿行40字，字徑3釐米，碑字均爲楷書。劉平遠撰文。 | 清道光《修路碑記》

　　修路碑記／且以善事之難爲也，靡不有初，鮮克有終，豈是以利行人哉！以今所見殊不然。下南河至石門子路極險／僻，又有鐵櫃林之險，手扒岩之危，往來過客殊不無關山難越之歎焉。昨歲春，閣、全之意）境首事諸君子，慮及於／此，遂踊躍捐資，工興數月，而險者盡平，惟手扒岩一處尙有待也。此亦可慰作善之心，而漸次以圖矣，乃／未幾而天雨連綿，橫水沖崩，懸岩斷壁又有甚於往昔者。欲再興工，而合前所費計非二百餘金不可。旁／觀者於此幾疑事之萬不可成，而善寔（實）難爲矣，而首事日否。若不然，人之舉事貴有初終，不但崩者宜補／，即手扒岩亦宜改作也。於是重爲捐貲（資），兼藉募化，鳩石工於絕險，施斧斨於凌空。倏忽橋馬通行，遂成有蕩／之道。似此作善又不難矣，然善不可改，功宜垂遠日者，囑余爲文以誌其事。余於布施服其仁，於調停服／其智，於功成之速服其勇。合此三者，宜其爲眾善領袖，受福無盡也。是爲序，城固縣庠生劉平遠撰／（以下十八行，詳列修路出銀者姓名、數額等情，從略）大清道光十六年歲次丙申孟冬月吉日立經修路道羅繁石匠余文才段□□包工□□□□□□□□□／道光十六年丙申恩科（1836） | 佚 |

表1.12　石門石刻信息匯總表
（雞頭關新增石碑之一懷古頌德）計10品暫不歸總目

「懷古頌德」大字榜書十品，下列按時序排列如下表

序號	石刻名稱	年代	所處位置	類別形制及狀況	石刻內容	現存地品相
1	「輔漢遺風」碑	清同治五年（公元1866年）	雞頭關廟壁	碑，圓首，碑身豎長，高82釐米，寬44釐米，碑字均爲楷書。雞頭關廟壁	「輔漢遺風」款：右「同治五年菊月（農曆九月）中旬」；左「湖南長沙府湘鄉縣即補知府蕭存根叩」	品相好
2	榜書「福德宏昭」碑	清光緒二年（公元1876年）	雞頭關廟壁	碑，圓首無跌，碑身豎立長形，高96釐米，寬53釐米。正中	榜書「福德宏昭」上款：「光緒五年閏五月穀旦（吉日）」；下款：「四川	無跌

				豎刻榜書「福德宏昭」四，碑字皆楷書。	鹽茶道蔡逢年敬立」	
3	榜書「王道蕩平」碑	清光緒六年（公元 1880 年）	雞頭關廟壁	碑，圓首，豎立長形，高 100 釐米，寬 59 釐米。額上豎刻「皇清」二字，上款「光緒六年（一八八〇年），字徑 4 釐米；下碑字均爲楷書。雞頭關廟壁。	榜書「王道蕩平」上款「光緒六年菊月（農曆九月）穀旦立」，下款：「補用知府蜀神泉杜崇光叩」	品相好
4	榜書「天地同流」碑	清光緒九年（公元 1883 年）	雞頭關廟壁	碑，圓首無趺，豎立長形。碑高 70 釐米，寬 40 釐米，碑字皆爲楷書。	榜書「天地同流」上款「光緒九年季秋月穀旦」，下款「涇陽吳三崇堂敬立」	無趺
5	榜書「德稱黃石」碑	清光緒十年（公元 1884 年）	雞頭關廟壁	碑，首圓，身首一體，身豎長形，邊寬 5 釐米，飾回曲紋。高 91 釐米，寬 44 釐米。	榜書「德稱黃石」上款：「光緒甲申閏端陽後日立」，下款：「渭南縣河北藺家店弟子三合束羅、陳材通、昇公武叩」	品相好
6	榜書「功臣扶漢」碑	清光緒十六年（公元 1890 年）	雞頭關廟壁	碑，圓首無趺，豎立長形。額上豎刻「皇清」二字，碑字皆爲楷書。	榜書「功臣扶漢」上款：「光緒庚寅年仲春之日」，下款「辦理寧羌州釐務候補通判呂桂林董沐書叩」	無趺
7	「福德兆民」碑	清光緒三十年（公元 1904 年）	雞頭關廟壁	碑，橫立長方形，高 66 釐米，寬 86 釐米。四周有陰刻回曲紋邊，邊寬 6 釐米。碑內字皆爲楷書。	榜書「福德兆民」，上款「光緒甲辰年穀旦立」，下款「駐藏大臣裕鋼敬叩」	品相好
8	榜書「永護吾族」碑	清光緒三十三年（公元 1907 年）	雞頭關廟壁	碑，圓首無趺，豎立長形。高 88 釐米，寬 46.5 釐米，四周邊寬 4.5 釐米，陰刻回紋。正中豎刻榜書「永護吾族」四字，字徑縱 16 釐米，闊 13 釐米。上款 11 字：，字徑四釐米；下款 26 字：字徑三 3 釐米。通碑皆係楷書。	榜書「永護吾族」上款：「光緒三十三年孟冬吉日立」，下款：「欽加二品銜賞戴花翎傳旨加獎分發湖北補用道池陽劉嗣曾叩」	無趺
9	榜書「殿宇輝重」碑	民國四年（1915 年）	雞頭關古廟重修畢嵌廟壁。	橫立長方形，高 50 釐米，寬 94 釐米。右至左橫刻榜書「殿宇輝重」四字，通碑皆係楷書。	榜書「殿宇輝重」	品相好

| 10 | 榜書「漢室功臣」碑 | 民國六年（1915年） | 雞頭關廟壁 | 碑，圓首，碑身豎長形，首身一體。高144釐米，寬64釐米。榜書「漢室功臣」四字，通碑皆為楷書。 | 榜書「漢室功臣」上款：「中華民國六年二月吉日」，下款：「陸軍第十五混成旅補充團第一營營長陳嘉禮立」，款文外側有七字對聯一副，上聯：「法力前曾救高祖」，下聯：「感應亦然祐後人」 | 品相好 |

表 1.13　石門石刻信息匯總表
（雞頭關新增石碑之二贊神、祈神碑刻）計 26 品暫不歸總目

雞頭關石刻以贊神、祈神為主。自古土地之神在華夏遍及，早在漢元年傳有白石土地神為劉邦駐軍運水，助劉邦成就帝業，故雞頭關的白石土地神更具靈性。朝覲者及過往的行旅，競相模拜、立碑，自然成風。其碑刻數量多，內容單一，質量一般，現選取郭榮章先生篩選出的二十六品，按時間先後整理排序簡要列表如下，碑刻全屬清代，楷25，行1

序號	名稱	年代	所處位置	類別形制及狀況	石刻內容	現存地品相
1	榜書「保安行人」碑	清道光二十六年（公元1846年）立	雞頭關	圓首、首身一體，豎長身，高65釐米，寬35釐米。碑字皆楷書。	額「皇清」，字徑6釐米；額下榜書「保安行人」，上款：「道光丙午年吉日」，下款：「甘肅中衛縣、隴西縣、皋蘭縣弟子沈榮、郭鑑、金炳章敬立」	
2	「白石土地老爺神位」碑	清道光二十七年（公元1847年）臘月	雞頭關	圓首、無趺、豎長身。高不足100釐米，寬不到50釐米。	額部「皇清」，下接「白石土地老爺神位」；上款清「道光式十七年臘月吉日」；下款「四川巴州弟子丁焦先叩」	
3	「有求必應」碑	清同治五年（公元1866年）九月立	雞頭關	圓首、首身一體，無趺，碑呈豎長形，邊飾花紋，高75釐米，寬39釐米。額部自右至左依圓弧狀刻，碑字皆楷書。	額部：「白石土地神位」；額下：「有求必應」上款：「同治五年九月吉日立」，下款下「漸江弟子候補巡政廳章鳳翥、候選縣右堂王長榮全叩」	
4	「土地老爺位前施水田捌畝三分」碑	清同治六年（公元1867年）冬月立	雞頭關	豎長身，高不足100釐米，寬不到50釐米。	正中「土地老爺位前施水田捌畝三分」；上款「鳳邑大□路弟子江金貴敬叩」；下款「同治六年冬月吉日立」	

5	「感而遂通」碑，	清同治八年（公元1869年）立	雞頭關	圓首弧額殘損、首身一體，呈豎長形，邊飾花紋，底部斷殘。	殘額「皇清」「清」存。額下榜書：「感而遂通」；上款：「清同治八年小陽（農曆十月）月吉日立」；下款：「鳳翔府鳳翔縣弟子李三統敬叩」	
6	「叩之即應」碑	清同治九年（公元1870年）正月立	雞頭關	額部毀，殘碑身呈豎立長方形，殘高52釐米，寬31釐米，碑字皆為楷書。	碑正中「叩之即應」；上款「同治九年正月十五日立」；下款：「北棧鐵佛店鄉約何東岱叩」	
7	「有感即應」碑	清同治九年（公元1870年）冬月立	雞頭關	額部、底部均有毀損，殘碑身呈豎立長方形，殘額僅有「清」下半字，碑字皆為楷書。	殘額「清」下半字，額下：「有感即應」。上款：「同治庚午冬吉日立」；下款：「陝西同州府朝邑縣弟子□□叩」	
8	「靈祐千古」碑	清同治十年（公元1871年）八月立	雞頭關	圓首、首身一體，呈豎長形，邊飾回曲紋，高55釐米，寬33釐米，碑字皆為楷書	額「皇清」；額下「靈祐千古」。上款：「同治十年八月吉日立」；下款：「欽賜藍翎漢中鎮標左營把總毛占魁叩」	
9	「保祐清吉」碑	清同治十三年（公元1874年）立	雞頭關	圓首、豎長身，首身一體，碑字皆楷書。	額「皇清」二字，額下榜書「保祐清吉」上款：「同治十三年中和月（農曆二月）吉日」下款：「管帶蜀軍老右營僅先副將吳占勝叩」	
10	「果然靈」碑	清光緒二年（公元1876年）冬月立	雞頭關	碑身呈橫立長方形，高45釐米，寬75釐米。碑字皆為楷書。	正中自右至左三大字：「果然靈」，上款：「光緒丙子年冬月吉日立」；下款：「四川中江縣候選從九呂雲瑞叩」	
11	「白石土地老爺位」碑	清光緒五年（公元1879年）十月立	雞頭關	豎長身，高不足100釐米，寬不到50釐米。	正中「白石土地老爺位」；上款「光緒五年十月吉日立」；下款豎刻「湖南岳州府平江縣留貴州守備姜□□」。	
12	「皓皓如來」碑	清光緒七年（公元1881）七月立	雞頭關	圓首、豎長身，首身一體，邊飾回曲紋，碑高77釐米，寬39釐米。	碑額「皇清」，額下「皓皓如來」上款：「光緒七年七月立」下款：「弟子何元弼叩」	

13	「正石正神」碑	清光緒八年（公元1882）季冬月初七	雞頭關	圓首、首身一體，邊飾回曲紋，豎長形，高60釐米，寬36釐米。	榜書「正石正神」上款：「光緒八年季冬月初七日立」下款：「西蜀江陽弟子馬成良叩」	
14	「保祐清吉」碑	清光緒九年（公元1883年）三月立	雞頭關	豎長形，高67釐米，寬36釐米，碑字皆楷書。圓首、豎長身，首身一體。	榜書「保祐清吉」上款：「光緒九年三月吉日立」下款：「四川梓潼縣樓子壩弟子楊文全叩」	
15	「護祐財源」	清光緒九年（公元1883年）五月立	雞頭關	首身一體，豎長形，碑額殘缺。	榜書「護祐財源」上款：「光緒九年五月初旬立」下款：「□□□涇陽縣弟子李茂春叩」	
16	「白石土地老爺神道碑」碑	清光緒九年（公元1883年）冬月立	雞頭關	圓首、無趺、豎長身。高不足100釐米，寬不到50釐米。	額部正中「保祐兒生」；其下方「白石土地老爺神道碑」；上款「光緒九年冬月吉日立」，下款「二十里鋪信士謝國興叩」	
17	「均蒙神庥」碑	清光緒九年（1883年）立	雞頭關	豎長形，碑額及下右角斷，殘高70釐米，寬40釐米，碑字皆楷書。	榜書「均蒙神庥」上款：「光緒九年仲秋吉日」下款：「鄂渚貢水署甘泉縣事呂紹熊叩」	
18	「祐我同胞」碑	清光緒十年（公元1884年）三月立	雞頭關	圓首、豎長身，高88釐米，寬47釐米。邊飾花紋。	榜書「祐我同胞」上款「光緒十年三月十日」，下款：「渭南弟子姜九□立」	
19	「靈感應」碑	清光緒十三年（1887年）立	雞頭關	碑額及碑身部分缺損，呈長方形，殘高70釐米，寬35釐米，碑字皆為楷書。	碑正中「靈感應」。上款：「光緒十三年仲冬月立」；下款：「山西太原府祁縣弟子岳世尊叩」	
20	「感戴威靈」碑	清光緒十七年（公元1891年）二月立	雞頭關	圓首、首身一體，呈略長形，高44釐米，寬30釐米，碑字皆為楷書。	碑正中榜書：「感戴威靈」。上款：「楚南衡邑沐恩弟子廖鏡清叩」；下款：「光緒十七年二月吉旦敬立」	
21	「保我三多」「保我無疆」碑	清光緒十八年（公元1892年）八月	雞頭關	圓首、首身一體，豎長身，碑字皆楷書。	右至左「保我三多」，其下榜書「保我無疆」上款：「光緒十八年八月吉日立」；下款：「欽加同知銜賞戴花翎江蘇即補知州陝西同州蒲城縣□□□□」	

22	「保我無疆」碑	清光緒十九年（公元 1893年）立	雞頭關	圓首、首身一體，上下均有殘，豎長身，全係楷書。	榜書「保我無疆」上款：「光緒十九年十月吉日立」；下款：「西安府三原縣弟子張作舟□□」	
23	「遠荷神庥」碑	清光緒二十八年（公元 1902年）十月立	雞頭關	圓首、豎長身，首身一體，高 57釐米，寬 38釐米。	額篆書「皇清」額下榜書：「遠荷神庥」上款：「光緒二十八年十月吉日立」，下款：「雲南候補知府四川簡州張鑑清叩」	
24	「神亦憐才」碑	清光緒三十（公元 1904年）二月	雞頭關	圓首、豎長形，高 65釐米，寬 33釐米，邊飾回曲紋。	榜書「神亦憐才」上款：「光緒甲辰年二月吉日立」下款：「四川保寧府弟子純青叩」	
25	「祐我無疆」碑	清光緒三十年（公元 1904年）七月立	雞頭關	圓首、豎長身，首身一體，高 57釐米，寬 38釐米，碑字皆為楷書。	額「皇清」；額下榜書：「祐我無疆」；上款「光緒甲辰年巧月吉日立」，下款「楚北應城縣弟子蕭源銘叩」，	
26	「保祐平安」碑	清光緒三十年（公元 1904年）七月立	雞頭關	圓首、首身一體，碑身中豎裂紋，邊飾回曲紋，高 70釐米，寬 38釐米。碑字皆為楷書。	額「皇清」；額下榜書：「保祐平安」上款豎刻 10字：「光緒甲辰年巧月吉日立」，下款：「西安府長安縣弟子周鳳欣敬叩」